# LES LUSIADES,

OU

# LES PORTUGAIS,

POEME DE CAMOENS, EN DIX CHANTS.

## TRADUCTION NOUVELLE,

AVEC DES NOTES,

### Par J. B. J. MILLIÉ.

> La découverte de Mozambique, de Mélinde et de Calicut, a été chantée par le Camoens, dont le poëme fait sentir quelque chose des charmes de l'Odyssée et de la magnificence de l'Énéide. — MONTESQUIEU

DEUX VOLUMES IN-8°.

## PROSPECTUS.

L<small>E</small> poëme des *Lusiades* est pour les Portugais ce qu'étaient l'Iliade pour les Grecs et l'Énéide pour les Romains : c'est une épopée nationale.

---

\* Camoens donne aux Portugais le nom de *Lusiades*, ou descendants de Lusus, comme on appelle *Héraclides* les descendants d'Hercule. L'ancien titre *la Lusiade* est un barbarisme.

Mais si l'on réfléchit aux immenses résultats de la découverte de l'Inde, à son influence sur les progrès de la navigation et sur le commerce du monde; si l'on considère que les conquêtes des Portugais en Orient ont, par une puissante diversion, affaibli le pouvoir des musulmans qui menaçaient d'envahir l'Europe; si l'on se rappelle les guerres civiles et religieuses, les querelles sanglantes qui déchiraient alors la France, l'Angleterre, l'Allemagne et l'Italie; si l'on observe enfin que c'est à l'époque où les vieux états de l'occident semblaient toucher à leur dissolution, que les Portugais vont leur ouvrir en Asie de nouvelles sources de gloire et de richesses, l'intérêt s'accroît, la scène s'agrandit, le sujet devient européen comme celui des croisades, et la découverte de l'Inde présente en elle-même un tableau plus vaste peut-être, et non moins attachant que la délivrance de Jérusalem.

Camoens a répandu sur ce grand sujet tous les ornements de l'histoire et de la fable, tous les trésors d'un beau génie nourri, fécondé par la lecture de Virgile et d'Homère. La *Jérusalem délivrée* n'avait pas encore paru.

Moins brillant que le Tasse, moins varié, moins riche en caractères, mais doué d'une imagination plus forte et d'un goût plus antique et plus pur, s'il n'a pas eu dans le monde littéraire le même succès que son rival; si l'on ne connaît en général des *Lusiades* que l'épisode d'Inez et la belle fiction d'Adamastor, la faute en a été jusqu'à présent aux traducteurs de Camoens.

La version qu'en a donnée Duperron de Castéra n'est qu'une longue paraphrase où le bon sens et le goût sont blessés à chaque page. Celle de M. de La Harpe n'est assurément dépourvue ni de correction ni d'élégance; mais, étranger à la langue portugaise, M. de La Harpe n'a fait que polir et abréger Duperron de Castéra : il resserre ou supprime tous les passages qui lui résistent, en transpose quelques autres, et secoue toute espèce d'entraves. Dans ses nombreuses mutilations, il n'a pas même épargné ce début que Voltaire admirait, cette noble invocation où le poëte a su mêler, d'une manière si heureuse, à l'éloge du jeune roi Sébastien, toute l'exposition du sujet.

| TRADUCTION DE M. DE LA HARPE. | TRADUCTION NOUVELLE. |
|---|---|
| Je vais chanter et confier à la Renommée, si mon génie ne trompe point mes efforts, les exploits de ces hommes fameux qui, partis des rives de la Lusitanie et des bords de l'Occident, s'avancèrent au-delà de la Taprobane dans des mers immenses que nulle flotte n'avait encore sillonnées; et qui, bravant la guerre et les dangers avec un courage au-dessus de l'humain, fondèrent chez des nations lointaines un nouvel empire que leurs victoires ont rendu à jamais célèbre. | Je chanterai les combats, et ces hommes courageux qui, de la rive occidentale de la Lusitanie, portés sur des mers que la proue n'avait pas encore sillonnées, franchirent les plages de la Taprobane, déployèrent au milieu des périls et des batailles, une force plus qu'humaine, et, parmi des peuples lointains, fondèrent si glorieusement un nouvel empire. |

Je chanterai la gloire immortelle de ces princes qui renversèrent le trône des despotes barbares d'Afrique et d'Asie, et sur ses ruines établirent le règne de la foi.

Je dirai les vertus héroïques de ces princes qui soumirent à leur domination les contrées infidèles de l'Afrique et de l'Asie, et sur d'impurs débris établirent le règne de la foi. Je dirai ces guerriers qui, par des prodiges de valeur, s'affranchirent des lois de la mort. Si l'art et le génie me secondent, leur renommée remplira l'univers.

Qu'on ne parle plus des courses du sage Ulysse et du pieux Énée, ni de la gloire d'Alexandre et de Trajan portée sur les bords du Gange. Je chante la grandeur d'un peuple qui vit Mars et Neptune asservis à ses lois. Tout ce qu'ont vanté les muses antiques cède aux exploits qui sont l'objet de mes chants.

Qu'on ne parle plus des courses périlleuses du sage Ulysse et du pieux Énée. Que la déesse aux cent voix cesse de proclamer les victoires d'Alexandre et de Trajan. Je chante les enfants de Lusus : Mars et Neptune ont marché devant eux. Héros de Virgile et d'Homère, écoutez des exploits qui surpassent tous les vôtres.

Et vous, dont je sens l'inspiration, Muses du Tage, si jamais j'ai célébré vos ondes par des vers dignes de vous, donnez aujourd'hui à ma voix un ton plus sublime ;

Et vous qui venez de m'enflammer d'une ardeur nouvelle, Nymphes du Tage, si vous fûtes mes premiers amours, si j'ai chanté vos doux rivages, donnez à ma voix un ton plus élevé : donnez à mes vers une harmonie si brillante et si pure que le Dieu du Pinde abandonne pour vos ondes les flots de l'Hippocrène.

Que les sons bruyants de la trompette guerrière remplacent les douces modulations de la flûte champêtre ; que mon ame s'élève jusqu'à la gloire de la nation que vous protégez et que Mars favorise ; que mes chants la fassent connaître dans toutes les contrées de l'univers, s'il est possible qu'elle doive à l'art des vers cette immor-

Réservez pour les jeux des bergers les humbles sons du chalumeau ; donnez-moi les accens hardis de la trompette belliqueuse, ces terribles accents qui portent la flamme au cœur des guerriers et la pâleur sur leur front. Échauffez mes transports, inspirez-moi des chants qui soient dignes d'une nation vement de sa phrase. A chaque octave de l'original correspond un alinéa de la traduction. Nous nous sommes astreints rigoureusement à cette règle, sauf les cas extrêmement rares où le poète se permet des enjambements qui ne seraient pas soufferts en Français.

Nous avons cru pouvoir néanmoins, tout en respectant la fidélité, premier devoir du traducteur, éclaircir certains passages dont l'obscurité tenait à l'éloignement des époques où les évènemens se sont passés; adoucir quelques images trop hardies pour notre langue ou pour nos mœurs; relever par l'expression quelques détails qui, dans l'original, se soutiennent naturellement par la rime et par la cadence du vers, et qui auraient langui dans la prose; substituer des noms propres à des périphrases ou des périphrases à des noms propres, suivant que l'exigeaient ou la clarté du sens ou l'harmonie du discours; négliger quelques-unes de ces épithètes sonores, mais un peu vagues, qui surabondent dans les poètes méridionaux; ménager enfin des transitions qui donnassent à la version française la marche libre et aisée de l'original portugais.

Chaque chant est suivi de notes mythologiques, historiques, géographiques et littéraires.

Les notes mythologiques sont peu nombreuses. En les multipliant, nous aurions cru faire injure à la classe de lecteurs auxquels cet ouvrage est particulièrement destiné. Nos remarques ne por-

Documents manquants (pages, cahiers...)
**NF Z 43**-120-13

tent que sur quelques traits de la fable qui auraient pu échapper à leur mémoire.

Les notes historiques étaient indispensables. Les *Lusiades*, en effet, sont les fastes de la Lusitanie. Camoens y fait entrer par d'ingénieux épisodes ou par de poétiques prédictions dont il a puisé l'idée dans l'Énéide, l'histoire entière du Portugal. En chantant la découverte de l'Inde, il a groupé autour de l'action principale tous les évènements qui semblaient n'avoir été que le prélude de cette mémorable entreprise, toutes les actions d'éclat qui l'ont accompagnée ou suivie. Or, on conçoit que, traitant l'histoire en poëte, il a dû mettre dans ses récits une concision souvent embarrassante pour les personnes peu versées dans la connaissance des annales portugaises. Les rapides narrations de l'auteur avaient besoin d'une espèce de commentaire qui suppléât au défaut de développement du texte.

Dans les notes géographiques, nous nous bornons à rappeler les faits ou les traditions dont le souvenir se rattache aux lieux décrits par l'auteur. La géographie de Camoens est tout-à-la-fois savante et pittoresque. Les îles du cap Vert sont encore pour lui le jardin des Hespérides. La terre de Cambaye est à ses yeux le royaume de Porus.

Les remarques littéraires ont pour objet de justifier, en l'expliquant, le genre de merveilleux adopté par Camoens, de faire ressortir l'ordre admirable qui unit les différentes parties de son poëme, et de réfuter ses détracteurs qui, pour la plupart, ne l'avaient pas lu.

La traduction nouvelle, entreprise en 1817, entièrement ébauchée avant la fin de 1819, revue, corrigée et perfectionnée pendant quatre ans, a été soumise dans son ensemble et dans tous ses détails à des littérateurs portugais à qui les deux langues sont également familières. Elle paraîtra sous les auspices de M. de Souza si connu par la noblesse de son caractère, l'étendue et la variété de ses connaissances, et par sa magnifique édition du texte original. Son nom qu'il nous a permis de placer en tête de l'ouvrage en sera la meilleure recommandation.

L'exécution typographique de cette traduction est confiée à M. Firmin Didot: c'est annoncer que l'on n'a rien omis pour la rendre digne du public et de Camoens.

### PRIX DE L'OUVRAGE.

Papier fin satiné, pour les souscripteurs.......... 14 fr.
Papier fin satiné, pour les non souscripteurs...... 16
Papier vélin, pour les souscripteurs............. 24
Papier vélin, pour les non souscripteurs.......... 28

On souscrit a Paris,

Chez { FIRMIN DIDOT père et fils, libraires, rue Jacob, n° 24.
L'Auteur, rue du Grand-Chantier, n° 5, au Marais.

La souscription sera fermée au 1$^{er}$ septembre prochain. Les souscripteurs ne paieront les deux volumes qu'en les recevant.

# LA LUSIADE,

## POËME DU CAMOËNS

### EN DIX CHANTS,

## TRADUCTION NOUVELLE,

### PAR J.-B.-J. MILLIÉ.

> La découverte de Mozambique, de Mélinde et de Calicut, a été chantée par le Camoëns, dont le poëme fait sentir quelque chose des charmes de l'Odyssée et de la magnificence de l'Énéide.
>
> (MONTESQUIEU.)

DEUX VOLUMES IN-8°., D'ENVIRON 500 PAGES.

## PROSPECTUS.

La Lusiade est pour les Portugais ce qu'étaient l'Iliade pour les Grecs et l'Énéide pour les Romains : c'est un poëme national.

Mais si l'on réfléchit aux immenses résultats de la découverte de l'Inde, à son influence sur les progrès de la navigation et sur le commerce du monde; si l'on considère que les conquêtes des Portugais en Orient ont, par une puissante diversion, affaibli le pouvoir des Musulmans qui menaçaient d'envahir l'Europe; si l'on se rappelle les guerres civiles et religieuses, les querelles sanglantes qui déchiraient alors la France, l'Angleterre, l'Allemagne et l'Italie; si l'on observe enfin que c'est à l'époque où les vieux états de l'Occident semblaient toucher à leur dissolution que les Portugais vont leur ouvrir en Asie de nouvelles sources de gloire et de richesses, l'intérêt s'accroît, la scène s'agrandit, le sujet devient européen comme celui des Croisades, et la découverte de l'Inde présente peut-être un tableau plus vaste et plus attachant que la délivrance de Jérusalem.

Le Camoëns a répandu sur ce grand sujet tous les ornemens de l'histoire et de la fable, tous les trésors d'un beau génie nourri, fécondé par la lecture de Virgile et d'Homère. La Jérusalem délivrée n'avait pas encore paru.

Moins brillant que le Tasse, moins varié, moins riche en caractères, mais doué d'une imagination plus forte et d'un goût plus antique et plus pur; s'il n'a pas eu dans le monde littéraire le même succès que son rival, si l'on ne connaît en général de la Lusiade que le touchant épisode d'Inès de Castro et la belle fiction d'Adamastor, la faute en est au traducteur de cette magnifique épopée.

Mal jugé par Voltaire qui ne l'avait point lu, défiguré dans la version tout à la fois prosaïque et ampoulée de Duperron de Castéra, mutilé par La Harpe qui n'a fait qu'abréger Duperron, le Camoëns réclamait une traduction complète et fidèle. Le public jugera si la traduction nouvelle a reproduit le génie de l'auteur.

Elle formera deux volumes in-8°., même caractère et même papier que ce Prospectus. Chaque chant sera suivi de notes historiques, mythologiques et littéraires.

La souscription sera fermée au 15 décembre prochain. Les prix de l'ouvrage sont fixés ainsi qu'il suit :

| | |
|---|---|
| Papier fin satiné pour les souscripteurs. . . | 12 fr. |
| Pour les non-souscripteurs. . . . . . . . . | 15 fr. |
| Papier vélin. . . . . . . . . . . . . . . | 24 fr. |
| Pour les non-souscripteurs. . . . . . . . . | 30 fr. |

IMPRIMERIE DE FAIN.

# LES
# LUSIADES,
## OU
# LES PORTUGAIS.

# LES LUSIADES,

OU

# LES PORTUGAIS,

POËME DE CAMOENS, EN DIX CHANTS.

—

## TRADUCTION NOUVELLE,

AVEC DES NOTES,

PAR J. Bte Je MILLIÉ.

> La découverte de Mozambique, de Mélinde et de Calicut, a été chantée par le Camoens, dont le poëme fait sentir quelque chose des charmes de l'Odyssée et de la magnificence de l'Énéide. MONTESQUIEU.

### TOME PREMIER.

## PARIS,

FIRMIN DIDOT PÈRE ET FILS, LIBRAIRES,

RUE JACOB, N° 24.

DE L'IMPRIMERIE DE FIRMIN DIDOT.

MDCCCXXV.

## A Son Excellence

### Dom José-Maria de Souza-Botelho;

Membre de l'Académie Royale des Sciences de Lisbonne.

---

Monsieur,

La même Nation à qui l'on doit le premier exemple des grandes expéditions maritimes, est la première aussi qui ait donné une Épopée à l'Europe moderne.

Elle s'avançait noblement dans toutes les carrières, lorsqu'un de ces évènements qui changent tout-à-coup la face des Empires, vint l'arrêter dans sa marche. La Perte de la Bataille d'Alcacer livra votre beau Pays à l'anarchie, à la guerre civile, et pour dernier malheur, au joug de vos voisins. Les vertus publiques, les talents, s'éclipsèrent sous Philippe Second, et vous n'eûtes plus de Gama ni de Camoens. La gloire même de votre Homère fut négligée par les descendants de ses héros; et le voyageur étonné eut de la peine à retrouver à Lisbonne les lieux où reposent les cendres de ce grand homme.

Vous l'avez vengé de cet oubli, Monsieur; la magnifique édition dont vous avez enrichi la Bibliothèque des Rois & toutes les Sociétés savantes de l'Europe, est le plus beau monument que l'enthousiasme ait élevé au génie. Vous avez fait, à vous seul, pour le chantre de Gama, ce que Lord Somers, le docteur Atterbury & le savant Addisson firent autrefois pour l'Auteur du Paradis Perdu. Jouissez de la gloire de Camoens, Monsieur: elle est devenue la vôtre.

Il restait à le venger, s'il m'est permis de m'exprimer ainsi, de ses traducteurs infidèles ou barbares. Une traduction nouvelle a été entreprise sous vos auspices. Vous l'avez inspirée, dirigée. Puisse-t-elle avoir répondu à votre attente, et justifier la faveur que vous m'avez faite d'en accepter la dédicace!

En dédiant mon Livre à un Portugais,

il me semble que j'acquitte une dette envers votre nation tout entière. J'ai vécu quelque tems parmi vous. J'ai vu de près ce Peuple spirituel, sensible & généreux, à qui il ne manque que des circonstances plus heureuses pour produire encore des Gama, des Albuquerque & des Castro. Il doit beaucoup à Camoens, sans doute; mais Camoens lui doit toutes les grandes actions qu'il a chantées. Pour remplir son poëme, il n'a pas été obligé, comme Simonide, de se rejetter sur l'éloge des Dieux: il n'a pas même épuisé son sujet. Honneur donc à vos illustres Compatriotes! Il n'est aucun d'eux qui, les Lusiades à la main, ne puisse se dire avec orgueil: Et moi aussi, je suis Portugais!

Agréez, je vous prie, avec bonté, l'hommage du profond respect avec lequel je suis,

**Monsieur,**

de Votre Excellence,

Le très-Humble et très-Obéissant Serviteur,

Muillié.

# PRÉFACE.

Le poëme des *Lusiades*\* est pour les Portugais ce qu'étaient l'Iliade pour les Grecs et l'Énéide pour les Romains : c'est une épopée nationale.

Mais, si l'on réfléchit aux immenses résultats de la découverte de l'Inde, à son influence sur les progrès de la navigation et sur le commerce du monde; si l'on considère que les conquêtes des Portugais en Orient ont, par une puissante diversion, affaibli l'empire des Musulmans qui menaçaient d'envahir l'Europe; si l'on se rappelle les guerres civiles et religieuses, les querelles sanglantes qui déchiraient alors la France,

---

\* Camoens donne aux Portugais le nom de *Lusiades* ou descendants de Lusus, comme on donne celui d'*Héraclides* aux descendants d'Hercule.

l'Angleterre, l'Allemagne et l'Italie; si l'on observe enfin que c'est à l'époque où les vieux états de l'Occident semblaient toucher à leur dissolution, que les Portugais vont leur ouvrir en Asie de nouvelles sources de gloire et de richesses, l'intérêt s'accroît, la scène s'agrandit, le sujet devient européen comme celui des croisades, et la découverte de l'Inde présente en elle-même un tableau plus vaste et non moins attachant, peut-être, que la délivrance de Jérusalem.

Camoens a répandu sur ce grand sujet tous les ornements de l'histoire et de la fable, tous les trésors d'un beau génie nourri, fécondé par la lecture de Virgile et d'Homère. La *Jérusalem délivrée* n'avait pas encore paru.

Moins brillant que le Tasse, moins varié, moins riche en caractères, mais doué d'une imagination plus forte et d'un talent plus hardi, s'il n'a pas eu dans le monde littéraire le même succès que son rival; si l'on

## PRÉFACE.

ne connaît en général des *Lusiades* que l'épisode d'Inez et la belle fiction d'Adamastor, la faute en a été jusqu'à présent aux traducteurs de Camoëns.

La version qu'en a donnée Duperron de Castéra n'est qu'une longue paraphrase où le bon sens et le goût sont blessés à chaque page. Celle de M. de La Harpe est écrite avec l'élégance et la correction qui distinguent les ouvrages du Quintilien français; mais, étranger à la langue portugaise, M. de La Harpe n'a fait que polir et abréger Duperron de Castéra : il resserre ou supprime tous les passages qui lui résistent, en transpose quelques autres, et secoue toute espèce d'entraves.

La traduction que nous offrons au public aura du moins le mérite d'être complète et fidèle. Sans nous asservir à la lettre, nous avons cherché constamment à bien saisir l'esprit de l'auteur, les formes et la couleur de son style, et jusqu'au mouvement de sa phrase. A chaque octave de l'original correspond un alinéa de la traduction. Nous nous sommes astreints rigoureusement à cette règle, sauf les cas extrêmement rares où le poète se permet des enjambements qui ne seraient pas soufferts en Français.

Nous avons cru pouvoir néanmoins, tout en respectant la fidélité, premier devoir du traducteur, éclaircir certains passages dont l'obscurité tenait à l'éloignement des époques où les évènements se sont passés; adoucir quelques images trop hardies pour notre langue ou pour nos mœurs; animer par l'expression quelques détails qui, dans l'original, se soutiennent naturellement par la rime et par la cadence du vers, et qui auraient langui dans la prose; substituer des noms propres à des périphrases ou des périphrases à des noms propres, suivant que l'exigeaient ou la clarté du sens ou l'harmonie du discours; négliger quelques-unes de ces épithètes sonores, mais un peu vagues, qui surabondent dans les poètes méridionaux, ménager enfin des transitions qui donnassent à la version française la marche libre et aisée de l'original portugais.

Chaque chant est suivi de notes mythologiques, historiques, géographiques et littéraires.

Les notes mythologiques sont peu nombreuses. Elles ne portent que sur quelques traits de la fable qui auraient pu échapper à la mémoire du lecteur.

Les notes historiques étaient indispensables. Les *Lusiades*, en effet, sont les fastes de la Lusitanie. Camoens y fait entrer par d'ingénieux épisodes ou par de poétiques prédictions dont il a puisé l'idée dans l'Énéide, l'histoire entière du Portugal. En chantant la découverte de l'Inde, il a groupé autour de l'action principale tous les évènements qui semblaient n'avoir été que le prélude de cette mémorable entreprise, toutes les actions d'éclat qui l'ont accompagnée ou suivie. Or, on conçoit que traitant l'histoire en poète, et plus prodigue d'images que de faits, il a dû mettre dans ses récits une concision souvent embarrassante pour les personnes peu versées dans la connaissance des annales portugaises. Les rapides narrations de l'auteur avaient besoin d'une espèce de commentaire qui suppléât au défaut de développement du texte.

Dans les notes géographiques, nous nous bornons à rappeler les faits ou les traditions dont le souvenir se rattache aux lieux décrits par l'auteur. La géographie de Camoens est tout à la fois savante et pittoresque. Les îles du Cap-Vert sont encore pour lui le jardin des Hespérides. La terre de Cambaye est à ses yeux le royaume de Porus.

Les remarques littéraires ont pour objet de justifier, en l'expliquant, le genre de merveilleux adopté par Camoens, de faire ressortir l'heureuse distribution des différentes parties de son poëme, et de lui comparer les auteurs qu'il imite ou qui l'ont imité lui-même.

Nous placerons à la fin du second volume les divers jugements portés sur les *Lusiades*. A la sévérité du P. Rapin, de Voltaire, de M. de La Harpe et de M. l'abbé Delille, nous opposerons les jugements plus doux et plus justes d'Adrien Baillet, de MM. de Châteaubriand, Lemercier et Parseval-Grandmaison, de William Mickle, traducteur anglais des *Lusiades,* et de M. Gilibert de Merlhiac, traducteur de l'*Araucana ;* un article très-remarquable de madame de Staël ; l'imposante autorité de Montesquieu, et, pour dernière apologie, une excellente notice publiée en portugais par don Jose-Maria de Souza-Botelho. La meilleure défense de Camoens sera, au surplus, dans son ouvrage, si l'original est fidèlement reproduit dans la copie.

L'étude sérieuse que nous avons faite de la langue portugaise pendant et après notre séjour à Lisbonne, ne nous rassurait pas entièrement sur la véritable intelligence du texte : car l'auteur des *Lusiades* est pour ses compatriotes eux-mêmes ce qu'est le Dante pour les Italiens. Une version littérale, œuvre de patience et d'érudition, nous a été fournie par un des hommes les plus capables de résoudre les difficultés de l'original : elle nous a servi de règle pour l'interprétation des passages douteux, excepté ceux où le sens purement grammatical nous a paru devoir céder au sens poétique et à l'idée générale de l'auteur.

Un ami de trente ans, M. Hippolyte Lefebvre, ancien professeur de rhétorique à Juilly, a bien voulu aussi s'associer à nos travaux. Nous lui devons beaucoup; et si l'ouvrage obtient quelque succès, il peut, à bon droit, ainsi que le savant auteur de la version littérale, en revendiquer sa part. Grâce à tant de secours réunis, la traduction nouvelle, commencée en 1817, se trouvait entièrement ébauchée avant la fin de 1819.

Les conseils étaient recueillis, les discussions épuisées, le sens définitivement assuré. Il restait à revoir l'ouvrage d'un bout à l'autre, à le refaire de verve, et, en quelque sorte, d'un seul jet; et ce nouveau travail n'admettait plus de collaborateur: il fallait qu'il sortît tout entier de la même plume. C'était le seul moyen de faire évanouir les disparates de style que présentaient nécessairement les premiers essais.

Mais tout n'était pas encore fini. Il fallait également, après avoir laissé reposer l'ouvrage, le soumettre à une critique sévère, le polir, sans en altérer la couleur; le confronter scrupuleusement avec l'original, et se rapprocher du texte dont on avait pu s'écarter dans la chaleur de la composition; baisser les stances trop tendues, relever celles qui tombaient; donner au tableau de l'ensemble et de l'harmonie; éviter, en un mot, que l'on pût nous appliquer le vers d'Horace :

*Infelix operis summâ, quia ponere totum Nescit.*

Cette seconde révision a été longue et pénible. Nous avons lutté, avec un courage opiniâtre, contre les difficultés, contre les dégoûts inséparables d'une pareille tâche, contre l'impatience de nos amis qui nous reprochaient nos scrupules et nos lenteurs. Nous leur faisions la réponse d'un de nos poètes :

Le Temps n'épargne point ce qu'on a fait sans lui.

Telles sont les épreuves multipliées qu'a subies la nouvelle traduction du poëme des *Lusiades*. Nous savons qu'il importe peu au public de connaître les procédés que les auteurs croient devoir suivre dans leurs compositions : le public ne s'arrête qu'aux résultats. Mais il nous importait, à nous, de le convaincre que nous n'avions rien négligé pour mériter son suffrage.

# VIE DE CAMOENS.

On a gravé sur le tombeau de Camoens :

« Ci gît le prince des poètes de son temps.
« Il vécut pauvre et malheureux et mourut de même. »

De la gloire et des malheurs ; voilà toute la vie de Camoens. Ce fut celle d'Homère, du Tasse et de Milton.

Né avec une ame ardente et une imagination romanesque, il conçut, à l'âge de vingt ans, une passion violente pour Catherine d'Ataïde, dame du palais. C'est pour elle qu'il fit ses premiers vers.

Le jeune poète joignait aux agréments de la figure un esprit vif et cultivé. Il tenait par son père, Vasco Perez de Camoens, à une ancienne famille de la Galice, et par sa mère, Anne de Macédo, à l'une des plus illustres maisons du Portugal; mais il était sans fortune : la famille des Ataïdes le repoussa. Exilé de la cour, il porta le souvenir de Catherine sur les rivages de l'Afrique, servit contre les Maures, perdit l'œil droit d'un coup de feu devant Ceuta, et montra depuis en orient la même intrépidité. « Poëte et soldat, les
« périls de la guerre, dit madame de Staël, animaient

« sa verve poétique, et la verve poétique exaltait son
« courage militaire. »

Il était sur le théâtre des exploits de ses compatriotes. Il résolut de les chanter et poursuivit son entreprise à travers les chagrins sans nombre et les humiliations dont l'abreuvait l'injustice du sort et des hommes.

La fortune un instant avait paru se réconcilier avec lui. Il revenait de Macao, rapportant de cette terre lointaine quelques richesses honnêtement acquises et son poëme terminé, lorsqu'il fit naufrage sur la côte de Camboge, à l'embouchure du fleuve Mécon. Son désastre fut complet, mais il sauva son plus cher trésor, cette patriotique épopée, enfant du génie, de la solitude et du malheur.

De nouvelles persécutions l'attendaient à Goa et se renouvelèrent à Mozambique. Il revit enfin les bords du Tage en 1569.

Catherine d'Ataïde n'était plus. Avec elle s'évanouit pour Camoens cet espoir vague d'un bonheur que son imagination lui avait toujours présenté dans l'éloignement comme le terme de ses peines et la récompense de ses travaux.

Ses Lusiades lui restaient; il les publia. Jamais poëme ne fut plus propre à inspirer l'enthousiasme de la gloire et l'amour de la patrie. L'Homère du Portugal en est aussi le Tyrtée.

Cet amour de son pays, si vif et si profond, ne l'abandonna jamais. Étendu sur son lit de misère, accablé de douleurs et d'infirmités, ne vivant plus que des faibles secours qu'un fidèle Javanais allait le soir mendier pour son maître dans les rues de Lisbonne, il apprend la mort funeste du roi Sébastien. « C'en est « fait de la patrie, s'écrie-t-il, mais du moins je meurs « avec elle. » Dès ce moment, il ne fit plus que languir, et mourut quelque temps après, dans la cinquante-cinquième année de son âge. Il était né en 1525.

Camoens, au milieu de ses infortunes, avait dit plus d'une fois: *Non omnis moriar.* Il dut trouver une grande consolation dans ce brevet d'immortalité qui lui fut décerné par le Tasse, son rival et son admirateur:

Vasco, le cui felici ardite antenne
Incontro al sol che ne riporta il giorno
Spiegar le vele, e fer colà ritorno
Ove egli par che di cadere accenne;

Non più di te per aspro mar te sostenne
Quel, che fece al Ciclope oltraggio, e scorno,
Nè chi turbò l'arpie nel suo soggiorno,
Nè diè più bel subjetto a colte penne.

Ed or quella del colto e buon Luigi
Tant' oltre stende il glorioso volo,
Che i tuoi spalmati legni andar men lunge;

Ond' a quelli a cui s'alza il nostro polo
Ed a chi ferma incontra i suoi vestigi
Per lui del corso tuo la fama aggiunge.

## IMITATION.

### LE TASSE A GAMA.

Hardi navigateur, tes voiles fortunées
Du monde oriental ont vu les bords fameux :
De fleurs et de lauriers tes poupes couronnées
Du berceau du soleil ont réfléchi les feux.

Le sage Ulysse errant sur les mers étonnées,
Jason bravant les flots et les vents orageux,
Ont montré moins d'audace aux vagues mutinées;
Et moins d'honneur aussi les attendait tous deux.

Oui, Gama; mais rends grace à l'immortel génie
Qui confia ta gloire au dieu de l'harmonie :
Sa muse a dans son vol dépassé tes vaisseaux.

Il chante, et tes exploits qu'il embellit encore
Ont retenti soudain des portes de l'Aurore
Jusqu'aux lieux où Phébus disparaît sous les eaux.

# LES LUSIADES.

## CHANT PREMIER.

# LES LUSIADES.

## CHANT PREMIER.

Je chanterai les combats, et ces hommes courageux qui, de la rive occidentale de la Lusitanie, portés sur des mers que la proue n'avait pas encore sillonnées [1], franchirent les plages de la Taprobane [2], déployèrent au milieu des périls et des batailles une force plus qu'humaine, et, parmi des peuples lointains, fondèrent si glorieusement un nouvel empire.

Je dirai les vertus héroïques [3] de ces princes qui soumirent à leur domination les contrées infidèles de l'Afrique et de l'Asie, et sur d'impurs débris établirent le règne de la foi. Je dirai ces guerriers que leur valeur a rendus immortels. Si l'art et le génie me secondent, leur renommée remplira l'univers.

Qu'on ne parle plus des courses fameuses du sage Ulysse et du pieux Énée. Que la déesse aux cent voix cesse de proclamer les victoires d'Alexandre et de Trajan. Je chante les enfants de Lusus [4] : Mars et Neptune ont marché devant eux. Héros de Virgile et d'Homère, écoutez des exploits qui surpassent tous les vôtres.

Et vous qui venez de m'enflammer d'une ardeur nouvelle, Nymphes du Tage, si vous fûtes mes premiers amours, si j'ai chanté vos doux rivages [5], donnez à ma voix un ton plus élevé : donnez à mes vers une harmonie si brillante et si pure que le dieu du Pinde abandonne pour vos ondes les flots de l'Hippocrène.

Réservez pour les jeux des bergers les humbles sons du chalumeau ; donnez-moi les accents hardis de la trompette belliqueuse, ces fiers accents qui font tressaillir [6] les guerriers et rallument le feu des combats; échauffez mes transports; inspirez-moi des chants qui soient dignes d'une nation si généreuse et si fidèle au dieu Mars. Que le monde entier les répète : c'est à l'art des vers, c'est à vous qu'il appartient d'immortaliser les héros.

Et toi [7], gage précieux de l'indépendance portugaise, espoir de la patrie qui te contemple et de la religion qui t'appelle, toi que le ciel a fait naître pour la terreur du Maure et pour l'honneur éternel de notre âge; toi qui ne veux conquérir le monde que pour consacrer à Dieu ta conquête ;

Jeune héritier de tant de rois dont le premier [8] reçut du ciel une faveur que n'ont point obtenue les Césars de l'occident ni les monarques des Gaules : témoin le royal écusson qui, dans son empreinte sacrée, garde encore le souvenir de cette bataille où le Christ, armé de sa croix, combattit pour Alphonse et lui donna la victoire;

Roi puissant, dont les vastes états embrassent à la fois [9] les lieux où naît le soleil, ceux qu'il éclaire à son midi et les climats qui reçoivent ses derniers feux; toi dont le génie doit subjuguer un jour le féroce Ismaëlite, le Turc oppresseur de l'Asie, et l'idolâtre qui boit les eaux du fleuve sacré [10];

Tourne vers moi ce jeune front où brillent déja les divines clartés qui formeront ton auréole, alors que parvenu au terme de ta carrière, tu franchiras le seuil du temple éternel. Laisse tomber un regard de bonté sur un enfant des muses, qui n'invoque leurs faveurs que pour célébrer en vers harmonieux la gloire de son pays.

Oui c'est à la patrie que je consacre ma lyre. On ne me verra point demander à la fortune le prix de mes travaux; j'ose l'attendre de la postérité : honneur, dira-t-elle, à celui qui chanta le berceau de ses pères. Écoute : le nom portugais va retentir dans mes chants. Apprends à connaître les hommes que le ciel a soumis à ton empire; et dis-moi s'il n'est pas plus beau de régner sur eux que de commander au reste du monde.

Écoute : de vaines fictions n'orneront point mes récits; je laisse aux muses étrangères ces ambitieux mensonges. Les hauts faits que tu vas entendre sont au-dessus des chimériques exploits de Rodomont et de Roger, au-dessus des prouesses de Roland, fussent-elles avouées par l'histoire.

Au lieu de ces fiers paladins[11], tu verras un Nuno, le bouclier du prince et le rempart de la patrie; un Egas-Moniz, un Fuas : c'est pour les chanter que je demande la lyre d'Homère. Au lieu des douze pairs de Charlemagne, je t'offrirai les douze portugais[12] qui, dans les plaines d'Albion, combattirent si vaillamment pour la cause de la beauté. Tu verras enfin l'illustre Gama[13] : près de lui disparaît le navigateur troyen dont le Tibre accueillit jadis les vaisseaux.

Veux-tu des rois et des guerriers aussi dignes de renom que les plus célèbres conquérants? vois le premier Alphonse : le vainqueur d'Ourique est-il moins grand que le vainqueur de Pharsale? Vois Jean I, élevant son trône sur les trophées d'Aljubarota; et Jean II, toujours sûr de vaincre; et trois Alphonses, dignes successeurs du premier.

# CHANT PREMIER.

Vois cette foule de héros qui, parcourant les royaumes de l'aurore, y firent, à l'envi, triompher nos étendards : le brave Pacheco, les redoutables Almeidas que le Tage pleure encore, le terrible Albuquerque, l'intrépide Castro, et tant d'autres dont le fleuve d'oubli n'emportera point la mémoire.

Le jour n'est pas loin où ma muse osera s'élever jusqu'à toi. Tandis qu'elle chantera ces guerriers, prends en main les rênes de l'empire, et les prodiges de ton règne enfanteront des prodiges d'harmonie. Que tes armées commencent à presser de leur noble poids les terres africaines et les mers orientales : qu'elles annoncent ta présence à l'univers étonné.

Le Maure, glacé d'effroi, lit dans tes yeux sa ruine prochaine. L'idolâtre frémit; sa tête s'incline, déjà prête à subir le joug. Ta jeunesse, ta fierté naissante ont charmé le cœur de Téthys : elle t'offre sa fille et te réserve pour dot son domaine azuré [14].

Deux demi-dieux [15], dont le sang coule dans tes veines, te regardent du haut des cieux. Tous deux ont brillé sur la terre, l'un dans les heureux travaux de la paix, l'autre dans les jeux sanglants de Bellone. Leurs grandes ames se confondent dans la tienne : ils aiment à retrouver en toi leur image, et te gardent près d'eux une place au séjour de l'immortalité.

Mais, en attendant l'époque fortunée où tu reproduiras sur le trône leurs vertus guerrières et pacifiques, daigne sourire à mes tableaux ; daigne adopter mes Argonautes, et tu verras blanchir les mers sous leurs nefs obéissantes. Tes regards les soutiendront au milieu des orages : accoutume-toi, jeune prince, à recevoir les vœux des mortels [16].

Déja les enfants de Lusus fendaient les flots de l'immense océan. L'onde émue s'agitait doucement autour des navires, un vent favorable enflait les voiles. Les proues, couvertes d'une écume argentée, sillonnaient les mers lointaines réservées jusqu'alors aux troupeaux de Neptune, lorsqu'au sein des célestes demeures [17] où se préparent les arrêts qui règlent le sort des mortels, les dieux tinrent conseil sur les destinées de l'Orient.

L'agile petit-fils du vieux Atlas, Mercure, les a convoqués au nom de Jupiter [18]; et le ciel de cristal qui s'embellit autrefois des gouttes brillantes tombées du sein de Junon, la voie lactée, les a conduits dans l'Olympe. Ils ont quitté les sept régions éthérées que leur confia l'arbitre des mondes : arbitre souverain qui régit par la pensée le ciel, la terre et les mers.

A ces puissances du ciel se réunissent en un moment les divinités qui règnent sur le septentrion, celles qui règnent sur le midi, les dieux protecteurs des climats où naît l'aurore, et les immortels gardiens des contrées où le soleil éteint son flambeau.

Sur un trône resplendissant d'étoiles, paraît le dieu qui lance la foudre [19]. Le diamant jette moins de feux qu'il n'en jaillit de son sceptre et de sa couronne. Une majesté sévère est empreinte dans ses traits. De son front s'exhale une vapeur divine : le mortel qui l'aurait ressentie deviendrait semblable aux dieux.

Au-dessous du trône s'abaissent par degrés des sièges brillants émaillés d'or et de perles. L'âge et la dignité ont fixé la place de chacun des immortels. D'un œil respectueux, ils contemplaient Jupiter, lorsque, élevant au milieu d'eux sa voix formidable, il fit entendre ces accents :

« Éternels habitants des radieuses demeures
« de l'Olympe, si la haute valeur des enfants
« de Lusus est présente à votre pensée, si vous
« avez suivi le cours de leurs triomphes, vous ne
« pouvez douter que le Destin ne les appelle à
« effacer du souvenir des hommes les Assyriens
« et les Perses, les Grecs et les Romains.

« Vous les avez vus, Hercules naissants, s'élan-
« cer contre le Maure usurpateur, et lui arracher
« le beau pays qu'arrose le Tage. Vous les avez
« vus affronter ensuite le redoutable Castillan,

« humilier l'orgueil de ses armes, et sortir de
« la lutte avec tous les trophées de la victoire.

« Dieux de l'Olympe, je laisse dans le passé
« leurs guerres mémorables contre les fils de
« Romulus; l'ardeur généreuse qui les précipita
« sur les pas de Viriate; la gloire dont ils se
« couvrirent sous les drapeaux du fameux pros-
« crit qui feignait de marcher à la voix d'une
« biche inspirée.

« Bravant aujourd'hui les caprices d'Amphi-
« trite et le courroux des enfants d'Éole, ils
« s'ouvrent des routes inconnues à travers l'im-
« mensité des mers. Des bords lointains où
« Phébus expire, ils ont prolongé leurs dé-
« couvertes au-delà des contrées qu'il échauffe
« au milieu de sa course, et ne s'arrêteront qu'à
« son berceau.

« L'immuable Destin leur a promis la longue
« domination de cette mer que rougissent les
« premiers feux du soleil. Ils viennent de passer
« sur l'onde la saison des orages; leurs matelots
« sont fatigués, abattus : n'est-il pas juste enfin
« d'accomplir leurs vœux et de couronner leurs
« efforts?

« Assez long-temps leur courageuse patience a
« lutté contre la fureur des flots et l'inclémence
« des cieux, contre les vents et les tempêtes.
« Je veux que la paix et l'hospitalité les ac-

« cueillent sur la rive africaine; qu'ils y réparent
« leurs vaisseaux, et que, pleins d'une force
« nouvelle, ils reprennent le cours de leur
« glorieuse navigation. »

Il dit, et les dieux délibèrent. Les opinions se divisent, et sont tour-à-tour appuyées et combattues. Bacchus, effrayé des paroles de Jupiter [20], s'élève avec violence contre les enfants de Lusus. Triomphateur de l'Asie, il déteste en eux des rivaux.

Bacchus avait appris des Destins que du fond de l'Hespérie un peuple belliqueux viendrait par la grande mer soumettre tous les rivages que baigne l'océan indien; que des exploits nouveaux éclipseraient d'antiques renommées, la sienne comme toutes les autres. Il n'entrevoit qu'avec douleur la perte d'une gloire dont Nysa [21] célèbre encore le souvenir.

Cette gloire fut jadis menacée par Alexandre; mais les victoires du Macédonien n'ont pu ravir à Bacchus le nom de vainqueur de l'Inde, ce nom fameux dont il est salué par tous les habitants du Parnasse. Des alarmes plus vives le pressent en ce moment : il craint que l'eau dormante du Léthé n'ensevelisse à jamais ses lauriers, si la terre de l'aurore est touchée par les guerriers de la Lusitanie.

Vénus prend hautement leur défense [22]. Vénus

depuis longtemps les favorise et les guide. Elle a vu leur valeur éclater sur la rive Tingitane; elle aime à retrouver en eux les vertus héroïques des Romains qui lui furent si chers, et jusqu'au langage, à peine altéré, de ces anciens maîtres du monde.

Un motif secret et plus puissant encore l'intéresse à leur cause. Il lui avait été prédit que la déesse de la beauté régnerait dans tous les lieux où s'étendrait leur empire. Ainsi le dieu qui craint pour sa gloire et la déesse qui prétend à de nouveaux hommages, s'obstinaient l'un et l'autre dans cette lutte animée qui partageait les immortels.

Quand l'Auster en fureur ou l'impétueux Borée se précipitent sur une antique forêt, la montagne en gémit, les arbres se brisent, les feuilles dispersées volent dans les airs, un bruit sourd se prolonge et murmure : toutes les cimes de la forêt semblent bouillonner. Tel l'Olympe ébranlé retentissait de la querelle des dieux.

De tous les amis de la déesse, Mars était le plus ardent. La cause des héros devait être la sienne; et peut-être aussi qu'un ancien souvenir se réveillait dans son cœur. Il se lève. Sombre et courroucé, il rejette en arrière l'immense bouclier qui flottait sur sa poitrine; et haussant, avec fierté, la visière de son casque de diamant,

il s'avance tout armé vers le trône de Jupiter.
D'un bras terrible, il soulève sa lance. Sa lance
en retombant frappe les marches du trône. Le
ciel en trembla; Apollon effrayé laissa un instant
pâlir ses rayons.

« Père des dieux, s'écria Mars, toi dont la
« volonté fait la loi de l'univers, toi que l'Olympe
« a vu si souvent applaudir au courage des Lu-
« sitaniens, à leur constance infatigable ; si leur
« honneur t'est cher encore, si toi-même as
« soufflé dans leur ame cet amour de gloire
« qui les entraîne vers une autre hémisphère,
« hâte-toi de mettre un terme à d'inutiles débats.

« L'avis de Bacchus est suspect; une inquiète
« jalousie égare sa raison. Il s'élève, il s'emporte
« contre les descendants d'un héros qui fut ja-
« dis son compagnon d'armes et son ami ! Il
« appelle sur eux ta colère, lui qui devrait ici
« les défendre ! mais laissons-le se livrer à sa
« fureur passagère. L'envie attaquerait vaine-
« ment les enfants de Lusus : leur triomphe est
« assuré; ils ont pour eux Jupiter et les Destins.

« Dieu puissant, ta sagesse a parlé : que tes
« oracles s'accomplissent. L'inconstance n'appar-
« tient qu'à la faiblesse. Ordonne, et que Mer-
« cure plus rapide que la flèche, plus léger que
« les vents, descende sur la flotte guerrière et
« la conduise chez un peuple hospitalier dont

« les fidèles avis puissent enfin la guider vers
« les contrées de l'aurore. »

Ainsi parla le dieu des batailles. Jupiter, en signe d'adhésion, inclina sa tête majestueuse, et l'Olympe fut parfumé d'ambroisie. Tous les dieux à l'instant courbent le front devant le maître du tonnerre, et foulant de nouveau le pur crystal des cieux, regagnent les régions et les mondes où s'exerce leur pouvoir.

Cependant les belliqueux Argonautes suivaient paisiblement leur course entre Madagascar et la côte Éthiopienne. Le sud fuyait derrière eux, l'orient brillait à leur droite. Le dieu du jour enflammait alors les poissons étoilés qui nagent suspendus dans les airs, depuis l'époque mémorable où Vénus et son fils, à l'aspect du géant Typhée, se cachèrent d'effroi sous les eaux [23].

Les vents n'avaient que des souffles purs et légers; on eût dit qu'ils étaient dans le secret du ciel et qu'ils respectaient ses amis. L'air était serein, l'onde tranquille, le ciel sans nuages. Déjà les héros avaient dépassé la cime verdoyante qu'on appelait jadis le promontoire de Prase [24], lorsque des îles nouvelles vinrent s'offrir à leurs yeux.

Les flots qui se jouaient à l'entour semblaient ne mouiller que des plages désertes. Toujours occupé du noble but où l'appellent la fortune et son courage, Gama, le chef des guerriers, se disposait à laisser derrière lui une terre qu'il croyait inhabitée; mais un spectacle imprévu changea tout-à-coup sa résolution.

De l'île la plus voisine de la côte arrivaient des barques légères surmontées d'une large voile. A leur aspect, une agitation générale se répand sur la flotte. Tous les regards, toutes les pensées se dirigent vers le même objet. « Quel est ce peuple nouveau? se disaient entre « eux les Portugais. Quelles sont ses mœurs, sa « religion, ses lois? »

Les rapides nacelles semblaient s'alonger sur les flots; leur forme étroite et dégagée favorisait leur essor; des feuilles de palmier adroitement tissues en composaient les voiles. Déja l'on apercevait distinctement les insulaires. Leur figure basanée attestait l'antique imprudence de ce fils d'Apollon [25] qui brûla dans sa course les contrées qu'il avait promis d'éclairer. L'Éridan s'en souvient, et Phaëtuse en gémit encore.

Une étoffe de coton blanc, rayée de diverses couleurs, se repliait autour d'eux, ou suspendue à leur bras, retombait en écharpe flottante. De la ceinture à la tête ils étaient nus; un turban couvrait leur front; ils étaient armés de dagues et de cimeterres, et voguaient au son de la trompette mauresque.

Leurs écharpes agitées, leurs gestes impatients, avertissaient les guerriers de les attendre. Mais déjà les Portugais tournaient la proue vers les îles. Le matelot montrait la même ardeur que s'il eût touché au terme de ses fatigues. Bientôt les voiles sont repliées ; la grande vergue s'abaisse, l'ancre à grand bruit frappe la mer, et les flots jaillissent vers le ciel.

Les navires étaient à peine arrêtés que les insulaires y montaient par les cordages. Tous leurs mouvements annonçaient la confiance et la joie. Gama les accueille avec bonté. Des tables sont dressées, des coupes transparentes sont remplies d'un vin pur et pétillant : le plaisir rayonne sur ces visages noircis des feux de Phaëton.

« D'où venez-vous ? qui êtes-vous ? disaient
« familièrement aux Portugais leurs convives
« encouragés. Quelle est votre patrie ? Quel est
« le but de ce voyage ? Quelles mers vous ont
« conduits sur nos bords ? » Ils parlaient la langue des Arabes, si connue autrefois des nations de l'Hespérie. Une sage réserve accompagne la réponse des guerriers : « Nous sommes les Por-
« tugais, peuple de l'occident [26] ; nous cherchons
« les contrées orientales.

« Cette vaste mer qui baigne les rivages de

# CHANT PREMIER.

« l'Afrique, nous l'avons parcourue du nord au
« midi. De nouveaux cieux ont brillé sur nos
« têtes ; des terres nouvelles ont frappé nos re-
« gards. Les flots et leur immensité n'ont rien
« qui nous arrête ; un monarque chéri, le roi
« du Tage, a parlé : nous descendrions pour lui
« plaire dans les gouffres de l'Achéron.

« C'est par son ordre que nous marchons vers
« la terre de l'Indus. C'est pour lui que nous
« traversons des mers qui n'ont encore été visi-
« tées que par les monstres de l'Océan. Dites-
« nous maintenant, bons insulaires, dites-nous,
« avec sincérité, qui vous êtes, quelle est cette
« île dont vous sortez, et quels chemins con-
« duisent aux rivages que nous cherchons ? »

Un des insulaires répondit : « Ce pays n'est
« point le nôtre. Le peuple qui l'habite est tel
« encore que l'a fait la nature : il vit sans culte
« et sans lois. Pour nous que la sagesse éclaire,
« nous suivons la loi sainte enseignée par l'il-
« lustre descendant d'Abraham [27], par ce pro-
« phète conquérant qui naquit au désert d'une
« mère juive et d'un père idolâtre, et qui règne
« aujourd'hui sur le monde.

L'île que vous voyez, Mozambique, n'est
« point remarquable par l'étendue de son ri-
« vage ; mais elle assure aux enfants de Mahomet
« la navigation des ondes de Quiloa, de Monbaze

« et de Sofala. L'intérêt du commerce nous fixe au
« milieu des indigènes. Dans leur sauvage in-
« dépendance, ils nous ont abandonné des ports
« dont ils ignoraient l'usage et des terres qu'ils
« ne cultivaient pas.

« Vous trouverez parmi nous des pilotes qui
« sauront vous guider vers la terre de l'Hydaspe,
« vers ces beaux climats que vous venez cher-
« cher de si loin. Le gouverneur de Mozambique
« est l'ami du courage et le protecteur des guer-
« riers : il vous verra; ne doutez point qu'il ne
« vous offre tous les secours d'une généreuse
« hospitalité. »

Après cet entretien qui fut suivi des assurances réciproques d'une amitié sincère, le Maure et ses compagnons rentrèrent dans leurs bateaux. Le jour baissait. Phébus, fatigué de sa course, allait se reposer au sein d'Amphitrite, abandonnant à sa sœur le soin d'éclairer l'univers.

Une impression de bonheur, difficile à décrire, était restée dans le cœur des Portugais. Le sommeil, cette nuit, n'approcha point de leur paupière. Tantôt, ils voyaient la route de l'Inde s'applanir devant eux; tantôt ils ramenaient leur pensée sur les mœurs singulières, sur le génie d'une nation qui, répandue avec ses erreurs dans toutes les parties du monde, allait servir de guide en Orient aux navigateurs du Tage.

Phébé régnait dans les airs, et de ses clairs rayons argentait la surface des flots. Le ciel émaillé d'étoiles offrait l'image d'un champ parsemé de fleurs. Les vents dormaient dans leurs prisons profondes ; les sentinelles attentives continuaient de veiller avec leur prudence accoutumée.

Mais aussitôt que l'Aurore eut éparpillé dans les cieux l'or et les roses de sa chevelure; aussitôt qu'elle eut annoncé le réveil du dieu du jour, toute la flotte se couvrit de riches tentures, de banderoles élégantes, pour fêter l'arrivée du chef des musulmans.

Il venait de quitter le rivage, et fendait rapidement les ondes, apportant à la flotte une eau pure et de frais aliments. Ils prenait les Lusitaniens pour un de ces peuples belliqueux [28] qui, des bords de la mer Caspienne, partirent autrefois pour la conquête de l'Asie, et que les destins ont rendus maîtres de l'empire de Constantin.

Gama, d'un air empressé, reçoit les insulaires, et présente à leur chef des étoffes que l'Europe a tissues, des fruits que le sucre a conservés et l'ardente liqueur dont l'usage est inconnu sous le ciel africain. La joie du Maure éclate à la vue de ces présents, et s'anime encore au milieu d'un festin qui flatte son orgueil et son goût.

Les matelots, du haut des cordages, observaient, avec étonnement, la figure et les manières de ces étrangers, la rudesse et l'obscurité de leur langage. De son côté, le Maure astucieux ne considérait pas sans surprise le teint, l'habillement des guerriers, la force et la grandeur de leurs vaisseaux. Mille idées contraires se succèdent dans son esprit, mille questions se pressent sur ses lèvres.

« Ne venez-vous point, leur dit-il, du pays
« des Ottomans ? N'êtes-vous point, comme
« nous, les disciples du prophète ? Montrez-
« moi les livres sacrés où vos législateurs ont
« tracé les règles de la morale et de la foi. »
Le sectateur de Mahomet commençait à soupçonner en eux des adorateurs du Christ. Dans son inquiète curiosité, il veut tout voir, tout connaître, jusqu'aux armes que les Portugais opposent à l'ennemi dans les combats.

Un habile interprète lui transmet la réponse
« du héros. « Tu connaîtras, seigneur, ma patrie,
« mon culte et mes armes. Je ne suis ni du pays,
« ni de la race des Turcs. Enfant de l'Europe
« guerrière et civilisée, je cherche les terres
« orientales si renommées dans l'univers.

« Le dieu que j'adore est celui qui gouverne la
« terre et les cieux. La nature vivante, la nature
« inanimée, le monde et ses merveilles sont

« l'œuvre de sa puissance. Ami des faibles hu-
« mains, il a souffert pour eux l'injure et la
« mort, et n'est descendu du ciel que pour les
« y faire monter avec lui.

« Les livres sacrés que tu demandes, ce code
« immortel qu'inspira l'Homme-Dieu, je ne le
« porte point avec moi. Ai-je besoin de lire sur
« des feuilles périssables ce qui est écrit dans
« mon cœur? Quant aux armes des Portugais,
« comme ami tu les verras : j'aime à penser que
« tu ne voudras jamais les voir comme ennemi [29]. »

Il dit, et ses officiers s'empressent d'étaler
aux yeux du gouverneur les différentes armures :
les lourds brassards, les boucliers ornés de diverses couleurs, les balles, les arquebuses d'un pur acier, les arcs, les carquois chargés de flèches, les pertuisanes aigües et les lances redoutables.

Les bombes, les pots à feu si féconds en ravages, les bouches d'airain qui vomissent la mort, rien n'est soustrait aux regards des insulaires; mais Gama ne permet point aux enfants de Vulcain d'allumer ces terribles machines. Il dédaigne de déployer sa force devant la faiblesse, et de montrer à de vils troupeaux la puissance du lion.

Le Maure observait tout d'un œil attentif. La défiance et la haine ont pénétré jusqu'au fond de son ame; mais il les cache avec un art profond. La rage est dans son cœur, et le sourire dans ses yeux. Il caresse les guerriers, il les flatte, et couvre d'un voile d'amitié le noir projet qu'il médite.

« De tous les biens que tu pourrais m'offrir, « lui dit Gama, le plus précieux pour moi serait « un pilote expérimenté qui dirigeât mes vais- « seaux vers les rivages de l'Inde. Des trésors « seraient le prix de sa fidélité. — Tu l'auras » lui répond le gouverneur; mais dans sa lâche perfidie, il voudrait pouvoir, ce jour là même, ne lui donner d'autre pilote que le nautonnier des enfers.

Tant les religieuses paroles de Gama ont changé le cœur du barbare! tant il abhorre le culte pur des Chrétiens! O Providence! tes mystères confondent la faible raison des mortels. Pourquoi, sous ton égide, n'est-on pas toujours à l'abri de la fureur des méchants?

Le Maure cependant se dispose à quitter la flotte. D'un front où se peint la gaîté, d'un air affectueux, il prend congé des Portugais, et s'éloigne avec son escorte. En peu d'instants, il a franchi le court espace qui le sépare de la terre. Une foule empressée le reçoit sur le rivage et l'accompagne jusqu'à son palais.

Du haut de l'Olympe, Bacchus a lu dans le cœur du Maure. Il y voit se former l'orage qui menace les descendants de Lusus. A la fureur des Africains il veut unir ses propres fureurs, s'associer à leurs complots et travailler avec eux à la ruine des guerriers. Absorbé dans ces pensées, Bacchus se disait à lui-même :

« Ainsi donc le Sort a décidé que ces nouveaux
« conquérants triompheraient de toutes les na-
« tions de l'Indus et du Gange, qu'ils couvriraient
« de leurs exploits le théâtre de mes victoires. Et
« moi, fils de Jupiter, moi qui ne démentis jamais
« cette illustre origine, je souffrirais cette in-
« justice du Sort! je consentirais au triomphe
« de ses obcurs favoris!

« Déja le fils de Philippe, aidé du secours de
« Mars et de la faveur des cieux, a subjugué cette
« terre sacrée. Souffrirai-je encore que, sous la
« protection des Destins, une poignée d'aven-
« turiers vienne, à force de persévérance et d'au-
« dace, faire oublier au monde le héros de la
« Macédoine, et les Romains et moi?

« Non, les vœux de leur chef ne s'accompliront
« point: jamais il ne verra les climats de l'Orient.
« D'inévitables pièges se multiplieront sous ses
« pas; je descendrai sur la terre, je bouleverserai
« le cœur du Maure. Déja ce peuple indigné fré-
« mit et s'agite; le moment est favorable; hâtons-
« nous de le saisir ».

Il dit; et furieux, il s'élance sur la rive africaine [30]. Là, caché sous les traits d'un mortel, il marche vers le promontoire de Prase et pénètre dans Mozambique. Pour mieux ourdir sa trame homicide, il a pris la figure d'un vieillard dont l'île entière respecte la prudence et dont le prince écoute les conseils.

Il épie l'heure favorable à sa feinte, aborde le chef des infidèles, et d'une voix émue : « Défie-
« toi, lui dit-il, de ces perfides étrangers. Ils ont
« toujours sur les lèvres des paroles de paix ;
« mais si j'en crois la renommée, les nations ré-
« pandues sur la côte se souviendront long-
« temps de leur sanglante apparition.

« Connais ces vils chrétiens. Avant d'arriver
« jusqu'à nous, ils promenaient sur les mers le
« brigandage et l'incendie. Ces désastres ne sont
« que le prélude des maux qu'ils nous appor-
« tent. Éternels ennemis des enfants de Maho-
« met, ils viennent nous égorger, s'emparer de
« nos dépouilles, et réduire en captivité nos en-
« fants et nos femmes.

« Demain, au lever de l'Aurore, leur chef doit
« descendre sur le rivage pour y puiser l'eau
« des fontaines. Il ne manquera pas de se faire
« accompagner des siens : le crime est toujours
« lâche. Rassemble ta fidèle milice, et va les
« attendre avec elle dans un lieu tranquille et
« couvert. Débarqués sans défiance, les brigands
« s'offriront d'eux-mêmes à tes coups.

# CHANT PREMIER.

« Et si, dans cette surprise, leur troupe va-
« gabonde ne périt pas tout entière, voici par
« quel moyen tu pourras en atteindre les débris
« jusques sur leurs vaisseaux. Introduis parmi
« eux un pilote intrépide qui, sans exciter leurs
« soupçons, les égare sur les ondes et livre aux
« profondeurs de l'abîme tous ceux qui auront
« échappé au fer de tes soldats. »

Il finissait à peine : l'Africain vieilli dans l'art
de la perfidie, l'embrasse avec transport et lui
rend graces de son conseil. Bientôt les ordres
sont donnés, les armes préparées, tous les
postes marqués pour surprendre les Lusitaniens
et rougir de leur sang l'eau qu'ils viendront
chercher.

Un pilote est déja prêt à partir pour la flotte.
Au-dessus de la crainte, au-dessus des remords,
le crime sourit à son audace ; il est digne de
l'horrible mission que son maître lui confie. « Va,
« lui dit le gouverneur, va, quand il en sera
« temps, trouver ces téméraires navigateurs ;
« conduis-les de périls en périls, d'écueils en
« écueils, jusqu'à ce que la mer les engloutisse
« pour toujours. »

Le soleil dorait de ses premiers feux les monts
Nabathéens [31], quand le héros appela les guerriers qui devaient l'accompagner au rivage. A
la voix de leur chef, ils arment les chaloupes,

comme si d'avance ils eussent connu le complot des barbares. Une secrète inquiétude, un de ces pressentiments qui ne trompent jamais, avait éveillé leur prudence.

Des motifs moins vagues se mêlaient aux soupçons de Gama. Au lieu du pilote qu'il avait fait demander à Mozambique, il n'avait reçu qu'une réponse équivoque où perçaient l'insulte et la menace. Il connaît, d'ailleurs, la foi du Maure, et, l'œil ouvert sur le danger, il dirige lentement les trois chaloupes qui forment son escorte.

Déjà les Insulaires se répandaient sur la plage. Les uns se couvrent de leurs boucliers et brandissent leurs javelots; les autres courbent leurs arcs et préparent leurs flèches empoisonnées. Plus loin, derrière des bois et des rochers, reposent en silence des groupes nombreux d'infidèles. Les premiers n'ont été mis en avant que pour attirer les Portugais loin de leurs vaisseaux, et ménager une facile victoire aux guerriers de l'embuscade.

A l'aspect des héros, les Maures poussent d'horribles clameurs et courent çà et là, agitant la lance et le bouclier, insultant, provoquant leurs nobles adversaires. Aux cris de cette meute insolente, les Portugais s'indignent; le même transport les saisit, le même élan les porte sur la rive : aucun d'eux ne s'attribuera l'honneur de l'avoir touchée le premier.

Lorsqu'animé par les regards de la beauté qu'il adore, l'amant plein d'orgueil et de joie se précipite au devant du taureau, l'appelle, l'importune et l'irrite par ses cris; le fougueux animal mugit de fureur, et les cornes baissées, les yeux fermés, court dans l'arène sanglante, poursuit et renverse le téméraire agresseur.

Tels s'élancent les guerriers. Le feu des chaloupes s'allume en même temps ; l'artillerie tonne contre le rivage ; le plomb meurtrier siffle dans les airs. Les Barbares se troublent; ils hésitent; leur bouillante ardeur a fait place à l'épouvante. Les uns désertent lâchement l'embuscade; les autres roulent expirants sur la plage qu'ils avaient osé parcourir.

Le Portugais poursuit sa victoire, et porte au loin la terreur et la mort. La ville sans murs et sans défense est assaillie, incendiée, détruite. L'infidèle gémit de sa fatale témérité. La guerre est détestée par le faible vieillard et par la mère craintive qui allaite son enfant.

Dans sa fuite précipitée, le Maure éperdu abandonne son arc et ses flèches, et fait voler au hasard les cailloux du rivage, les éclats du rocher, les dépouilles de la forêt. Rage impuissante ! Il jette un dernier regard sur ses foyers

4.

détruits, court en frémissant vers la côte et se hâte de franchir le détroit qui le sépare du continent.

Les barques surchargées ne peuvent contenir la foule des fuyards. L'un fend les flots à la nage ; l'autre s'abîme au sein des vagues ; d'autres encore boivent et vomissent l'onde amère. L'artillerie frappe à coups redoublés les frêles bateaux des insulaires, les brise, les déchire, et couvre la mer de débris... Les barbares ont disparu ; le bruit des armes a cessé ; de riches dépouilles sont le prix de la victoire, et les Nayades du rivage abandonnent leurs urnes aux enfants de Lusus.

Cependant les Maures consternés s'irritent de leur défaite. Altérés de vengeance, ils ont recours au second artifice que Bacchus leur a suggéré. Leur coupable chef implore la clémence des vainqueurs ; mais c'est encore la guerre qu'il leur envoie sous les apparences de la paix. Le gage de la foi jurée, le garant du traité, c'est ce même pilote qui s'est chargé de conduire les Portugais au naufrage.

Gama dépose sa colère. Impatient de poursuivre sa route et de profiter des vents favorables, il comble de caresses son nouveau guide, et par de pacifiques adieux répond au message du gouverneur. Bientôt le signal du départ retentit sur la flotte; toutes les voiles déployées s'agitent dans les airs.

Ainsi partaient les joyeux Argonautes. Les ondes se séparaient sur leur passage, et revenaient, en se jouant, s'appuyer aux flancs des navires : on eût dit que les filles de Nérée se plaisaient à former aux guerriers un riant cortège. Le héros, abusé par le pilote de Mozambique, ne cessait de l'interroger sur l'Inde et sur les rivages qui se déroulaient à leurs yeux.

L'Africain se flatte en secret que bientôt l'esclavage ou la mort auront mis entre l'Inde et Gama une éternelle barrière. Plein du dieu malfaisant qui l'inspire, il décrit avec complaisance les climats de l'Orient, la beauté de ses ports, satisfait sans réserve à toutes les questions, et captive ainsi la confiance des guerriers [32]. Sinon mit autrefois moins d'adresse à tromper les Phrygiens.

« Au milieu de ces mers que nous parcou-
« rons, disait le pilote aux Portugais, non loin
« de nous, est une île où le Christ a vu dans
« tous les temps fleurir son culte et ses autels. »
Ces mots font tressaillir Gama. « Ami, s'écrie-
« t-il, ta fortune est assurée, si tu conduis mes
« vaisseaux à l'île des chrétiens. »

L'imposteur obéit avec joie : c'est là qu'il avait marqué le terme de la course et de l'existence des héros. L'île appartenait à cette nation parjure et cruelle qui suit la loi de Mahomet. Ce n'était plus la faible Mozambique avec sa tremblante milice; c'était Quiloa : son nom a retenti dans le monde.

Déjà les proues impatientes se dirigeaient vers le port. «Où courez-vous, navigateurs imprudents? « ne voyez-vous pas qu'un monstre vous égare? « Sa main vous conduit au trépas. » Ainsi parlait leur Génie tutélaire, la déesse qui les avait défendus dans l'Olympe. Tremblant pour ses héros, elle appelle les vents contraires. Les vents accourent du rivage, se précipitent sur les navires, et les repoussent au loin sur les ondes [33].

Vaincu par un invisible pouvoir, le pilote n'abandonne point son affreux dessein. « Les « flots agités nous entraînent, dit-il à Gama; « cédons à leur violence. Ils vont nous porter « vers d'autres bords, vers une île hospitalière « où des familles chrétiennes vivent en paix au « milieu des Musulmans. »

Nouveau mensonge, nouvelle trahison. Le dieu des chrétiens n'avait sur cette terre profane ni temples, ni disciples; Mahomet y régnait sans partage. Gama cependant se laisse encore éblouir par les paroles du perfide; mais l'immortelle amie des Lusitaniens vient les sau-

## CHANT PREMIER. 55

ver une seconde fois. Les flots soulevés par Vénus défendent aux vaisseaux l'entrée du port.

L'île n'était séparée du continent que par un étroit canal. Du côté de la mer apparaissaient des édifices somptueux dont les toits élevés frappaient de loin les yeux du navigateur. Un vieux prince la gouvernait. Monbaze était le nom de l'île et de la cité.

Gama, dans son illusion, jouissait d'avance du bonheur d'y rencontrer des chrétiens et des frères. Déjà de légers bateaux s'avançaient vers la flotte, apportant aux guerriers un message du roi de Monbaze. Bacchus, sous un nouveau déguisement, l'avait prévenu de leur arrivée.

Le message annonce des cœurs amis ; mais la haine l'a dicté. Le serpent repose sous les fleurs ; il y prépare ses mortels poisons. O perfidie! ô dangers[34]! O carrière de la vie toujours semée d'écueils! Un piége affreux attendait Gama aux lieux mêmes où l'espérance lui montrait un abri.

Triste condition des humains! Sur mer, les tourmentes et les naufrages, à chaque instant la mort sous les yeux! Sur terre, les combats, les trahisons, l'indigence et toutes ses horreurs! Où fuir? où trouver un asyle pour cette existence si malheureuse et si courte? Dieu de bonté! que nos misères te désarment. Épargne dans ta clémence la faible et gémissante créature qui s'anéantit devant toi.

FIN DU CHANT PREMIER.

# NOTES
## DU CHANT PREMIER.

1. **Je chanterai les combats et les hommes courageux qui, de la rive occidentale de la Lusitanie, portés sur des mers que la proue n'avait pas encore sillonnées, etc.**

Duperron de Castera et M. de La Harpe ont remarqué que ce début n'était pas entièrement conforme à la vérité historique. Les Phéniciens avaient fait par la mer Rouge le commerce de l'Afrique et de l'Asie. Les flottes de Salomon avaient pénétré jusqu'au pays d'Ophir, que l'on croit être la presqu'île de Malaca ou Chersonèse d'or des Anciens. Hannon, amiral carthaginois, avait fait le tour de l'Afrique, depuis Gibraltar jusqu'au golfe arabique. Les soudans d'Égypte entretenaient des vaisseaux qu'ils envoyaient tous les ans à la côte de Malabar, chercher les différentes productions que les Vénitiens se chargeaient ensuite de transporter d'Alexandrie dans toutes les contrées de l'Europe. Après les soudans, les Maures de Suez, de la Mecque et de Jedda continuèrent de fréquenter les Indes; et Gama les y trouva en possession de tout le commerce de l'Orient. « Mais il suffit pour la justification de Camoens, « dit avec raison M. de La Harpe, que la flotte de Gama « fût la première flotte européenne qui eût navigué dans la « mer du Sud au-delà des Tropiques; et c'est une vérité « que l'on ne saurait contester. »

## 2. Taprobane.

L'île de Ceylan. Elle est située au sud-est de la côte de Coromandel, dont elle n'est séparée que par le détroit de Manar. Les Portugais formèrent leurs premiers établissements sur la côte de Malabar. Ils s'étendirent bientôt sur l'autre rivage, et la conquête de Ceylan leur livra toutes les îles de l'Archipel oriental.

## 3. Je dirai les vertus héroïques, etc.

On a reproché à Camoens de manquer de plan et d'unité, de multiplier inutilement ses personnages, et de charger son poëme d'une foule de récits qui ne se rapportent point à l'action principale. Il répond d'avance à cette objection. Ce n'est pas seulement un héros qu'il chante: c'est un peuple de héros: c'est la fondation d'un empire en Orient: ce sont tous les faits glorieux qui ont préparé cet incroyable essor de la puissance portugaise. Dans tous ces évènements rapprochés les uns des autres, il aperçoit un grand drame historique dont l'expédition de Gama n'est que le dernier acte. Si le roi Emmanuel ordonne à ses flottes de passer le cap de Bonne-Espérance, c'est qu'il a hérité des grands desseins de Jean second; si le roi Jean s'est élevé à de si hautes pensées, c'est que déjà les navigateurs de sa nation avaient exploré une partie du rivage africain et découvert les îles de l'Atlantique; c'est qu'il avait été précédé sur le trône par une suite d'hommes de génie sans cesse occupés du soin d'expulser les Maures et de contenir l'ambition des Castillans; et si les rois de Portugal ont réussi dans l'une et l'autre entreprise, c'est que leurs sujets avaient appris à vaincre dès le temps de Viriate et de Sertorius. Ainsi, dans la vaste conception de Camoens, tout s'arrange, tout se lie, tout vient aboutir à ce grand fait de la découverte de l'Inde, qui domine toute sa composition. Il nous semble que ce nouveau genre d'épopée offre bien autant d'intérêt que la colère d'Achille ou la rivalité de Turnus et d'Énée.

### 4. Les enfants de Lusus.

L'origine de presque tous les peuples se perd dans la nuit des temps. Les premiers historiens ont suppléé par des fables aux notions qui leur manquaient; et ces fables, en général, ont flatté la vanité de leur nation. Elles souriaient d'ailleurs à l'imagination des poètes, et les poètes s'en sont emparés. Ainsi les Français sont descendus de Francus, fils d'Hector. Ainsi Camoens fait descendre les Lusitaniens de Lusus, fils ou compagnon de Bacchus. Le dictionnaire de Chompré ne parle pas de ce personnage fabuleux. M. de la Clède, dans son histoire de Portugal, fait dériver le nom de Lusitaniens de celui d'un peuple Celte que les Romains appelaient *Lusones* ou *Lusi*; et qui, après s'être mêlé aux Ibériens, fit une irruption dans le pays qu'on appella depuis *Lusitanie*. Cette étymologie, fût-elle aussi vraie qu'elle est douteuse, n'aurait point fourni à Camoens les ressources qu'il a tirées de la première.

### 5. Si j'ai chanté vos doux rivages, etc.

Camoens avait commencé par des poésies pastorales, et pouvait dire comme Virgile :

Ille ego qui quondam gracili modulatus avenâ
Carmen, etc.

« Moi qui jadis, assis sous l'ombrage des hêtres,

« Essayai quelques airs sur mes pipeaux champêtres, etc.

(Delille.)

« Un poète, dit l'élégant traducteur de l'Énéide, est tou-
« jours tenté, en écrivant un ouvrage nouveau, de rappeler
« le souvenir de ceux qui l'ont précédé, et de prouver la
« flexibilité de son talent par la variété des genres qu'il a
« traités. »

## 6. Ces fiers accents qui font tressaillir les guerriers, etc.

Le poète dit :

........ *Tuba canora e bellicosa que o peito accende, e a cor no gesto muda.* Mot à mot. *La trompette sonore et belliqueuse qui enflamme le cœur, et change la couleur du visage.* Des littérateurs portugais, que nous avons consultés sur le sens de ce passage, avaient pensé d'abord qu'il devait être traduit ainsi : *La trompette belliqueuse dont les sons éclatans enflamment le courage, et colorent le front des guerriers.* Mais ils ont changé d'opinion en rapprochant des deux vers que nous venons de citer les deux premiers de la 29ᵉ octave du 4ᵉ chant. La trompette vient de donner le signal de la bataille d'Aljubarota.

> Quantos rostos alli se vem sem cor,
> Que ao coraçaõ acode o sangue amigo !

*Les guerriers ont pâli : le sang qui les anime a reflué vers le cœur.*

Le véritable sens de *tuba canora*, etc. était donc : *La trompette belliqueuse dont les fiers accents portent la* flamme *au cœur des guerriers, et la* pâleur *sur leur front.* Quelques personnes cependant ont cru voir une espèce de contradiction dans ce double effet du signal des combats. Des militaires distingués par leur rang et leur bravoure, nous ont assuré, au contraire, que cette peinture était vraie, et qu'elle ne pouvait étonner que les poètes qui n'ont fait la guerre que dans leur cabinet. Camoens avait assisté à des batailles : il a peint ce qu'il a vu. Pour concilier les deux opinions, nous avons pris un moyen terme qui, en maintenant le sens primitif, en adoucit l'expression.

### 7. Et toi, gage précieux de l'indépendance portugaise, etc.

Camoens s'adresse au jeune roi Sébastien. Il lui prédit de glorieuses destinées, mais sa prophétie ne s'accomplit point. Sébastien vécut peu : il périt à l'âge de 25 ans, dans sa malheureuse expédition d'Afrique, à la bataille d'Alcacer donnée contre les Maures en 1578.

On a beaucoup blâmé cette expédition. Sans doute, elle devint extrêmement funeste au Portugal qu'elle mit sous le joug de l'Espagne. Mais il faut se reporter à l'époque où elle fut entreprise, et se rappeler que les Maures avaient été pendant huit siècles la terreur de la Péninsule. Le prince allait venger son pays. Il était mu par le même sentiment qu'Alexandre allant combattre les Perses. Si Alexandre eût perdu la bataille du Granique et qu'il eût péri dans la mêlée, il passerait aujourd'hui pour un insensé.

Le roi Sébastien, malgré des fautes réelles exagérées par les historiens du temps et par les flatteurs de Philippe II, avait de grandes qualités qui justifient les éloges et les présages du poète.

## 8. Jeune héritier de tant de rois, dont le premier reçut du ciel une faveur, etc.

Alphonse I$^{er}$ n'avait encore que le titre de comte de Portugal, lorsqu'il gagna sur les Maures la bataille d'Ourique. Avant le combat, il aperçut, dit-on, dans les airs une croix lumineuse et le dieu des chrétiens qui lui promettait la victoire et le titre de roi. Son armée ne douta point du miracle : elle combattit avec enthousiasme, remporta la victoire et proclama roi le valeureux Alphonse. Camoens a embelli de ce prodige le 3$^e$ chant de son poëme.

## 9. Roi puissant dont les vastes états embrassent à la fois, etc.

Le poète Buchanan avait dit au roi Jean III, aïeul de Sébastien :

Inque tuis Phœbus regnis oriensque cadensque
　　Vix longum fesso conderet axe diem ;
Et quæcumque vago se circumvolvit Olympo
　　Affulget ratibus flamma ministra tuis.

　　Tu règnes sur tous les climats :
　　Le dieu du jour, à son aurore,
　　Éclaire tes vastes états,
　　Et le soir les retrouve encore.
　　Qu'il brille sous des cieux nouveaux,
　　Qu'il visite la terre ou l'onde,
　　Il rencontre aux deux bouts du monde
　　Ou tes remparts ou tes vaisseaux.

Buchanan était né en Écosse. Camarade d'études de quelques Portugais qui suivaient les cours du collége de Sainte-

Barbe à Paris, il fut appelé avec eux à Lisbonne par le roi
Jean III, et devint ensuite professeur de belles-lettres et
de philosophie à l'université de Coïmbre. Camoens fut un
de ses élèves. C'est peut-être à Buchanan et aux leçons que
cet habile professeur avait reçues lui-même à Sainte-Barbe
que nous devons Camoens et les Lusiades.

### 10. Fleuve sacré.

L'original porte *sancto rio*. M. de La Harpe traduit par
*Jourdain*. C'est une inadvertance; il est évident que le poète
veut parler du Gange, fleuve sacré aux yeux des Indiens.
Jamais Camoens n'a excité le roi Sébastien à la conquête de
la Palestine: ce n'étaient plus les idées du temps.

### 11. Au lieu de ces fiers paladins, etc.

Allusion aux poëmes chevaleresques de l'Arioste et du
Boyard.

### 12. Les douze portugais, etc.

Fait historique qui forme l'épisode du 6ᵉ chant.

### 13. Gama.

Dans un poëme où Gama joue le premier rôle, il était
naturel qu'il fût annoncé avec une certaine pompe d'expression. M. de La Harpe a supprimé ce passage : il est difficile
de se rendre compte de son motif.

Vasco da Gama est un des hommes les plus remarquables
qu'aient produits les temps anciens et modernes. On conçoit
tout ce qu'il dut avoir à souffrir des accidents de la mer,
de l'inexpérience des pilotes, du découragement que les fatigues d'un si long voyage amenaient fréquemment parmi

ses compagnons; mais la nature l'avait doué d'une ame forte, d'une patience à toute épreuve, et de cette puissance de caractère qui enchaîne toutes les volontés à la volonté d'un seul homme.

Grand capitaine, il fut aussi grand administrateur. Nommé vice-roi des Indes en 1524, c'est-à-dire, vingt-sept ans après sa première expédition, il réprima les abus de la conquête, punit les coupables, rétablit la paix entre les Portugais et les Indiens, et mourut à Cochin, également regretté des vainqueurs et des vaincus.

### 14. Téthys t'offre sa fille, etc.

Imitation de Virgile :

Teque sibi generum Tethys emat omnibus undis.
(GÉORGIQUES, liv. I.)

« Téthys t'offre sa fille, et roi des mers profondes,
« Tu recevras pour dot tout l'empire des ondes.
(DELILLE.)

L'expédition de Gama avait fait une révolution dans le commerce maritime des Vénitiens et transféré aux Portugais le sceptre des mers. C'est donc une heureuse idée de Camoens d'avoir présenté sous une image gracieuse empruntée de son modèle, cette grande alliance du Portugal avec l'Océan, par opposition au mariage si connu du doge de Venise avec la mer Adriatique.

### 15. Deux demi-dieux te regardent du haut des cieux.

Sébastien était par son père le petit-fils du roi Jean III, surnommé le pacifique, et par sa mère, le petit-fils de

Charles-Quint qui ne cessa de faire la guerre qu'en abdiquant la couronne.

16. Accoutume-toi, jeune prince, à recevoir
les vœux des mortels.

Et jam nunc votis assuesce vocari.

L'invocation des Lusiades finit comme celle des Géorgiques; mais que l'on compare ici les deux poètes, et l'on verra l'extrême supériorité du poète moderne sur l'ancien. Quelle élévation de sentiments, quelle noblesse dans le discours de Camoens au roi Sébastien! quelle pauvreté d'idées, mal couverte par la richesse des expressions, quelle flatterie révoltante dans le discours de Virgile à l'empereur Auguste!

> Tu que adeò, quem mox quæ sint habitura deorum
> Concilia incertum est, urbesne invisere, Cæsar,
> Terrarumque velis curam ! et te maximus orbis
> Auctorem frugum, tempestatumque potentem
> Accipiat, cingens maternâ tempora myrto :
> An Deus immensi venias maris ac tua nautæ
> Numina sola colant ; tibi serviat ultima Thule ;
> Te que sibi generum Tethys emat omnibus undis :
> Anne novum tardis sidus te mensibus addas,
> Quâ locus Erigonen inter, chelasque sequentes
> Panditur; ipse tibi jam brachia contrahit ardens
> Scorpius, et cœli justâ plus parte relinquit.

> O toi qu'attend le ciel et que la terre adore,
> Sous quel titre, ô César, faudra-t-il qu'on t'implore ?
> Veux-tu, le front paré du myrte maternel,

Remplacer Jupiter sur son trône éternel ?
Va, préside aux saisons, gouverne le tonnerre,
Protège les cités, fertilise la terre.
Veux-tu sur l'océan un pouvoir souverain ?
Le trident de Neptune est remis dans ta main ;
Téthys t'offre sa fille, et roi des mers profondes,
Tu recevras pour dot tout l'empire des ondes.
Peut-être plus voisin de tes nobles aïeux,
Nouveau signe d'été, veux-tu briller aux cieux ?
Le scorpion brûlant, déjà loin d'Érigone,
S'écarte avec respect et fait place à ton trône.
(DELILLE.)

Tout le talent de Virgile, tout l'art du traducteur, et sur-tout cette transition si heureuse qui n'est pas dans l'original, *peut-être plus voisin de tes nobles ayeux*, n'ont pu sauver ce qu'il y a de faux et d'exagéré dans cette idée bizarre de déplacer pour Auguste les constellations, et de détrôner en sa faveur Jupiter et Neptune. Camoens aussi loue son roi : il lui promet l'immortalité, mais il lui trace en même temps la route qui pourra l'y conduire; et ses louanges sont des leçons d'héroïsme et de vertu.

17. Lorsqu'au sein des célestes demeures, etc.

Ici commence le grand défaut que l'on reproche communément à Camoens : le mélange de la mythologie et du christianisme. « On lui a fait un tort de cette alliance, dit
« Madame de Staël ; mais il ne nous semble pas qu'elle pro-
« duise dans son ouvrage une impression discordante ; on y
« sent très-bien que le christianisme est la réalité de la vie,
« et l'on trouve une sorte de délicatesse à ne pas se servir
« de ce qui est saint pour les jeux du génie même. »

Une chose qui n'a pas assez frappé les censeurs du poète portugais, c'est que ses héros, soit qu'ils parlent, soit qu'ils agissent, sont toujours chrétiens. L'auteur seul est payen, c'est-à-dire, que toutes les fois qu'il parle comme poète, il use de tous les privilèges et de toutes les ressources de la poésie. La poésie épique, dit Boileau,

> Dans le vaste récit d'une longue action
> Se soutient par la fable et vit de fiction.
> Là, pour nous enchanter, tout est mis en usage;
> Tout prend un corps, une ame, un esprit, un visage.
> Chaque vertu devient une divinité:
> Minerve est la prudence, et Vénus la beauté.
> Ce n'est plus la vapeur qui produit le tonnerre;
> C'est Jupiter armé pour effrayer la terre.
> Un orage terrible aux yeux des matelots,
> C'est Neptune en courroux qui gourmande les flots.
> Écho n'est plus un son qui dans l'air retentisse;
> C'est une nymphe en pleurs qui se plaint de Narcisse.
> Ainsi dans cet amas de nobles fictions, etc.

Ce beau morceau de l'art poétique est dans la mémoire de toutes les personnes qui ne sont point étrangères à la littérature. Nous laissons à nos lecteurs le soin d'en faire l'application raisonnée au poëme des Lusiades et de justifier Camoens. Il se justifie lui-même, au 10ᵉ chant, d'une manière aussi délicate qu'ingénieuse. Téthys, du haut d'une montagne sacrée, vient de découvrir à Gama le grand édifice du monde. Elle lui montre l'Empyrée.

« C'est là, lui dit-elle, que résident les véritables enfants
« de la gloire et de la vertu. Jupiter et Junon, Saturne, Janus
« et moi-même, nous ne sommes que des divinités fantas-
« tiques inventées par les poètes. Fidèles à l'art charmant

« qui nous donna la naissance, nous n'avons point quitté la
« terre. Le ciel ne nous connut jamais; et cet Olympe où
« nous régnons n'est qu'un rêve brillant du génie.

« L'éternelle providence dont Jupiter n'est que la poé-
« tique image, gouverne l'univers par mille et mille intelli-
« gences. Homère en a fait des dieux. Ministres de colère
« et d'amour, ils protègent ou persécutent. Apollon, Mars
« et Vénus combattent pour Hector; Junon, Neptune et
« Pallas ont conjuré sa perte.

« L'épopée qui nous charme et nous instruit tour à tour,
« la noble épopée a recueilli l'héritage d'Homère : elle a
« conservé ses divinités et leurs noms. Les génies protec-
« teurs, les génies malfaisants se retrouvent jusques dans les
« livres sacrés. La muse antique des Hébreux a revêtu de
« formes divines les anges de lumière; et dans son langage
« inspiré, Moloch lui-même, l'affreux Moloch est un dieu. »
Tout ce passage est supprimé dans la traduction de M. de
La Harpe.

## 18. Jupiter.

C'est le nom sous lequel le poëte a cru pouvoir désigner
cette puissance universelle, infinie, à laquelle Pope et son
religieux traducteur adressaient cette prière :

> O toi que la raison, que l'instinct même adore,
> Souverain maître et créateur
> De tout l'univers qui t'implore,
> Jehovah, Jupiter, Seigneur !

Un poëme épique ne peut marcher sans fictions. Camoens
avait à choisir entre trois sortes de merveilleux : les fables
anciennes, la magie moderne, et les personnages allégori-
ques, tels que la Discorde, le Fanatisme, la Gloire, etc.

L'auteur de la Henriade a employé ce dernier moyen; mais son poëme, rempli d'ailleurs de grandes beautés, se ressent de la faiblesse et du vague des allégories.

Le Tasse a recours aux sortilèges; mais est-il bien sûr, comme l'a remarqué M. de Souza, qu'à l'époque où Camoens écrivait, il eût, comme le Tasse, la liberté d'introduire des magiciens dans son ouvrage? Pouvait-il, sans danger, à l'époque où l'inquisition s'établissait en Portugal, à l'époque où tout ce qui tenait à la magie était l'objet des poursuites de ce redoutable tribunal, faire usage des moyens que cette grande erreur de l'esprit humain fournit au Tasse sous un gouvernement plus doux et dans un pays où les gens de lettres, alors comme à présent, ne croyaient pas plus à la magie qu'aux dieux du paganisme? Le poëte, aux yeux des inquisiteurs de la foi, n'eût été lui-même qu'un magicien en commerce avec les démons. Dans une composition, d'ailleurs, aussi vaste par son objet, mais aussi resserrée dans ses moyens d'exécution, les machines épiques employées depuis par le Tasse n'étaient point en proportion avec les grands objets que Camoens avait à peindre. Et quant à la vraisemblance, il nous semble que l'esprit se prête plus aisément à un genre de merveilleux qui met en jeu la cause première de tous les mouvements de la nature, sous le nom de Jupiter, et toutes les causes secondes sous les fabuleuses dénominations de Bacchus, de Mars, de Vénus, de Neptune et de Téthys, qu'à un système poétique qui, à l'aide des sortilèges, livre aux démons l'antique forêt où les chrétiens doivent prendre le bois nécessaire à la construction de leurs tours et de leurs béliers; renferme Clorinde sous l'écorce d'un pin, Armide dans l'intérieur d'un myrte, et fait rompre l'enchantement par Renaud que la magie noire avait transporté des rives du Jourdain aux îles fortunées, et que la magie blanche a ramené des îles fortunées aux rives du Jourdain. Aux allégories, aux opération magiques, Camoens a préféré les fables anciennes. Ce n'est point là du paganisme : c'est un langage de convention parmi les poètes. Quand Boileau a célébré le passage du Rhin, n'a-t-il pas fait un dieu de ce fleuve ?

> Au pied du mont Adule, entre mille roseaux,
> Le Rhin tranquille et fier du progrès de ses eaux,
> Appuyé d'une main sur son onde penchante,
> Dormait au bruit flatteur de son onde naissante, etc.

La langue poétique est essentiellement payenne ; et nous ne voyons pas pourquoi l'auteur des Lusiades ne serait pas aussi bien autorisé à faire revivre les divinités fabuleuses qu'à en créer de nouvelles ; à rendre à Jupiter sa foudre et à Vénus sa ceinture, qu'à conserver un char au Soleil et des doigts de rose à l'Aurore.

### 19. Sur un trône resplendissant d'étoiles paraît le dieu qui lance la foudre.

Ce portrait de Jupiter est d'une grande beauté. C'est le Jupiter olympien, le souverain de la terre et des cieux, le suprême arbitre des mondes. Tous les autres immortels le contemplent dans un silence respectueux qu'ils ne rompent que par son ordre. On sent que l'auteur, tout payen qu'il est dans son épopée, écrivait sous l'influence des mêmes idées qui inspirèrent depuis à Chapelain les seuls bons vers peut-être qu'il ait faits :

> Loin des murs flamboyants qui renferment le monde,
> Dans le centre caché d'une clarté profonde,
> Dieu repose en lui-même, et vêtu de splendeur,
> Sans bornes, est rempli de sa propre grandeur.
> Sous son trône étoilé, patriarches, prophètes,

Apôtres, confesseurs, vierges, anachorètes,
Et ceux qui par leur sang ont cimenté la foi,
L'adorent à genoux, saint peuple du saint roi.

Ces vers de Chapelain présentent un magnifique tableau : ils respirent cette gravité, cette tristesse majestueuse qui forme, ainsi que l'a remarqué un écrivain célèbre, un des caractères les plus frappants du christianisme, et que Camoens ne pouvait introduire dans un ouvrage tel que le sien. Un poëme épique dont toute l'action se développe et s'accomplit sur des mers orageuses ou sur des rivages barbares, avait besoin d'un merveilleux qui, par des peintures variées, vînt sourire à l'imagination du lecteur ; et Camoens avait deviné cette judicieuse sentence du législateur du Parnasse :

De la foi d'un chrétien les mystères terribles
D'ornements égayés ne sont point susceptibles.

## 20. Bacchus épouvanté des paroles de Jupiter, etc.

Une fois la mythologie admise, on avouera que Camoens en a tiré un parti admirable. Bacchus, l'ancien conquérant des Indes, devait voir d'un œil jaloux l'arrivée des Portugais en Orient. La haine qu'il a conçue contre eux est donc parfaitement motivée. Le nœud du poëme exigeait, d'ailleurs, une opposition puissante, une divinité qui luttât contre leur fortune. Le poète aurait pu l'appeler Astaroth ou Belzébut. Il a préféré le nom de Bacchus : nous croyons que Boileau aurait été de son avis.

## 21. Nysa.

Ancienne ville de l'Inde, dont il ne reste aucun vestige. Bacchus en était, dit-on, le fondateur.

## 22. Vénus prend hautement leur défense.

L'auteur indique lui-même avec beaucoup d'art et de finesse les motifs de la protection que Vénus accorde aux Portugais. A la galanterie chevaleresque du moyen âge, ils unissaient les vertus guerrières des enfants d'Énée. Pour la déesse, ils sont encore les Romains; et leur langage achève l'illusion.

La langue portugaise est, en effet, de toutes les langues modernes, celle qui ressemble le plus au latin. Elle en a les tours variés, la hardiesse et l'harmonie, avec plus de grace encore et de douceur. C'était l'opinion de Michel Cervantès et de Lopez de Véga, tous deux Espagnols, et dont le témoignage en pareil cas ne saurait être suspect. Mais cette langue harmonieuse que l'on parle au centre de l'Amérique, et qui sur la côte de l'Afrique et dans les comptoirs de l'Asie, est devenue la langue du commerce, ne tient guère à la littérature européenne que par le poeme de Camoens. C'est dans cet ouvrage qu'elle déploie toute sa richesse. C'est là que par un heureux mélange de mollessse et d'énergie, on la voit se prêter à tous les genres de style, à l'expression d'une pensée forte comme à celle d'un sentiment délicat, à la description d'une tempête ou d'une bataille, comme à celle des objets les plus riants de la nature.

## 23. Le dieu du jour guidait son char de feu vers les poissons étoilés, etc.

C'est-à-dire que le soleil entrait alors dans le signe des Poissons. Cette phrase poétique est fondée sur la mythologie. Dans la guerre des géants contre les dieux, Vénus

# DU CHANT PREMIER. 73

fuyait avec son fils : arrivés sur les bords de l'Euphrate et poursuivis par Typhée, ils se jetèrent dans les flots et furent recueillis par deux poissons qui les transportèrent à l'autre rive. Vénus, en reconnaissance de ce service, les plaça l'un et l'autre dans les cieux. Ils forment la dernière constellation du Zodiaque.

> Sunt Aries, Taurus, Gemini, Cancer, Leo, Virgo,
> Libraque, Scorpius, Arcitenens, Caper, Amphora, Pisces.

### 24. Le promontoire de Prase.

Aujourd'hui le cap *Delgado*, situé au 10° degré de latitude-sud, à l'extrémité du Zanguebar, vers Mozambique. Les anciens le nommaient *Prasum promontorium*, et la mer qui le baigne, *mare Prasodis*. (Du grec ΠΡΑΣΟΝ, *porreau*, *verd foncé*) : c'est le *cap verd* du Zanguebar.

### 25. Leur figure basannée attestait l'antique imprudence de ce fils d'Apollon, etc.

> Sanguine tùm credunt, in corpora summa vocato,
> Æthiopum populos nigrum traxisse colorem.
> (Ovid.)

> Alors le sang brûlé de la race africaine
> Noircit son teint luisant des couleurs de l'ébène.
> (St. Ange.)

### 26. Nous sommes les Portugais, peuple de l'occident.

Cette réponse est d'une simplicité antique. C'est probablement dans ce passage et dans beaucoup d'autres du même genre répandus dans l'ouvrage, que Montesquieu retrouvait le charme de l'Odyssée.

## 27. L'illustre descendant d'Abraham.

Mahomet. Son père s'appelait, dit-on, Abdala, et sa mère Émine. Le reste de sa généalogie a été, long-temps après sa mort, fabriqué par les Arabes. Camoens le fait descendre d'une mère juive et d'un père idolâtre, caractérisant ainsi la religion de Mahomet qui n'est, en effet, qu'un mélange de traditions judaïques et de l'ancien culte de l'Arabie.

## 28. Il prenait les Lusitaniens pour un de ces peuples belliqueux, etc.

Les Turcs. Maîtres de l'Arabie et de plusieurs ports sur la mer Rouge, ils s'étaient déjà montrés sur les côtes orientales de l'Afrique.

## 29. Quant aux armes des Portugais, comme ami tu les verras; j'aime à penser que tu ne voudras jamais les voir comme ennemi.

Aux questions du gouverneur de Mozambique, à l'inquiète curiosité des Maures, Gama a senti le danger de sa position. Il veut leur donner une idée de sa force et prévenir les mauvais desseins qu'ils pourraient méditer contre lui. Il vient de faire, en présence des disciples du Coran, une magnifique profession du christianisme; il appuye son discours de l'appareil imposant de ses moyens d'attaque et de défense. Ce ton religieux et guerrier est tout-à-fait dans les mœurs du siècle de Gama; et sa conduite est conforme au caractère que tous les historiens s'accordent à lui donner.

30. Il dit, et furieux, il s'élance sur la rive africaine.

Ronsard dont le poëme bizarre est contemporain des Lusiades et de la Jérusalem délivrée, introduit dans son ouvrage une fiction semblable. Le dieu Mars s'intéressait à la gloire de Francus, le père des Français. Pour le secourir de plus près, il quitta l'Olympe ;

> Puis comme un trait roidement s'élança
> Dedans Buthrote où sa forme laissa,
> Et prit le corps, l'allure et le visage
> D'un vieil troyen aux affaires très-sage.

Ronsard était un homme de génie ; mais il écrivait dans une langue encore indocile et barbare. Il la tourmenta sans la polir, et la chargea d'expressions nouvelles qui la rendirent inintelligible. Camoens, au contraire, eut le bonheur de trouver dans la sienne toutes les ressources qu'exigeait une grande composition poétique. Il la fixa : aucun des termes qu'il a si heureusement employés, aucun de ses tours n'a vieilli.

31. Les monts Nabathéens.

Montagnes d'Arabie que les vieux historiens prétendent avoir été le premier séjour des enfants de Nabath, fils aîné d'Ismaël.

32. Et captive ainsi la confiance des guerriers.

La trahison du pilote, les moyens mêmes qu'il emploie pour tromper les Portugais, tout cela est historique. Jean de Barros, Osorius, et M. de la Clède racontent fort au long toutes les perfidies des Maures. Camoens n'a fait que donner à l'histoire les ornements de la poésie.

### 33. Les vents accourent du rivage, se précipitent sur les navires et les repoussent au loin sur les ondes.

La flotte portugaise était devant Quiloa, lorsque tout-à-coup il s'éleva des vents contraires qui l'écartèrent du rivage malgré tous les efforts du pilote qu'elle avait reçu de Mozambique. Les historiens portugais ont cru voir dans cette circonstance un véritable prodige : il appartenait de droit à la poésie.

### 34. O perfidie ! ô dangers !

Camoens finit presque tous ses chants par d'éloquentes moralités; et ce sont peut-être les morceaux les plus travaillés de son ouvrage. Le lecteur remarquera particulièrement celles qui terminent les 5$^e$, 6$^e$ et 9$^e$ chants. C'est là que s'élevant à toute la hauteur d'une philosophie grande et forte, il ramène la poésie à son but primitif, celui d'instruire les hommes à la vertu. Le poète s'abandonne alors à toute la chaleur de son ame, et s'efforce d'exciter dans le cœur de ses compatriotes les nobles sentiments dont il est lui-même pénétré. Quelques personnes ont regardé ce mérite comme un défaut : elles voudraient bannir du poëme épique les réflexions du poète ; mais Camoens les introduit rarement dans le cours de ses narrations : il les réserve pour la fin. Les personnages disparaissent un moment, et le poète, se mettant à leur place, parle comme le chœur dans les anciennes tragédies grecques. « Le chœur, dit Marmontel, fait « partie des mœurs de la tragédie ancienne ; les réflexions « et les sentiments font partie des mœurs de l'épopée. »

FIN DES NOTES DU CHANT PREMIER.

# LES LUSIADES.

## CHANT SECOND.

# LES LUSIADES.

## CHANT SECOND.

L'astre brillant qui, dans sa course éthérée, va mesurant les nuits et les jours, commençait à dérober sa lumière aux mortels. Vesper ouvrait devant lui les portes mystérieuses du palais de Téthys, quand la flotte lusitanienne, à peine arrêtée sur ses ancres, reçut les envoyés de Monbaze.

Le chef des infidèles, ministre et confident des trahisons de son maître[1], adresse ces paroles à Gama : « Vaillant capitaine, illustre navigateur,
« le roi de Monbaze se réjouit de ton arrivée dans
« ses états. Il est impatient de voir de près le
« vainqueur des flots et de s'unir à toi par les
« saints nœuds de l'hospitalité.

« Tu n'es pas inconnu dans ces lieux : le bruit
« de tes exploits t'a précédé parmi nous. Entre
« sans crainte avec ta flotte. Les fatigues d'un
« long voyage ont affaibli tes compagnons ; qu'il

« leur soit permis de réparer leurs forces et de
« goûter un repos que réclame la nature.

« Vas-tu chercher les riches productions de
« l'Orient, l'odorante canelle, le girofle par-
« fumé, le poivre brûlant, les plantes aux ver-
« tus salutaires ? Vas-tu demander aux climats
« de l'aurore les pierres brillantes, l'étincelant
« rubis, le diamant aux mille couleurs ? Mon-
« baze a de quoi satisfaire amplement à tes dé-
« sirs. »

A ce discours, Gama laisse éclater sa reconnaissance et sa joie. « La nuit commence à s'é-
« tendre sur les eaux, répond-il au perfide am-
« bassadeur ; mais aussitôt que les premiers
« rayons du jour viendront éclairer ma route,
« je m'empresserai d'obéir à ton roi.

« Oui, j'irai visiter ce monarque magnanime,
« ce généreux ami des chrétiens : car on m'as-
« sure que des familles chrétiennes vivent paisi-
« blement sous ses lois. — On t'a dit vrai, ré-
« plique à l'instant l'Africain : la tolérance du
« prince en a peuplé Monbaze. » Cette réponse,
si naturelle en apparence et si prompte, achève
de tranquilliser le héros; mais il n'a point oublié Mozambique, et sa prudence veille encore.

Il avait amené sur ses vaisseaux quelques uns
de ces hommes que Thémis a condamnés, et
qui rachètent leur peine par un courageux dé-

vouement. Il en choisit deux et se confie à leur intelligence. « Allez, leur dit-il, observez avec « adresse ce peuple nouveau, son caractère et « ses mœurs; les forces de la cité, son port, « ses arsenaux, ses remparts : mais surtout visi- « tez les chrétiens; annoncez-leur l'arrivée de « leurs frères. »

Il les charge de présents pour le roi : premiers gages d'une alliance qu'il croyait commencée, et dont il voulait resserrer les nœuds. Les deux Portugais quittent la flotte accompagnés des Musulmans, et sont accueillis sur la rive par les témoignages trompeurs de la publique allégresse.

Ils paraissent au pied du trône, y déposent les présents de Gama, et du palais volent dans la cité, promenant partout des regards observateurs; mais les infidèles les trompent, les égarent et se jouent de leur vaine curiosité. L'homme perfide est soupçonneux : toujours prêt à trahir, il ne voit partout que des traîtres.

Cependant le dieu dont les Thébains célébraient autrefois la double naissance [2] et l'éternelle jeunesse, Bacchus, était descendu dans Monbaze. La retraite qu'il a choisie a pris l'aspect d'un temple. Caché sous la figure et sous les vêtements d'un chrétien [3], il s'incline devant le pompeux autel qui vient de s'élever sous ses mains.

Là, Bacchus avait tracé l'image de l'Esprit divin qui, sous la forme d'une blanche colombe, venait planer sur la Vierge sacrée. On y voyait aussi représentée la sainte société des Douze. Leur figure était animée d'une ardeur céleste; les flammes légères qui voltigeaient sur leur tête leur inspiraient le don des langues.

Les Portugais sont conduits au temple où les attendait la fausse divinité. Ils fléchissent le genou et portent leur pensée vers l'Être souverain qui gouverne le monde. L'autel était parfumé des plus doux trésors de l'Arabie; et, dans sa trahison, le dieu du mensonge adorait le dieu de la vérité.

C'est là que, fêtés et comblés de caresses, les deux chrétiens passèrent la nuit dans la pieuse illusion dont Bacchus abusait leur crédulité. Mais déja le crépuscule du matin éclaircissait les ombres; déja l'Aurore au front vermeil commençait à rougir l'extrémité de l'horizon.

A peine a-t-elle paru, que les Africains vont porter à la flotte un nouveau message plus pressant que le premier. Avec eux revenaient les deux Portugais, fiers et triomphants de l'accueil qu'ils avaient reçu dans Monbaze. Leur récit enflamme tous les cœurs. — « Partons, s'écrient

« les guerriers; ce peuple nous appelle, les chré-
« tiens nous attendent.

« Oui, disaient à Gama ses deux envoyés, nous
« avons vu un prêtre, des autels, un temple qui
« nous a servi d'asyle. Là, seuls au milieu d'un
« peuple inconnu, au sein d'une nuit profonde
« qui nous livrait à lui sans défense, nous avons
« attendu paisiblement le retour de l'aurore. A
« la ville, au palais du roi, partout les mêmes
« témoignages de bienveillance et de cordialité.
« Si la bonne foi ne règne point à Monbaze, où
« faudra-t-il donc la chercher? »

Rassuré par ce discours, Gama reçoit avec joie
les infidèles qui de leurs barques légères s'élan-
çaient à son bord. Un cœur généreux se laisse
si aisément séduire aux apparences de la droi-
ture et de la bonté! Le vaisseau se remplit de
ces perfides insulaires. Ils se croyent sûrs de
leur proie et la dévorent des yeux.

Cependant l'agitation régnait dans la cité. On
y rassemblait à la hâte les armes, les machines
destinées à combattre la flotte. Distribuée sur
le rivage, la turbulente milice de Monbaze couvrait ces préparatifs de guerre. Une fois entrés
dans le port, les Lusitaniens devaient succomber tous et payer de leur sang les désastres de
Mozambique.

Déja les matelots levaient les ancres avec les

cris accoutumés. Déjà les navires ne présentaient au vent que les voiles de la proue et s'avançaient vers la ville. Mais la déesse de l'Éryx [4], toujours attentive aux mouvements de ses héros, voit le piége qui leur est tendu; et du ciel à la mer, elle vole comme un trait.

Fille de l'onde [5], elle commande en souveraine aux jeunes déités qui l'habitent. A sa voix, elles quittent leurs palais d'azur et se rassemblent autour d'elle. En un moment, elles ont connu le dessein qui l'amène, et se dirigent vers l'endroit où les appelle le danger des Lusitaniens.

Les Néréides fendent à l'envi l'onde blanchissante; une écume argentée marque leurs traces. Doto, l'agile Doto [6], s'est animée d'une ardeur nouvelle : étendue sur les flots, elle en rase la surface. Nisa bondit; Nérine s'élance à la cime des vagues. Effrayée de leur vivacité, l'onde se courbe et leur laisse un libre passage.

Le geste animé, l'œil en feu, Vénus les précède, portée sur un triton. Plein d'orgueil et de joie, le triton sent à peine ce doux fardeau. Bientôt la troupe divine a rencontré les guerriers qui, les voiles déployées, voguaient déjà vers le port. Les immortelles se divisent, et couvertes d'un nuage impénétrable, enveloppent la flotte et l'arrètent dans sa course.

La déesse elle-même, avec l'élite de ses compagnes [7], se place au-devant de la nef où commande Gama. Le vent souffle en vain dans les voiles. Quelques-unes des nymphes appuyent contre la proue leurs poitrines délicates, d'autres s'attachent aux flancs du navire, le soulèvent et le détournent du rivage.

Telles, dans leur prévoyante activité, les diligentes fourmis traînent péniblement vers leur cité souterraine le lourd butin qu'elles ont rassemblé pour la saison des frimas. Ardentes, infatigables, on les voit s'agiter à l'entour et déployer une vigueur inattendue. Telles se montraient les Néréides excitées par le péril des héros et par l'espoir de les sauver.

Le vaisseau rétrograde. Les nautoniers changent à grand bruit la direction des voiles ; ils les abaissent, les relèvent et les abaissent encore. Le gouvernail s'agite en sens divers sous les mains qui le tourmentent, et dans ses brusques écarts, porte le vaisseau vers un écueil dont les pointes aigües le menacent à travers les flots.

Un cri d'effroi part de la poupe : c'est la voix du chef des matelots qui les avertit du danger. Ils courent en désordre de l'un à l'autre bord, multiplient les manœuvres, et font retentir le ciel de confuses clameurs. A ce tumulte dont ils ignorent la cause, les Maures sont frappés d'épouvante comme à l'aspect d'une horrible mêlée

Ils pensent que leur trame est découverte et que le supplice les attend.

Les uns se précipitent dans leurs tremblantes nacelles ; les autres se jettent dans les flots qui rejaillissent sur leur tête. Tout s'élance, tout part ; la terreur a commandé la fuite. La vague menaçante est moins redoutable à leurs yeux que le châtiment dont ils ont cru voir les apprêts.

Telles ces bruyantes peuplades, monument de la colère de Latone[8] : elles reposaient imprudemment sur les bords d'un marais solitaire ; mais un bruit soudain les alarme : elles bondissent de frayeur, se replongent dans l'onde émue, et réfugiées dans leur commun asyle, ne montrent plus à la surface de l'eau que leurs têtes humides.

Tels apparaissaient les Africains fugitifs. Le pilote de Mozambique fuyait avec eux, poursuivi par les mêmes terreurs. Tandis qu'ils se dérobaient à la nage, Gama ne songeait qu'à se garantir de l'écueil qui venait de causer tant d'alarmes. Il ordonne de jeter l'ancre, calme ses guerriers, rallie sa flotte ; et les nefs réunies reposent enfin sur les eaux.

La conduite des insulaires, si étrange, si imprévue ; la fuite précipitée du pilote ; les vaisseaux repoussés du rivage malgré la faveur des vents et la tranquillité des flots, tout révèle à

Gama le complot des barbares et la protection miraculeuse à laquelle il doit son salut :

« O prodige ! s'écrie-t-il ; ô merveille inespérée !
« Signe éclatant de la protection du ciel !... Peu-
« ple lâche et barbare, voilà donc l'hospitalité
« que tu nous avais promise ! voilà le piége
« affreux où tu nous entraînais, si le ciel lui-
« même n'eût daigné nous secourir.

« Céleste Providence ! c'est ta main qui nous
« arrête au bord du précipice, à l'entrée de ces
« ports infidèles que l'amitié semblait nous ou-
« vrir. C'est ton flambeau qui vient de percer la
« nuit des complots formés contre nous. Ah !
« n'abandonne pas d'infortunés voyageurs qui
« n'ont que toi pour guide et pour appui.

« Si déjà ta bonté tutélaire a daigné nous ar-
« racher aux trames de la perfidie, si tu prends
« en pitié les maux que nous souffrons pour ta
« gloire, achève ton ouvrage : conduis-nous dans
« un port de salut ; ou montre-nous cette terre
« que nous ne cherchons à découvrir que pour
« y faire adorer ton nom. »

Ainsi parlait Gama. Sa voix gémissante a retenti dans le cœur de sa divine protectrice [9].
Vivement agitée, elle quitte les Néréides attris-
tées de son départ, traverse l'espace immense
où roulent les célestes corps, laisse bientôt derrière elle l'orbe léger qui se meut sous ses lois,

et se dirige vers la planète où réside Jupiter.

L'émotion que lui cause la rapidité de son vol ajoute encore à sa beauté. Un doux frémissement parcourt les régions éthérées : l'astre insensible a frissonné d'amour. D'invisibles traits jaillissent des yeux de la déesse, et par une double puissance embrasent et glacent à la fois [10] et les mondes et les cieux.

Pour plaire à Jupiter dont elle fut toujours chérie, elle paraît devant lui telle qu'elle se montra jadis au jeune pasteur du mont Ida. Si le chasseur infortuné qui, pour un regard curieux, devint la proie des chiens trompés par sa métamorphose; si le téméraire Actéon eût aperçu Vénus en ce moment, sa fin n'eût pas été si cruelle : les désirs dévorants eussent soudain terminé sa vie.

Elle s'avance dans l'Olympe [11]. Sa chevelure ondoyante tombe à flots d'or sur ses épaules d'albâtre; son sein palpite : c'est le trône de l'amour. C'est là que, sans être vu, le folâtre enfant allume les traits dont il embrase les cœurs. Les Désirs voltigent sur les pas de l'immortelle; ils l'environnent et la pressent, semblables au lierre amoureux qui serpente autour de l'ormeau.

Une ceinture divine, ouvrage de la pudeur et des grâces, couvre ses charmes sans les cacher : voile enchanteur qui tour à tour irrite et retient

## CHANT SECOND. 89

les Désirs. A son aspect, tout l'Olympe est ému : la jalousie se réveille dans le cœur de Vulcain, et l'amour dans le cœur de Mars.

Un air de volupté se mêle à la tristesse qui respire sur son front. Telle, dans les folâtres jeux, pressée par l'amant téméraire, la timide beauté pleure et sourit en même temps : le plaisir brille à travers les larmes. Telle et plus séduisante encore, Vénus, d'une voix plaintive et tendre, adresse ces paroles au souverain de l'Olympe :

« O mon père, j'étais heureuse de ton amour,
« de la préférence que tu m'accordais sur tous
« les dieux. Tant de bonheur me semblait devoir
« durer toujours. Aveugle que j'étais ! Vénus,
« sans l'avoir mérité par aucune offense, Vénus
« est devenue l'objet de ton courroux. Tu l'aban-
« donnes, tu la hais ; Bacchus l'emporte sur ta
« fille : il triomphe et je pleure !

« Ce peuple que j'aime, ces héros pour qui je
« fais parler ici mes gémissements et mes larmes,
« c'est mon amour qui les rend criminels à tes
« yeux ; c'est ma tendresse qui les perd ; tu les
« sauverais si je pouvais les haïr. Hé bien ! je les
« déteste.

« Qu'ils meurent, qu'ils périssent sous la main
« des barbares. ».... A ces mots un déluge de larmes coule de ses yeux : son teint vermeil en

reçoit un nouvel éclat. Telle paraît la rose humectée des pleurs de l'aurore. Un moment silencieuse, elle s'efforçait de rappeler sur ses lèvres la parole expirante, lorsque Jupiter l'empêcha de poursuivre.

Il n'a pu résister aux larmes de Vénus [12]. Ému de pitié, il porte sur elle un de ces regards qui dissipent les orages et ramènent la sérénité dans le ciel. Il essuye les pleurs de Cythérée; l'entoure de ses bras caressants, la flatte et la console. O Vénus! le père des dieux a ressenti lui-même ton pouvoir [13].

Dans les bras de Jupiter, elle sanglote encore plus fort. Tel l'enfant que sa nourrice a grondé, se désespère au milieu des caresses, et redouble ses intarissables pleurs. Pour calmer enfin la douleur de Vénus, le maître du tonnerre fait briller à ses yeux de prophétiques images; et fouillant dans le sein de l'avenir :

« Fille chérie, lui dit-il, ne doute plus de ton
« empire sur mon cœur. Eh! comment résiste-
« rais-je à des larmes qui te rendent plus belle
« encore? Cesse de craindre pour tes héros : tu
« les verras, crois en mon inviolable promesse,
« tu les verras triompher en Orient et surpasser
« par leurs exploits les plus illustres guerriers
« de la Grèce et de Rome.

« Si le sage Ulysse a pu se dérober à l'éternel

« esclavage de Calypso, si Anténor [14] a pénétré
« dans le golfe Illyrien et jusqu'aux sources du
« Timave ; si le pieux Énée a bravé les flots ora-
« geux de Carybde et de Scylla, les enfants de
« Lusus formeront de plus vastes desseins : l'an-
« cien monde leur devra des mondes nouveaux.

« Ils élèveront des forteresses, des cités, des
« remparts ; le Turc belliqueux et féroce cédera
« partout à leurs armes. Ils soumettront au roi
« du Tage les fiers monarques de l'Inde ; et,
« maîtres de l'Asie entière, ils donneront aux
« nations domptées des vertus et des lois.

« Ce héros qui, parmi tant de périls, va cher-
« chant les bouches de l'Indus, a jeté l'effroi
« dans le cœur de Neptune. Les eaux se soulèvent
« d'elles-mêmes. O prodige ! la mer tremble et
« bouillonne au milieu d'un calme profond [15].
« Peuple vaillant, peuple héroïque, qui im-
« primes la terreur aux éléments !

« La terre qui lui refusait l'eau des fontaines,
« toute cette rive où se tramaient d'homicides
« complots ouvrira ses ports aux navigateurs
« de l'Occident. Elle deviendra pour eux un
« asyle dans les tempêtes, un lieu de repos dans
« leurs longs voyages et la source des trésors
« dont s'enrichira leur invincible patrie.

« Tu verras les ondes Érythrées frémir d'é-
« pouvante [16], le royaume d'Ormus fléchir deux

« fois sous la puissance portugaise, la flèche
« lancée par les Persans retomber sur leur tête [7],
« et montrer aux nations que le peuple assez
« téméraire pour combattre le tien, n'a pas
« d'ennemi plus terrible que lui-même.

« De formidables armées s'efforceront deux
« fois d'arracher à tes guerriers les remparts de
« Diu; et deux fois tes guerriers accableront
« les assiégeants. C'est là que l'héroïsme lusi-
« tanien enfantera des exploits dont Mars lui-
« même sera jaloux. C'est là que le Maure expi-
« rant poussera des cris vers le ciel et maudira
« son prophète imposteur.

« Goa conquise sur les infidèles deviendra la
« reine de l'Orient. Portée par la victoire au faîte
« de la puissance, superbe, altière et couronnée
« de splendeur, elle sera le frein des idolâtres,
« la terreur de l'Asie et l'orgueil des enfants de
« Lusus.

« Cananor les recevra dans ses murs : ils les
« défendront contre un déluge de barbares. Ca-
« licut tombera sous leurs coups, Calicut au-
« jourd'hui si fière de sa puissance et du nom-
« bre de ses habitants. Et vous, rivages de
« Cochin, vous serez témoins d'un triomphe
« sans exemple : non jamais la muse héroïque
« n'aura chanté de plus mémorable victoire.

« Les mers de Leucate et les rochers d'Actium

« virent éclater moins d'audace et de fureur
« dans la bataille sanglante où l'heureux Octave
« triompha de ce capitaine romain qui, vain-
« queur de l'Euphrate et du Nil, des enfants
« de l'Aurore et du Scythe infatigable, revenait
« chargé de riches dépouilles, mais vil esclave
« d'un amour si fatal à sa gloire [18].

« L'Inde et l'Égypte uniront en vain leurs fu-
« reurs: la flamme dévorante anéantira les flottes
« de l'Égypte et de l'Inde; l'onde bouillonnera
« sous les débris ardents de leurs navires fou-
« droyés. Tu verras tes immortels favoris traî-
« nant en captivité l'idolâtre et le Maure et mar-
« chant de triomple en triomphe; la Chersonèse
« d'or [19] leur livrant ses richesses; la Chine loin-
« taine et les îles de l'Aurore [20] accueillant leurs
« vaisseaux, tout l'Océan soumis à leur empire.

« Telles sont, ô ma fille, les destinées qui les
« attendent. Depuis le Gange jusqu'aux colonnes
« d'Alcide, depuis les ondes boréales jusqu'à ce
« détroit qui portera le nom d'un Portugais [21], ils
« ne connaîtront point de rivaux, quand, pour
« leur disputer la palme, tous les héros des
« siècles passés sortiraient à la fois de la tombe. »

Il dit, et sans différer, il appelle son fidèle
messager. « Fils de Maïa, regarde vers Monbaze;
« vois le danger qui menace les enfants de Lu-
« sus. Qu'ils partent, qu'ils s'éloignent de cette

« terre homicide, et que Mélinde les recoive
« dans son port. Va, cours, apparais à leur chef
« et montre-lui la rive fortunée qui doit lui
« prêter un abri. »

Déja l'agile messager se balance au milieu des airs. Le caducée est dans sa main [22], le puissant caducée qui rend le sommeil à nos yeux fatigués, évoque des enfers les pâles ombres, et commande aux enfants d'Éole. Sa tête et ses pieds ont des ailes. Il dirige son vol vers la terre et plane bientôt sur Mélinde.

La Renommée l'accompagne, publiant les prodiges de la valeur portugaise. Elle nomme les guerriers, raconte leurs exploits, et fait naître dans tous les cœurs l'enthousiasme et l'amour. Les Mélindiens brûlent de contempler les héros dont la déesse aux cent voix vient de leur apprendre les exploits et les noms.

De Mélinde, le fils de Maïa vole aux rivages de Monbaze, avertir les enfants de Lusus et les arracher à leur funeste sécurité. O ciel! sans tes secrets avis, la force et l'adresse, le courage et la prudence, tous les efforts des mortels, sont impuissants contre les ruses du Tartare.

La nuit, sur son char d'ébène, avait parcouru la moitié de sa carrière ; le feu des étoiles éclairait seul le monde. Les nautonniers dormaient; Gama dont la paupière inquiète avait long-temps repoussé le sommeil, Gama venait de céder lui-même au besoin du repos; les sentinelles silencieuses veillaient seules sur la flotte.

Mercure lui apparaît en songe. « Fuis, enfant « de Lusus [23], fuis un roi cruel qui ne médite « que ta ruine. Les vents et les cieux te favo- « risent; l'air est serein, l'Océan paisible. Un « autre roi te recevra sur une terre amie, où « tu pourras descendre sans crainte et te re- « poser sans danger.

« Tu n'as d'hospitalité à trouver ici que celle « du féroce Diomède [24] ou de l'infâme Busiris [25]. « L'un livrait ses hôtes à des coursiers affamés; « l'autre les immolait sur des autels impies. La « mort est sous tes pas, le temps presse : fuis « un peuple barbare et sans foi.

« Poursuis ta course le long de ces rivages. « Près de la ligne brûlante où le soleil rend « égaux les jours et les nuits, tu trouveras un « peuple juste et bon, un monarque généreux « qui recueillera ta flotte errante et fatiguée. « Il te comblera de ses dons; et pour dernier « bienfait, il t'accordera des pilotes qui appren- « dront à tes vaisseaux la route de l'Inde. »

Il dit : le héros se réveille, et saisi d'étonnement voit jaillir du sein des ténèbres une clarté subite qui s'évanouit dans les airs. Ses yeux sont dessillés; il aperçoit le danger qu'il court dans ces parages; et, plein de l'inspiration céleste, il ordonne au chef des nautoniers de profiter du vent qui s'élève.

« Déployez, s'écrie-t-il, déployez toutes les « voiles. Partons, Dieu l'ordonne : un envoyé « du ciel marche devant nous; je l'ai vu... » A la voix de Gama tout s'émeut, tout s'agite. Déja les voiles sont rendues au vent; déja les nautoniers, avec un cri d'effort, soulèvent les lourdes ancres.

Cependant les Maures, à la faveur des ombres, essayaient de couper les liens qui captivaient les navires. Ils espéraient que la flotte, détachée du fond des eaux, irait se briser au rivage. Mais à peine ont-ils entendu le cri des nochers, qu'ils cherchent leur salut dans la fuite : la rame, à coups pressés, les emporte sur les ondes.

Déja les proues aiguës sillonnaient l'argent de la plaine liquide. Le vent soufflait entre le nord et l'orient, et de sa fraîche haleine imprimait aux navires un mouvement égal et sûr. Les guerriers s'entretenaient, en voguant, de leurs dangers passés [26]. Ils venaient, par un prodige inouï, d'échapper au plus grand des périls et s'étonnaient de leur bonheur.

Le soleil éclairait pour la seconde fois l'univers depuis qu'ils avaient quitté les parages de

Monbaze, lorsqu'ils aperçurent deux légers vaisseaux qui s'abandonnaient au souffle des vents. Gama se porte sur eux : il ne doutait point qu'ils ne fussent montés par des Maures.

Les deux nefs épouvantées se séparent ; l'une se réfugie vers les écueils qui bordent la côte ; l'autre hésite incertaine et se laisse atteindre par les Portugais. Il ne fallut pour la dompter, ni le courage impétueux du dieu Mars, ni les foudres de Vulcain. Mieux inspirée par la peur qu'elle ne l'eût été par l'audace, elle se livra sans résistance à la générosité du vainqueur.

Gama croyait trouver parmi ses captifs un pilote qui connût les ports de l'Inde et dont l'expérience pût servir de guide à la flotte. Son attente fut trompée. Aucun d'eux ne savait à quelle partie du ciel répondait la terre de l'Indus ; mais tous lui disaient qu'il n'était pas loin de Mélinde où d'habiles pilotes ne lui manqueraient pas.

Ils ne prononçaient qu'avec amour le nom du monarque Mélindien [27]. Ils vantaient son humanité, la noblesse de son caractère, l'éclat et la magnificence de sa cour. « C'est lui, s'écrie le « héros, c'est le bon roi que m'annonçait l'en- « voyé céleste. » Et à l'instant, il ordonne de tourner la proue vers le rivage que le songe et les Maures s'accordaient à lui montrer.

7

Le char d'Apollon s'approchait alors du ravisseur d'Europe [28]. Tandis que le front du taureau s'enflammait dans le ciel, la corne d'Amalthée [29] versait sur la terre embellie tous les trésors du printemps. Le soleil plus brillant et plus pur ramenait le jour solennel où le Rédempteur des humains brisa les portes de la tombe, et mit le sceau à ses œuvres divines.

La flotte était décorée de tentures élégantes en signe de respect pour cette auguste journée. Le pavillon flottait dans les airs, les bannières de pourpre s'agitaient au souffle des vents, les tambours et les cymbales retentissaient jusqu'aux rives de Mélinde. La marche des guerriers était une fête, et leur entrée un triomphe.

La plage se couvre en un moment d'une foule immense attirée par la nouveauté du spectacle. Ce n'étaient plus ces hommes farouches que l'Afrique jusqu'alors avait offerts à leurs regards; la douceur et l'humanité respiraient sur leur front. Déjà la flotte a surgi devant eux, et tandis que l'ancre mordante l'attache au sable des mers, un des captifs de Gama reçoit l'ordre d'annoncer au souverain l'arrivée des Lusitaniens.

Leurs exploits proclamés par les cent bouches de la Renommée avaient laissé dans l'âme du monarque une impression profonde. Fier de

CHANT SECOND. 99

recevoir des héros dans ses états : « Qu'ils vien-
« nent, répond-il au messager de Gama, qu'ils
« paraissent à mes yeux : où trouveraient-ils un
« asile plus sûr que Mélinde? Tout mon royaume
« leur est ouvert. »

Ses offres sont sincères, ses paroles sans artifice. C'est avec enthousiasme qu'il admire ces
hardis navigateurs, leur génie persévérant, la
grandeur de leur entreprise. Il envoie sur la flotte
des moutons chargés de laine, des poules domestiques nourries avec soin et tous les fruits
de la saison. Il donne beaucoup, et la grace de
ses dons en relève encore le prix.

En échange des tributs de la terre africaine,
le chef des Portugais adresse au roi de Mélinde
les produits précieux de l'industrie de l'Europe ;
l'écarlate aux teintes ardentes, le corail aux fa-
cettes polies : le corail, plante merveilleuse
qui germe au sein d'Amphitrite et se durcit en
quittant les eaux.

L'interprète de la flotte accompagne ces présents. Orateur éloquent, habile négociateur, il
connaît les mœurs et le langage des peuples
divers. Chargé de justifier l'absence du héros et
de préparer une alliance durable entre Mélinde
et Lisbonne, il arrive au pied du trône, et d'un
ton noble et mesuré : « Puissant monarque, dit-il,

« toi qui as su asservir au frein des lois la fierté
« d'un peuple indompté, toi que chérit Mélinde
« et que respecte l'Orient, tu vois des malheu-
« reux qui, battus par les tempêtes et repoussés
« par des barbares, viennent se réfugier dans
« tes états et te demander un asile.

« Nous ne sommes point de ces navigateurs
« sans patrie [31] qui, fondant tout-à-coup sur
« d'imprévoyantes cités, en égorgent les habi-
« tants pour s'emparer de leurs dépouilles. Su-
« jets d'un roi dont la puissance et la gloire
« étonnent l'Occident, nous allons par son ordre
« à la découverte de l'Inde.

« Quelle est donc cette race inhumaine [32],
« quels sont ces peuples féroces qui nous ont
« refusé l'entrée des ports et jusqu'à l'hospita-
« lité du désert? Quels desseins nous suppo-
« saient-ils? Paisibles voyageurs, par quel crime
« avions-nous armé contre nous la défiance et
« la trahison?

« Prince magnanime, ta générosité nous ras-
« sure et nous console. Tu seras pour nous ce
« que fut jadis Alcinoüs pour l'infortuné roi
« d'Ithaque. C'est un envoyé céleste qui nous
« a guidés vers ce rivage. Ah! puisqu'il nous con-
« duit vers toi, c'est que nous pouvons sans péril
« nous confier à tes vertus.

« Si le héros dont je t'apporte l'hommage ne

« vient pas lui-même te l'offrir, ne crois pas
« qu'il en soit détourné par d'injurieux soup-
« çons. Il te respecte, il t'honore ; mais un ordre
« sacré, la volonté du souverain, l'enchaîne sur
« ses vaisseaux.

« Quand la tête commande, il n'est point de
« membre rebelle; tout le corps obéit. Toi qui
« règnes sur ces bords, tu ne voudrais pas, sans
« doute, que personne y méconnût les ordres de
« son roi. Mais la reconnaissance est aussi une
« vertu des Portugais; et le fleuve cessera de porter
« à l'Océan le tribut de ses ondes avant que tes
« bontés s'effacent de leur mémoire. »

Il dit. Un murmure favorable s'élève parmi les
Mélindiens. « Quel courage ! se disaient-ils,
« quelle constance ! Tant de mers parcourues !
« Tant de climats franchis ! » Le prince applau-
dissait en lui-même à la fidélité portugaise, et
concevait une haute idée d'un roi qui se faisait
obéir de si loin.

D'un œil satisfait, il regarde l'ambassadeur et
rompant enfin le silence : « Hommes courageux,
« sujets fidèles, bannissez toute crainte impor-
« tune ; vous n'avez rien à redouter ici. Vos
« actions héroïques vous ont mérité l'estime de
« l'univers : quiconque agit mal envers vous,
« est étranger à toute pensée généreuse.

« Je regrette, je l'avoue, de ne pas voir au milieu

« de nous le héros qui vous conduit; son hom-
« mage eût flatté mon cœur. Mais je regretterais
« bien plus encore que, pour satisfaire à mes
« désirs, un serviteur si fidèle eût trahi son de-
« voir et démenti sa vertu.

« Demain, dès que les premières clartés du
« jour auront dissipé les ombres, j'irai visiter
« vos vaisseaux. Il y a long-temps que j'aspire
« à les voir. S'ils ont souffert d'un si long voyage,
« ils trouveront ici de quoi réparer les injures
« des flots. Mélinde vous offrira des cœurs amis,
« des pilotes intelligents et des vivres en abon-
« dance. »

Ainsi parla le roi de Mélinde. Et déjà le fils de Latone touchait de son char de feu les flots rougissants, lorsque l'ambassadeur de Gama remonta dans la nef légère qui l'attendait au rivage. A peine a-t-il reparu parmi les siens et redit les paroles du monarque, qu'un transport général éclate sur la flotte. Soldats et matelots, tous se félicitent du bonheur inespéré que le ciel leur envoie.

La nuit a perdu ses ténèbres. L'air se remplit de météores artificiels imitant la tremblante lumière des comètes; les cieux, la terre et l'onde retentissent de leurs éclats; les bombes aux ailes de feu s'élancent au milieu des cris de joie et des accents guerriers de la trompette et du clairon.

Tels étaient sans doute à Lemnos les terribles jeux des compagnons de Vulcain.

Le rivage répond à la flotte [33]. Des flèches enflammées s'élèvent en murmurant; la roue brûlante et radieuse tourne dans les airs; le soufre comprimé éclate de toutes parts; les cris du peuple percent les nues : la plage et la mer paraissent embrasées, et cette double fête offre l'aspect d'une bataille.

Mais le jour naissant rappelait les mortels à leurs travaux. La diligente Aurore chassait devant elle le dieu du sommeil; les vapeurs de la nuit retombaient en fraîche rosée sur les fleurs qui émaillaient la terre, quand le monarque africain parut sur la plage.

Une foule innombrable accourait sur ses pas, ou se pressait autour de lui. On voyait briller de loin les draperies de soie, les étoffes de pourpre. Au lieu de javelines guerrières et de l'arc arrondi en croissant, les Maures tenaient à la main les branches du palmier dont on couronne les vainqueurs.

Une longue nacelle ornée d'une tenture magnifique attendait le roi de Mélinde. Il part accompagné des grands du royaume et dans le pompeux appareil des monarques orientaux. La mousseline légère, l'or et la soie décoraient son turban. Un manteau de damas flottait sur ses épaules:

la pourpre de Tyr, si chère aux nations africaines, en relevait encore l'éclat. A son cou pendait un collier d'or où l'art surpassait la matière. A sa ceinture étincelait un cimeterre enrichi de pierreries. L'or et les perles recouvraient le velours de sa chaussure.

Un pavillon de soie [34] supporté par une lance dorée, ombrageait la tête du monarque : la lance reposait dans la main d'un des principaux seigneurs de la cour. A la proue retentissaient les trompettes mauresques; l'oreille était confusément frappée de leurs accents brusques et durs, mais animés par la joie.

Gama, de son côté, quitte la flotte, entouré d'un brillant cortége ; et sur ses chaloupes pavoisées, s'avance à la rencontre du roi de Mélinde. Il porte l'habit espagnol [35] ; mais le lin de sa tunique est français. Venise a tissu le satin précieux qui compose son vêtement, et le kermès l'a coloré.

Les manches sont retroussées avec des boutons d'un or pur qui réfléchit l'éclat du soleil. L'or dont la fortune est si avare, l'or serpente en large broderie sur ses hauts-de-chausses militaires. Des agrafes d'or rapprochent, avec élégance, les pans de sa soubreveste; des nœuds de rubans flottent à son épée ; un superbe panache se balance mollement sur sa toque européenne.

## CHANT SECOND.

La forme variée de l'habillement de ses guerriers s'embellissait de mille couleurs. La pourpre de Tyr, mariée à des teintes plus douces, offrait à l'œil charmé toutes les nuances de l'écharpe lumineuse que déroule dans les cieux la fille de Thaumas, quand elle va transmettre aux mortels les ordres de Junon.

Les sons de la trompette portaient dans tous les cœurs le mouvement et la joie. Les barques des Maures couvraient la mer et de leurs pavillons déployés en effleuraient la surface. Le bronze enflammé mugissait; des tourbillons de fumée remplissaient les airs et dérobaient la vue du soleil; les rapides détonnations se précipitaient coup sur coup, et les Maures assourdis pressaient de leurs mains leurs oreilles épouvantées.

Mais déjà la chaloupe portugaise a reçu le roi de Mélinde. Il se jette dans les bras du héros. A cet élan du cœur, Gama se sent ému; mais il respecte le rang suprême et ne répond que par des hommages aux embrassements du monarque. L'Africain considérait, avec un plaisir mêlé d'étonnement, les manières, les traits et l'attitude de ces intrépides navigateurs que le désir de la renommée entraînait du fond de l'Occident aux rivages de l'Indus.

Il leur renouvelle en termes magnifiques les offres qu'il leur a déjà faites. « Venez vous re-

« poser dans mes états, venez y réparer vos
« pertes; tous mes trésors sont à vous. Je con-
« nais depuis long-temps les guerriers de la
« Lusitanie : je sais que dans une autre contrée
« de l'Afrique ils ont livré de grands combats
« et remporté de grandes victoires. L'Afrique
« entière est pleine encore du bruit de leurs ex-
« ploits. »

Et de raconter lui-même les triomphes des Portugais sur les Maures de Tingis et d'Abyla [36], tous les traits de valeur dont ils avaient rendu témoin le royaume des Hespérides. Leurs actions d'éclat, leurs moindres faits d'armes étaient parvenus jusqu'à lui. Touché de ses discours, Gama lui répond :

« O roi, dont le cœur généreux a pris en pitié
« les infortunés Lusitaniens et les longues mi-
« sères qu'ils ont endurées sur les ondes, puisse
« l'éternelle providence qui règle le mouvement
« des cieux et la destinée des mortels, te payer
« de tes bienfaits, puisqu'il n'est pas en notre
« pouvoir de t'en offrir nous-mêmes le prix !

« De tous les princes que le soleil a brunis de
« ses feux, toi seul as daigné nous tendre une
« main secourable, et nous offrir un refuge
« contre les vents et les tempêtes. Tant que la
« lumière des cieux brillera pour Gama, en
« quelque lieu que le sort l'appelle, il publiera
« ta gloire et tes bienfaits. »

## CHANT SECOND.

Tandis que le prince et le héros s'entretenaient ainsi, la rame légère promenait leur esquif autour des vaisseaux ; les barques mélindiennes les suivaient. La flotte avec ses bronzes formidables et sa mousqueterie légère, saluait le souverain de Mélinde ; les clairons sonnaient en cadence ; la trompette mauresque répondait à leurs accents.

Le monarque a tout vu, tout admiré ; mais le bruit, si nouveau pour lui, de ces tubes enflammés qui portent la foudre en leurs flancs, lui cause une sorte d'effroi et trouble un entretien qu'il désirait prolonger. Gama s'en aperçoit : à l'instant la foudre se tait et la chaloupe s'arrête sur son ancre.

Plus calme alors et dégagé du souci qui l'occupait, le Mélindien se livre au plaisir d'interroger Gama, tantôt sur les guerres à jamais célèbres des enfants de Lusus contre les enfants de Mahomet ; tantôt sur l'Hespérie occidentale, patrie des Portugais, et sur les Ibères leurs voisins ; tantôt sur les mers immenses qu'ils venaient de parcourir.

« Enfin, lui dit-il, fais-moi le tableau fidèle
« du pays qui fut ton berceau, de la grande
« région dont il fait partie. Raconte-moi l'origine de ta nation, ses guerres, ses victoires.
« Voyons par quels degrés elle est arrivée à

« tant de gloire et de puissance: les fastes d'un
« tel peuple doivent être remplis d'admirables
« événements.

« Dis-moi les périls de ta navigation, les ou-
« ragans, les tempêtes; les mœurs, les usages
« qui t'ont le plus frappé sur le rivage éthio-
« pien, sur cette terre encore sauvage dont tes
« hardis navires ont suivi les longs détours. Le
« soleil est sorti radieux des portes de l'aurore;
« les freins d'or de ses coursiers étincellent sur
« l'horizon; un beau jour se prépare[37]; les vents
« dorment, la mer et ses vagues reposent.

« Rien ne troublera tes récits. Parle : la voix
« de la Renommée s'est fait entendre avant la
« tienne. Nous ne sommes que des Africains;
« mais qui ne connaît les Portugais, leur cou-
« rage, leurs vertus guerrières? Le soleil n'éclaire
« pas de si loin les peuples de Mélinde, qu'ils
« ne sachent apprécier le mérite des grandes
« actions.

« Le monde s'étonne encore de l'audace des
« géants qui tentèrent d'escalader les cieux. Il
« admire la folle témérité de Pirithoüs et de
« Thésée qui descendirent vivants au noir sé-
« jour de Pluton. Ont-ils montré plus de courage
« que toi? L'Olympe et les Enfers étaient-ils
« plus redoutables que l'empire de Neptune?

« Un insensé, pour se faire un nom dans

« l'univers, a brûlé le temple d'Éphèse, chef-
« d'œuvre de Ctésiphon; et l'univers a connu
« le nom d'Érostrate. S'il est une célébrité pour
« le crime, il en est une aussi pour la vertu;
« tu ne devras ton immortalité qu'à des travaux
« héroïques. »

FIN DU CHANT SECOND.

# NOTES
## DU CHANT SECOND.

### 1. Le chef des infidèles, ministre et confident des trahisons de son maître, etc.

De nouvelles trames vont s'ourdir contre Gama. Les Maures n'ignoraient point que les Portugais avaient en vue deux grands objets, l'accroissement du commerce et la propagation du christianisme. Le chef des envoyés de Monbaze leur promet d'abord toutes les richesses, toutes les productions précieuses qu'ils vont chercher en Orient. Il les confirme ensuite dans l'idée qu'ils trouveront à Monbaze des familles chrétiennes. Bacchus lui-même qui, dans l'esprit de l'auteur, représente à-la-fois l'ancienne idolâtrie et le fanatisme mahométan, Bacchus est descendu parmi les Maures. Un temple, un autel, se sont élevés à sa voix : il en est l'architecte et le pontife. Cette fiction repose sur un fondement historique que nous indiquons à la note 3.

### 2. Cependant le dieu dont les Thébains célébraient autrefois la double naissance, etc.

Les mythologues prétendent que Bacchus, à sa naissance, fut caché sur le mont Méros, dans un temple dédié à Jupiter. *Méros*, en grec, signifie *cuisse*. Il n'en fallut pas davantage pour faire dire aux Grecs, naturellement amis du merveilleux, que le fils de Sémélé avait été renfermé dans la cuisse de Jupiter. Ce jeu de mots, propagé par les poëtes, finit par devenir dans toute la Grèce une opinion religieuse; et les filles de Minée se trouvèrent fort mal d'avoir douté de la double naissance de Bacchus.

## 3. Caché sous la figure et sous les vêtements d'un chrétien, etc.

Il y avait à Monbaze quelques chrétiens Abyssins que l'intérêt du commerce y faisait tolérer. Ces chrétiens d'Éthiopie, dont la religion n'était qu'un mélange grossier du rit grec et du judaïsme, avaient une espèce de temple orné d'images chrétiennes. Les Maures en profitèrent pour tromper les Portugais et les attirer dans le piége. Camoens ennoblit cette circonstance historique par l'intervention de la même divinité qui, jusqu'à l'arrivée des Portugais en Orient, saisira toutes les occasions de leur en fermer le chemin.

## 4. La déesse de l'Éryx.

L'Éryx est une montagne de Sicile sur laquelle Vénus avait un temple célèbre dans l'antiquité, et successivement enrichi par les Sicaniens, les Carthaginois et les Romains. Sur les ruines de ce temple, s'élève aujourd'hui une église bâtie sous l'invocation de *saint Julien*, dont le nom a remplacé celui que la montagne portait autrefois.

## 5. Fille de l'onde.

Vénus, selon quelques mythologues, était fille du ciel et de la terre. D'autres la font naître de l'écume de la mer. La première origine présente à l'esprit une idée plus philosophique et plus grande, une allégorie plus juste et plus riante. Vénus est alors ce lien invisible qui unit la terre et les cieux, cette puissance d'amour décrite en si beaux vers par Lucrèce. Camoens a préféré la seconde origine de Vénus, comme plus conforme au rôle qu'il lui fait jouer dans le cours de son poëme. Elle protège les Portugais toujours errants sur les flots: elle est pour eux, en quelque sorte, la déesse de la navigation.

### 6. L'agile Doto.

Quelques éditions des Lusiades portent Clotho. C'est une faute. Clotho, comme personne ne l'ignore, était une des trois parques. Doto est mise par Virgile au nombre des Néréides. Lorsque Jupiter promet à Cybèle de métamorphoser en nymphes les vaisseaux d'Énée, il dit en parlant de ces vaisseaux :

> Mortalem eripiam formam, magnique jubebo
> Æquoris esse deas : qualis Nereïa Doto
> Et Galatea secant spumantem pectore pontum.
> (Æneid., lib. IX.)

> Je les dépouillerai de leurs formes mortelles,
> Et la mer recevra ces déités nouvelles ;
> Et Doto, Galatée, en adoptant ces sœurs,
> Les verront se mêler à leurs humides chœurs.
> (Delille.)

Les Néréides ayant Vénus à leur tête, et volant au secours des Portugais, forment un tableau digne du pinceau de Gérard ou de l'Albane. M. de La Harpe qui, dans aucun sens, ne flatte son modèle, dit qu'*on ne peut s'empêcher de trouver ce morceau plein d'une imagination poétique.*

## 7. La déesse elle-même avec l'élite de ses compagnes, etc.

Qu'Énée et ses vaisseaux, par le vent écartés,
Soient aux bords africains d'un orage emportés :
Ce n'est qu'une aventure ordinaire et commune,
Qu'un coup peu surprenant des traits de la Fortune.
Mais que Junon, constante en son aversion,
Poursuive sur les flots les restes d'Ilion ;
Qu'Éole, en sa faveur, les chassant d'Italie,
Ouvre aux vents mutinés les prisons d'Éolie ;
Que Neptune en courroux s'élevant sur la mer,
D'un mot calme les flots, mette la paix dans l'air,
Délivre les vaisseaux, des Syrtes les arrache ;
C'est là ce qui surprend, frappe, saisit, attache.
Sans tous ces ornements, le vers tombe en langueur ;
La poésie est morte, on rampe sans vigueur.

(Boileau.)

## 8. Telles ces bruyantes peuplades, monument de la colère de Latone.

Latone, persécutée par Junon, traversait la Lycie. Fatiguée de sa course et tourmentée par la soif, elle s'arrêta sur le bord d'un marais où des paysans coupaient du jonc. Elle leur demanda un peu d'eau pour se rafraîchir ; mais ils lui répondirent par des injures et troublèrent l'eau avec leurs pieds. La déesse obtint de Jupiter qu'ils fussent changés en grenouilles. La sculpture a reproduit cette métamorphose dans une des pièces d'eau qui embellissent à Versailles le jardin de nos rois.

9. Sa voix gémissante a retenti dans le cœur de sa divine protectrice.

« Gama, dans une tempête, dit M. de Voltaire, adresse « ses prières à Jésus-Christ, et c'est Vénus qui vient à son « secours. » Il n'y a point ici de tempête. Gama, au milieu des embûches qui lui sont dressées par les Maures, invoque la Providence. *O tu guarda divina!* Le génie tutélaire que le poète a donné aux Portugais entend les vœux de Gama, et va les porter au souverain de l'univers. Ce merveilleux n'a rien que de conforme à la raison poétique, et même aux doctrines religieuses qui admettent entre Dieu et l'homme des êtres mitoyens.

10. Embrâsent et glacent tour-à-tour et les mondes et les cieux.

Racine a exprimé avec une grande précision ce double effet de la puissance de Vénus :

Je sentis tout mon corps et transir et brûler.
(Phèdre.)

11. Elle s'avance dans l'Olympe.

Voilà encore un de ces morceaux que M. de La Harpe est forcé d'admirer. Quel tableau! quelle chaleur! quel coloris! Le Tasse en a tiré les principaux traits de son Armide. Les 29$^e$, 30$^e$, 31$^e$ et 32$^e$ octaves du 4$^e$ chant de la *Jérusalem* en sont une imitation très-marquée. Les Portugais ont trouvé que le Tasse était resté au-dessous de son modèle; mais ils n'ont pas assez remarqué peut-être que les différences qui existent entre les deux tableaux, tiennent à la nature même du sujet. Le portrait d'Armide a plus de grace et de coquetterie; celui de Vénus, plus de force et d'éclat. Le Tasse a représenté la plus séduisante des mortelles; Camoens a peint une déesse.

12. Il n'a pu résister aux larmes de Vénus.

Dans l'Énéide, comme dans les Lusiades, Vénus va trouver Jupiter et l'implore en faveur des héros qu'elle protège. La réponse du dieu est également une prédiction de leur grandeur future. Nous avons pensé qu'il serait agréable au lecteur d'avoir sous les yeux les vers de Virgile et de pouvoir ainsi distinguer ce qui appartient au poète portugais de ce qu'il a emprunté au poète romain.

 Olli subridens hominum sator atque deorum,
 Vultu quo cœlum tempestatesque serenat,
 Oscula libavit natæ; dehinc talia fatur:
 Parce metu, Cytherea; manent immota tuorum
 Fata tibi; cernes urbem et promissa Lavini
 Mœnia, sublimemque feres ad sidera cœli
 Magnanimum Æneam; neque me sententia vertit.
 Hic (tibi fabor enim, quandò hæc te cura remordet,
 Longiùs et volvens fatorum arcana movebo)
 Bellum ingens geret Italiâ, populosque feroces
 Contundet; moresque viris et mœnia ponet:
 Tertia dum Latio regnantem viderit æstas,
 Ternaque transierint Rutulis hiberna subactis.
 At puer Ascanius, cui nunc cognomen Iulo
 Additur (Ilus erat, dum res stetit Ilia regno),
 Triginta magnos volvendis mensibus orbes
 Imperio explebit, regnumque ab sede Lavini
 Transferet, et longam multâ vi muniet Albam.

Hic jam ter centum totos regnabitur annos
Gente sub Hectoreâ, donec regina sacerdos
Marte gravis geminam partu dabit Ilia prolem.
Inde lupæ fulvo nutricis tegmine lætus
Romulus excipiet gentem, et mavortia condet
Mœnia, Romanosque suo de nomine dicet.
His ego nec metas rerum nec tempora pono;
Imperium sine fine dedi. Quin aspera Juno,
Quæ mare nunc terrasque metu cœlumque fatigat,
Consilia in melius referet; mecumque fovebit
Romanos rerum dominos, gentemque togatam.
Sic placitum. Veniet lustris labentibus ætas,
Cum domus Assaraci Phthiam clarasque Mycenas
Servitio premet, ac victis dominabitur Argis.
Nascetur pulchrâ Trojanus origine Cæsar,
Imperium Oceano, famam qui terminet astris;
Iulius, a magno demissum nomen Iulo.
Hunc tu olim cœlo, spoliis orientis onustum,
Accipies secura : vocabitur hic quoque votis.
Aspera tum positis mitescent sæcula bellis.
Cana fides, et Vesta, Remo cum fratre Quirinus,
Jura dabunt; diræ ferro et compagibus arctis
Claudentur belli portæ: furor impius intùs,
Sæva sedens super arma, et centum vinctus ahenis
Post tergum nodis, fremet horridus ore cruento.
(Æneid., lib. I.)

La plainte attendrissante et les pleurs de sa fille
Touchent le souverain des hommes et des dieux;
Avec cet œil serein et ce front radieux
Qui fait taire les vents et calme la tempête,
Vers elle, en souriant, il incline sa tête,
Sur sa bouche de rose effleure un doux baiser,
Et par ces mots flatteurs se plaît à l'apaiser:
« Non, je ne change point; mes volontés suprêmes
« Pour ces nobles bannis demeureront les mêmes.

« Vous verrez s'élever ces remparts tant promis ;
« Dans le palais des cieux vous verrez votre fils.
« Mais pour mieux vous calmer, je veux de votre Énée
« Suivre dans tout son cours la haute destinée.
« De ce fils, votre amour, cent combats glorieux
« Signaleront bientôt le bras victorieux.
« Vainqueur de l'Ausonie, à ses peuples dociles
« Il donnera des mœurs, et des arts, et des villes.
« Là, tandis que l'état fleurira sous ses lois,
« Le printemps aux frimats succédera trois fois.
« Assis, après sa mort, sur le trône d'Énée,
« Ascagne trente fois verra naître l'année,
« Et, de Lavinium aux remparts des Albains,
« D'Ilion relevé portera les destins.
« Là, durant trois cents ans la superbe Italie
« Verra régner vos fils. Enfin la jeune Ilie,
« Mêlant au sang de Mars le noble sang des rois,
« Sera mère en un jour de deux fils à la fois.
« D'une louve bientôt, sa nourrice sauvage,
« Romulus sucera le lait et le courage;
« De lui naîtra la gloire et le nom des Romains.
« Voilà ceux que j'ai faits les maîtres des humains.
« Leur pouvoir sera craint à l'égal du tonnerre,
« Aussi long que les temps, aussi grand que la terre.
« Junon même, Junon, qui, troublant l'univers,
« Arme encor contre vous l'air, la terre et les mers,
« Abjurant son dépit, et déposant sa haine,
« Un jour protégera la puissance romaine;
« Tel est l'arrêt du sort. Dans le long cours des ans,
« Un temps, un temps viendra qu'en tous lieux triomphants,
« A la superbe Argos, à la fière Mycènes,
« Les fils d'Assaracus imposeront des chaînes ;
« Et les lois des vaincus tout-puissants à leur tour,
« Aux enfants des vainqueurs commanderont un jour.
« Ce héros qu'aux humains promet la destinée,
« Jules prendra son nom du fils de votre Énée ;

« Il domtera la terre ; il s'ouvrira les cieux ;
« Et vous même, à la table où sont assis les dieux,
« Le recevrez vainqueur des peuples de l'aurore.
« Sous son astre brillant quels beaux jours vont éclore !
« Du métal le plus pur ses ans seront filés.
« Je vois la foi, les mœurs, et les arts rappelés ;
« De cent verroux d'airain les robustes barrières
« Refermeront de Mars les portes meurtrières ;
« La Discorde au-dedans, fille affreuse d'enfer,
« Hideuse, y rugira sous cent câbles de fer,
« Et, sur l'amas rouillé des lances inhumaines
« De sa bouche sanglante en vain mordra ses chaînes. »

13. O Vénus, le père des Dieux a ressenti lui-même ton pouvoir.

Camoens se laisse emporter ici à son imagination. Il imite Virgile, mais il le gâte. *Oscula libavit natæ.* Il y a dans cette expression une douceur, une délicatesse qui exclut toute idée de passion : c'est le baiser d'un père. Le poète portugais rappelle beaucoup trop le moment où, sur le sommet du mont Ida, Jupiter et Junon s'enveloppent d'un nuage d'or pour se dérober aux regards des dieux (*Iliade*). Mais si, dans cet endroit, Camoens a gâté son modèle en cherchant à l'embellir, il le surpasse, en effet, dans le reste du tableau. Quel charme, quelle vérité dans cette comparaison de Vénus avec l'enfant que sa nourrice a grondé et qui se montre inconsolable au milieu des caresses ! On dirait que le poète a voulu lui-même effacer l'impression qu'une peinture trop vive avait pu produire sur l'imagination du lecteur. Il nous reporte sur le champ aux graces naïves, aux caprices innocents de l'enfance ; et Vénus redevient la fille de Jupiter.

## 14. Si Anténor a pénétré dans le golfe illyrien et jusqu'aux sources du Timave, etc.

Antenor potuit, mediis elapsus Achivis,
Illyricos penetrare sinus atque intima tutus
Regna Liburnorum et fontem superare Timavi, etc.
(Æneid., lib. 1.)

Anténor, de la Grèce affrontant la furie,
A bien pu pénétrer dans les mers d'Illyrie,
A bien osé franchir ce Timave fameux, etc.
(Delille.)

Entre Aquilée et Trieste, près d'un village qu'on appelle Borgo S. Giovanni, on voit s'échapper de divers antres formés au sein des rochers, plusieurs sources fort considérables. Ces différentes sources se réunissent bientôt en une seule rivière qui, après un cours de mille pas, arrive à la mer. Elle se nomme *Timao* : c'est le *Timave* des anciens. (Extrait des notes de M. Walckenaer sur le 1$^{er}$ livre de l'Énéide.)

Nous parlerons d'Anténor à la 13$^e$ note du 3$^e$ chant.

## 15. O prodige! la mer tremble et bouillonne au milieu d'un calme profond!

Camoens rappelle, avec beaucoup d'adresse, un mot heureux qui prouve toute la présence d'esprit de son héros.

Gama retournait aux Indes, en 1524, avec le titre de vice-roi. Sur la côte de Cambaye, il fut surpris par un calme; et tout-à-coup la mer parut agitée d'un mouvement extraordinaire. Les matelots furent saisis d'étonnement et de frayeur. « Qu'appréhendez-vous ? leur dit le vice-roi. Ne « voyez-vous pas que la mer tremble sous ses maîtres ? »

Barros rapporte cette aventure dans sa troisième décade. Elle s'explique par l'effet d'un tremblement de terre sous-marin.

### 16. Tu verras les ondes Érythrées frémir d'épouvante.

Le texte porte : *Tu verras la mer rouge jaunir d'épouvante. Vereis o mar roxo tornar-se-lhe amarello de enfiado.* Camoens tombe rarement dans ce mauvais goût : c'est un tribut qu'il payait à son siècle. Ces ridicules jeux de mots, ces faux-brillants qui, selon Boileau, nous venaient de l'Italie, ont long-temps infesté toutes les littératures. On connaît ces deux vers de l'ancienne tragédie de Pyrame et Thisbé :

> Le voilà ce poignard qui du sang de son maître
> S'est souillé lâchement.... Il en rougit le traître!

Corneille lui-même fait dire à Chimène :

> Sire, mon père est mort. Mes yeux ont vu son sang, etc.
> Ce sang qui tout sorti fume encor de courroux
> De se voir répandu pour d'autres que pour vous.

Admirons les grands écrivains qui, malgré quelques taches, ont su donner tant d'éclat à la littérature de leur pays. Leurs défauts sont à leur siècle : leur génie est à eux.

### 17. Retomber sur leur tête.

Barros rapporte que, dans un combat livré par Albuquerque aux Persans sous les murs d'Ormuz, il s'éleva tout-à-coup un vent d'une telle violence qu'il repoussait contre les ennemis leurs propres flèches. C'est le privilège de la poésie d'orner et d'agrandir les faits les plus simples.

## 18. Mais vil esclave d'un amour si fatal à sa gloire.

Tout ce passage est imité de la description du bouclier d'Énée.

> Hinc ope barbaricâ variisque Antonius armis
> Victor, ab auroræ populis et littore rubro,
> Ægyptum, viresque orientis et ultima secum
> Bactra vehit; sequiturque nefas! Ægyptia conjux.
> (Æneid., lib. VIII.)

> Vainqueur infortuné de vingt peuples divers,
> Antoine ose à César disputer l'univers:
> Près de l'aigle romain mille enseignes bizarres
> Rassemblent sous ses lois mille peuples barbares,
> L'Arabe, le Persan, le Maure, l'Indien.
> Sa femme lui conduit le vil Égyptien:
> Sa femme, ô déshonneur! il combat pour ses charmes,
> Opprobre de son lit, opprobre de ses armes.
> (Delille.)

L'Énéide était le livre favori de Camoens. Les Portugais, frappés de la hardiesse de ses conceptions, de l'indépendance de son génie et de la chaleur avec laquelle il décrit les batailles, se plaisent à le comparer à Homère. Il ressemble beaucoup plus à Virgile par la continuelle harmonie de son style, par l'art d'embellir les détails, et surtout par cette teinte de mélancolie qui se retrouve dans presque tous ses chants. Voltaire appelait le traducteur des Géorgiques *Publius Virgilius* Delille; on pourrait, avec plus de raison peut-être, appeler l'auteur des Lusiades *Publius Virgilius* Camoens.

## 19. La Chersonèse d'or.

C'est la presqu'île de Malaca. Les mines d'or dont elle abonde lui avaient valu son ancien nom. Albuquerque s'en rendit maître en 1511. Les Hollandais l'ont enlevée aux Portugais en 1640.

## 20. Les îles de l'Aurore.

Le Japon. Les Chinois le nomment *Ge-puen*, c'est-à-dire, naissance du soleil.
(Bernardin de Saint-Pierre.)

## 21. Jusqu'à ce détroit qui portera le nom d'un Portugais.

Fernando Magalhaens, que nous nommons Magellan, découvrit en 1520, vers la pointe méridionale de l'Amérique, le détroit qui porte son nom.

## 22. Le caducée est dans sa main.

> Tum virgam capit : hâc animas ille evocat orco
> Pallentes, alias sub tristia tartara mittit;
> Dat somnos, adimitque, et lumina morte resignat.
> Illâ fretus agit ventos et turbida tranat
> Nubila.                    (Æneid., lib. IV.)

> Mercure prend en main sa baguette puissante
> Qui maîtrise à son gré la parque obéissante,
> Rouvre, quand il lui plaît, les portes du tombeau,
> Imprime de la mort le redoutable sceau,

Ote ou rend le sommeil, fend les sombres nuages
Et fraye au dieu sa route à travers les orages.
(Delille.)

### 23. Fuis, enfant de Lusus.

Heu! fuge crudeles terras, fuge littus avarum.
(Æneid., lib. III.)

Ah! fuis ces lieux cruels, fuis cette terre avare.
(Delille.)

### 24. Diomède.

Ce Diomède, qui n'est point le fils de Tydée, nourrissait ses chevaux de chair humaine. La punition de ce monstre est mise au nombre des travaux d'Hercule.

### 25. Busiris.

Roi d'Égypte qui sacrifiait à Jupiter tous les étrangers qui abordaient dans ses états. Hercule détruisit l'autel, les sacrificateurs et le tyran.

### 26. Les guerriers s'entretenaient, en voguant, de leurs dangers passés.

Tel est le cœur de l'homme; il jouit du souvenir de ses peines: elles lui font sentir plus vivement le bonheur de sa situation présente. Et dans le malheur même, il se console encore en se rappelant les peines plus grandes qu'il a déjà supportées. *O passi graviora, dabit Deus his quoque finem*, dit Énée à ses compagnons d'infortune; et il ajoute: *For-*

*san et hæc olim meminisse juvabit.* Virgile et Camoens sont remplis de ces sentiments vrais et touchants, puisés dans la nature et dans une connaissance profonde du cœur humain.

## 27. Ils ne prononçaient qu'avec amour le nom du monarque Mélindien.

Tout se lie dans les idées de l'auteur. Mercure avait dit en songe à Gama : *Près de la ligne ardente où le soleil rend égaux les jours et les nuits, tu trouveras un peuple juste et bon, un monarque généreux qui recueillera ta flotte errante et fatiguée.* Au portrait que les Mélindiens font de leur roi, Gama reconnaît le monarque annoncé par l'envoyé céleste. *C'est lui*, s'écrie-t-il, etc. Voltaire accuse Camoens d'écrire sans ordre et sans suite : ce jugement n'a pas été rendu en connaissance de cause. Voltaire n'avait lu le poëme des Lusiades que superficiellement dans la traduction anglaise de Fanshaw; il était très-jeune alors, et l'a toujours jugé depuis d'après le souvenir vague de sa première lecture.

## 28. Du ravisseur d'Europe.

Europe, fille d'Agénor, roi de Phénicie, fut aimée de Jupiter. Pour l'enlever, il eut recours à une métamorphose peu digne de la majesté d'un Dieu. Mais laissons parler Ovide.

> Non benè conveniunt, nec in una sede morantur
> Majestas et amor. Sceptri gravitate relictâ,
> Ille pater rectorque deûm, cui dextra trisulcis
> Ignibus armata est, qui nutu concutit orbem,
> Induitur faciem tauri : mixtusque juvencis
> Mugit, et in teneris formosus obambulat herbis.
>
> (Métamorph. lib. II.)

Amour et majesté vont rarement ensemble.
Ce dieu, père des dieux, devant qui le ciel tremble,
Dont la main flamboyante étincelle d'éclairs,
Oubliant ce haut rang de roi de l'univers,
D'un taureau qui mugit emprunte la figure.
Parmi ceux d'Agénor il foule la verdure,
Et dans les prés fleuris il semble avec fierté
Promener aux regards l'éclat de sa beauté.
(SAINT-ANGE.)

La fille d'Agénor ose s'en approcher: il se courbe devant elle. Rassurée par sa douceur et flattée de cet hommage inattendu, elle s'élance légèrement sur le dos du ravisseur.

Tùm Deus à terrâ siccoque à littore sensim
Falsa pedum primis vestigia ponit in undis.
Inde abit ulteriùs, mediique per æquora ponti
Fert prædam. Pavet hæc, littusque ablata relictum
Respicit.
(Ibid.)

Orgueilleux de sa charge, il se lève, et d'abord
A pas lents et trompeurs il s'approche du bord ;
Tout-à-coup à la nage il fend la mer profonde ;
La fille d'Agénor tremble, et du sein de l'onde
Regarde le rivage, et le regarde en vain.
(Le même.)

## 29. La corne d'Amalthée.

Amalthée est le nom de la chèvre qui allaita Jupiter. Le Dieu, par reconnaissance, la mit au rang des signes célestes, et donna une de ses cornes aux nymphes qui avaient eu soin de son enfance. Cette corne merveilleuse se remplissait continuellement de fleurs et de fruits, de tous les trésors que les nymphes pouvaient desirer. Les fables auciennes ont presque toutes un sens moral. L'action de ce Jupiter, qui place sa nourrice dans le ciel, et dote avec tant de munificence les nymphes qui ont soigné ses premiers ans, apprenait aux hommes que la reconnaissance est la première des vertus.

## 30. Le corail, plante merveilleuse, etc.

Camoens croyait, avec tous les anciens naturalistes, que le corail était une plante marine qui devenait dure et pierreuse en sortant de l'eau. D'après les nouvelles observations, le corail est une espèce de ruche que certains insectes se forment au fond de la mer, et dont la matière est du même genre que celle des coquilles.

## 31. Nous ne sommes point de ces navigateurs sans patrie, etc.

Non nos aut ferro Libycos populare penates
Venimus, aut raptas ad littora vertere prædas
(Æneid., lib. I)

Venons-nous, violant les droits sacrés des hommes,
Lâches déprédateurs, agresseurs furieux,
Menacer la Libye et du fer et des feux ;
Ravager vos cités, et gagnant le rivage,
Porter à nos vaisseaux ces fruits du brigandage ?
(Delille.)

## 32. Quelle est donc cette race inhumaine ?

Quod genus hoc hominum ? Quæve hunc tam barbara morem
Permittit patria ? Hospitio prohibemur arenæ !
Bella cient, primâque vetant consistere terrâ !
(Ibid.)

> Mais quel peuple cruel habite ces climats?
> Sur la rive en tremblant nous hasardions nos pas,
> Sur nous se précipite une foule barbare:
> D'un coin de terre inculte on est pour nous avare;
> Et, le fer à la main, on vient nous arracher
> L'asyle du naufrage et l'abri d'un rocher.
>
> *(Le même.)*

On ne peut s'empêcher de remarquer ici l'extrême difficulté de traduire en vers, et les nombreux sacrifices qu'il faut faire à la rime. M. Delille, qui connaissait si bien toutes les ressources de notre langue, et qui a su les employer avec tant de bonheur dans tous ses ouvrages, et particulièrement dans sa traduction des *Géorgiques*, devient long et traînant dans les deux passages que nous venons de citer, dans le premier surtout. En général, les traductions en vers n'ont point réussi en français; et malgré tout le talent qu'a montré M. de Lormian dans sa traduction versifiée de la *Jérusalem*, nous doutons qu'elle trouve jamais autant de lecteurs que la traduction en prose qui parut en 1771, et qui, selon l'expression de M. Suard, fit alors oublier toutes les autres. Le nom de l'auteur n'a jamais été mis en tête de l'ouvrage; mais il est connu depuis long-temps des gens de lettres, des hommes d'état, et surtout des malheureux: car, après avoir fait de beaux ouvrages et rempli d'éminentes fonctions, l'illustre auteur fait du bien, encourage l'industrie, bâtit pour la classe indigente et laborieuse des demeures saines et commodes\*, et cultive en paix l'amitié, les lettres et ses champs.

---

\* Entre le château de Sainte-Même et Dourdan, s'élève un joli village auquel la reconnaissance des habitants du pays a donné le nom de *la Ville-Lebrun*.

### 33. Le rivage répond à la flotte.

Les Maures d'Afrique et les Indiens ont connu de bonne heure, ainsi que les Chinois, l'usage de la poudre inflammable : ils s'en servaient dans les réjouissances publiques; mais ils n'avaient point de canons. Il y a loin d'un feu d'artifice aux savantes manœuvres de l'artillerie. Cette science difficile et compliquée se rattache à une infinité d'autres connaissances dont l'ensemble n'a jamais été bien saisi que dans notre occident. (Extrait des notes de M. de La Harpe.)

### 34. Un pavillon de soie, etc.

L'auteur n'a rien oublié de ce qui caractérise les usages des monarques orientaux : toute cette description est d'une fidélité parfaite. On a déjà pu remarquer dans le premier chant avec quelle exactitude le poète décrit les mœurs et les coutumes des peuples que Gama rencontre sur sa route.

### 35. Il porte l'habit espagnol, etc.

Au costume oriental Camoens oppose, avec un grand bonheur d'expression, le costume européen. Il représente dans ses plus petits détails la toilette militaire d'un chevalier du seizième siècle. Nous l'avons traduit littéralement, au risque de choquer un peu l'orgueilleuse délicatesse de notre langue.

### 36. Et de raconter lui-même les triomphes des Portugais sur les Maures de Tingis et d'Abyla.

C'est une grande adresse du poète d'avoir intéressé d'avance le roi de Mélinde à la gloire des Portugais. Gama va bientôt l'entretenir des combats livrés aux Maures par les Lusitaniens, soit en Afrique, soit sur les bords du Tage. Il pouvait craindre de l'offenser par ce récit; mais le discours du prince le rassure. L'intérêt des Maures de Maroc et de Tanger ne peut, d'ailleurs, toucher que faiblement les Maures du Zanguebar; et ce faible intérêt est plus que balancé par l'admiration que le roi de Mélinde a conçue pour les conquérants du royaume des Hespérides.

Ici se présente une objection souvent renouvelée. Les censeurs de Camoens conçoivent difficilement comment les faits que le roi de Mélinde admire sont parvenus à sa connaissance. Ils conçoivent encore moins qu'il ait pu comprendre le récit de Gama, surtout lorsque celui-ci compare sa navigation à celles d'Ulysse et d'Énée, *comme si un barbare Africain de la côte de Zanguebar,* dit Voltaire, *savait son Homère et son Virgile.* Voltaire, qui réunissait à son prodigieux talent une instruction si étendue et si variée, confond, d'une manière étrange, avec les habitants de la Cafrerie et les peuples sauvages de la partie méridionale de l'Afrique, les Arabes mahométans répandus sur la côte orientale, et jusques dans les Indes dont le commerce avec l'Europe ne se faisait que par leurs mains. Ces Arabes étaient loin d'être sans littérature. Ils avaient dans leur langue des traductions de tous les bons ouvrages de l'antiquité. Leur école de Cordoue, établie dès le dixième siècle, avait produit des poètes, des astronomes, des mathématiciens, des philosophes. Un de leurs savants, Averroès, a joui long-temps d'une si haute réputation, que Raphaël l'a placé dans son tableau de l'école d'Athènes, à côté des plus beaux génies de la Grèce.

Dépouillés successivement des conquêtes qu'ils avaient faites dans la péninsule, les Arabes portèrent dans leurs établissements d'Afrique et d'Asie, une partie des connaissances dont ils avaient enrichi l'Europe; et il n'est point contre la vraisemblance qu'il en restât encore quelque trace à Mélinde, en 1497, époque de l'expédition de Gama. Osorius remarque, au sujet du prince qui accueillit si favorablement les Portugais, qu'il n'avait rien d'un barbare; que, dans son air, dans ses paroles, tout annonçait des qualités dignes du trône. *In omni autem sermone princeps ille non hominis barbari specimen dabat, sed ingenium et prudentiam eo loco dignam præ se ferebat.* (De rebus Emmanuelis.) Camoens a donc pu le représenter comme un homme qui ne manquait ni d'instruction ni de lumières; et pour marquer davantage sa pensée et se justifier par l'exemple de Virgile, il met dans la bouche du roi de Mélinde la réponse de Didon au discours d'Ilionée. *Nous ne sommes que des Africains; mais le soleil n'éclaire pas de si loin les peuples de Mélinde, qu'ils ne sachent apprécier le mérite des grandes actions.*

> Non obtusa adeò gestamus pectora Pœni,
> Nec tàm aversus equos Tyriâ sol jungit ab urbe.
> (Æneid., lib. I.)

> Vous n'êtes point ici chez un peuple sauvage :
> Le soleil de si loin n'éclaire point Carthage.
> (Delille.)

## 37. Un beau jour se prépare.

Le récit de Gama sera long; mais la journée s'annonce à peine. On n'aperçoit encore sur l'horizon que *les freins d'or des coursiers du Soleil.* Tout fait silence autour de Gama. *O vento dorme, o mar et as ondas jazem;* les Vents dor-

*ment, la mer et ses vagues reposent;* les chaloupes abritées par les vaisseaux sont immobiles sur leurs ancres. Il était impossible de mieux préparer le récit que le héros va commencer.

FIN DES NOTES DU CHANT SECOND.

# LES LUSIADES.

## CHANT TROISIÈME.

# LES LUSIADES.

## CHANT TROISIÈME.

Maintenant, Calliope, apprends-moi ce que Gama raconta au roi de Mélinde[1]. Daigne inspirer un mortel qui t'aime; donne-moi les accents de ta voix divine. Et que le brillant inventeur de l'art de guérir, le dieu qui te rendit mère d'Orphée, ne laisse plus s'égarer vers Daphné, Clytie ou Leucothoé, l'hommage qu'il ne doit qu'à ta beauté.

Descends de la cime fleurie du Parnasse[2], accours sur les pas d'Apollon. Il a quitté la fontaine d'Aganippe pour l'onde sacrée du Tage; il m'y plonge avec lui. Viens accorder ma lyre; ouvre-moi, pour les enfants de Lusus, tous les trésors de l'harmonie; ou je dirai que, jalouse en secret pour ton fils, tu crains de lui donner un rival qui le surpasse.

Les Maures attendaient en silence que Gama commençât son récit. Il se recueille un moment, et d'un air assuré, prend la parole en ces ter-

mes. « Tu m'ordonnes, grand roi, de te ra-
« conter l'histoire de mon pays. Tu veux con-
« naître les Lusitaniens, leurs guerres, leurs
« triomphes, et jusqu'à leurs premiers pas dans
« la carrière des nations [3].

« Il est doux de célébrer les héros; mais les
« Lusitaniens sont mes frères, leur gloire est la
« mienne. Est-ce à moi qu'il appartient de pro-
« noncer leur éloge? Et comment te peindre en
« un jour cette longue suite d'actions mémo-
« rables?... Tu le veux: j'obéis; ce devoir à mes
« yeux l'emporte sur tous les autres. J'aurai soin
« de resserrer mes tableaux.

« Une pensée, d'ailleurs, me rassure et m'en-
« courage : c'est que le mensonge ne saurait
« trouver place dans une histoire si glorieuse et
« si pleine. Loin de créer ou d'agrandir les évè-
« nements, je ne dirai pas la moitié des faits
« merveilleux dont elle abonde. Mais avant de
« parcourir avec toi nos annales guerrières, je
« vais, selon tes désirs, te montrer la grande
« région [4] où fleurit la Lusitanie.

« Entre la zône boréale où règne un éternel
« hiver, et l'ardent tropique où le soleil verse
« les feux qu'il refuse au septentrion, est située
« la superbe Europe. Au nord, à l'Occident,
« l'Océan l'entoure de ses flots : au sud, la Mé-
« diterranée baigne ses rivages.

## CHANT TROISIÈME. 137

« A l'Orient, elle confine à l'Asie. Deux grandes
« limites l'en séparent : le Tanaïs[5], qui du haut
« des monts Ryphées court à longs replis se
« perdre au sein des ondes Méotides ; et cette
« mer orageuse qui porta jadis vers les rivages
« d'Ilion les vaisseaux de la Grèce irritée. Ilion
« n'est plus. Le voyageur attristé en cherche en
« vain les débris.

« Au-dessous du pôle apparaissent les monts
« Hyperboréens. C'est là que les fougueux en-
« fants d'Éole ont fixé leur séjour. C'est là que
« le flambleau du monde semble s'éteindre sur
« des sommets couverts de neige et sur les glaces
« éternelles qui chargent les mers, les fleuves
« et les fontaines.

« Au pied de ces montagnes et dans leurs pro-
« fondes vallées vivent errants des peuples divers
« qui jadis disputèrent d'antiquité avec la vieille
« Égypte[6]. Peuples aveugles qui cherchiez à con-
« naître le berceau du genre humain, que ne le
« demandiez-vous aux campagnes de Damas[7]?

« Non loin des régions polaires s'étendent la
« froide Laponie, l'inculte Norvège et l'île des
« Scandinaves[8], de ces guerriers farouches dont
« l'Italie n'a point oublié les victoires. Un bras
« de l'Océan sarmatique se prolonge entre les
« rivages de la Prusse, du Danemarck et de la
« Suède, et revoit au printemps les vaisseaux
« que l'hiver enchaînait dans les ports.

« Entre cette mer et le Tanaïs habitent le
« Russe, le Moscovite, le Livonien. Ils ont con-
« servé la barbarie des Sarmates leurs ancê-
« tres 9. Les monts d'Hercynie 10 sont foulés
« par les Polonais, qui furent les Marcomans.
« Les Bohémiens, les Saxons, les Pannoniens
« cultivent les contrées que fécondent les eaux
« de l'Ems, de l'Elbe, du Danube et du Rhin.
« Ils obéissent à l'aigle germanique.

« Entre les derniers flots du Danube et le
« détroit qui vit tomber Hellé 11, s'agitent les
« Thraces belliqueux. La patrie du dieu Mars est
« esclave de l'Ottoman; l'Hémus et le Rhodope
« frémissent sous les pas des Barbares; Byzance
« est tombée sous le joug! L'ombre de Constantin
« a gémi de cet affront.

« Franchis la Macédoine que baignent les froides
« eaux de l'Axius 12. Voici la Grèce. Salut terre
« féconde en héros, patrie de l'éloquence, des
« beaux-arts et de la liberté! Noble contrée! La
« gloire des armes et le génie des lettres ont
« porté ton nom jusqu'aux cieux.

« Non loin de l'antique cité d'Anténor 13 s'é-
« lève du sein des eaux la superbe Vénise. Humble
« à sa naissance, elle règne aujourd'hui sur le
« golfe qui baigne le pays des Dalmates. Cette
« terre qui s'avance au milieu des flots, c'est
« l'Italie. Le monde est plein de ses trophées;

… « son génie éclaira les nations qu'avait subju-
« guées sa valeur.

« Les flots lui servent de ceinture et les Alpes
« de remparts. L'Apennin la parcourt et la divise :
« l'Apennin qui fut jadis témoin de tant d'ex-
« ploits ! Rome n'est plus la fille de Mars ; ses
« guerriers reposent dans la tombe. Elle obéit au
« ministre sacré d'un souverain dont le royaume
« n'est pas sur la terre.

« La Gaule apparaît à nos yeux : la Gaule,
« autrefois le théâtre des triomphes de César. Elle
« est arrosée par la Seine, le Rhône, la fraîche
« Garonne et le Rhin au lit profond. Sur une de ses
« limites s'élèvent les montagnes où fut ensevelie
« la nymphe Pyrène [14]. L'or et l'argent ont coulé,
« dit-on, de leurs flancs embrasés.

« Du haut des Pyrénées se découvre la noble
« Espagne. C'est la tête de l'Europe. Sa gloire
« et sa puissance ont subi de nombreuses révo-
« lutions. On l'a vue plus d'une fois au bas de
« la roue de la fortune ; mais jamais l'incon-
« stance du sort, jamais la force ni l'adresse ne
« sauront abattre ou flétrir les cœurs généreux
« qu'elle enfante.

« Elle s'avance vers la Mauritanie et semble
« vouloir fermer le détroit qui fut le dernier
« des travaux d'Alcide. Forte de son courage, de
« l'étendue de son territoire et du nombre de

« ses ports, elle embrasse et voit fleurir sur son
« sein différentes nations qui toutes rivalisent
« de noblesse et de valeur:

« L'Arragonais qui s'illustra par la conquête
« de l'inquiète [15] Parthénope, l'Asturien qui vit
« tous les efforts des Musulmans se briser au
« pied de ses rochers, le Navarrois belliqueux,
« le Galicien fécond en stratagèmes, les peuples
« de la Bétique, de Grenade et de Léon, les
« guerriers de Tolède et l'héroïque Castillan qui
« devait un jour réunir tous ces peuples sous
« sa glorieuse domination.

« L'Espagne est couronnée par la Lusitanie
« qui borde la mer et voit le soleil descendre
« dans les flots. Le ciel a voulu que la Lusitanie
« triomphât des enfants d'Almanzor, qu'elle les
« rejetât de son sein, et devint à son tour la
« terreur de l'Afrique. C'est mon pays, mon cher
« pays [16]. Puisse le ciel y ramener mes heureux
« navires! Puissé-je, à la fin de ma laborieuse
« entreprise, revoir ses doux rivages, les fouler
« encore et mourir!

« La Lusitanie doit son nom à Lusus, à cet
« ancien guerrier qui suivit Bacchus dans ses
« voyages, et s'arrêta sur cette terre dont il fut le
« premier habitant. Elle a vu naître le pâtre fa-
« meux [17] dont le nom seul annonce la force et
« le courage. Il effraya la fortune des Romains,

… « et couvrit de confusion leurs plus célèbres
« généraux. Ainsi débutaient sur la scène du
« monde les fiers descendants de Lusus.

« Le vieillard qui dévore ses propres enfants,
« le Temps, qui tour-à-tour élève et détruit les
« empires, avait reçu du Destin l'ordre secret
« de donner un jour à la Lusitanie un rang
« illustre parmi les royaumes de l'Europe; et
« voici par quels évènements s'accomplirent les
« décrets du ciel.

« Alphonse régnait en Espagne[18], Alphonse,
« le fléau des Maures et le vengeur des chrétiens;
« la Castille le proclamait son libérateur. Le bruit
« de ses exploits vola des colonnes d'Hercule
« aux montagnes Caspiennes, et les guerriers en
« foule vinrent chercher sous ses drapeaux les
« périls et la gloire.

« Ils quittaient pour les combats leur patrie,
« leurs tranquilles pénates et les châteaux de
« leurs aïeux. Si l'amour de la renommée excitait
« leur courage, le zèle de la foi les enflammait
« encore davantage. Leur brillante intrépidité,
« leurs exploits attirèrent sur eux les regards et
« les bienfaits d'Alphonse.

« Parmi ces guerriers, brillait le valeureux
« Henri. Second fils d'un roi de Hongrie, il avait
« appris de son père l'art de gouverner les peu-
« ples. La Lusitanie, qui n'était pas encore un

« royaume, fut le prix de sa vaillance. Il reçut,
« avec le titre de comte, un don plus cher à ses
« yeux, la main d'une princesse qui devait le
« jour au monarque espagnol: l'auguste Thérèse
« alla s'asseoir avec lui sur le nouveau trône
« élevé par Alphonse.

« Le héros se montra digne de sa fortune. Il
« remporta d'éclatantes victoires sur les enfants
« d'Ismaël, et réunit à ses domaines le territoire
« des vaincus. La naissance d'un fils couronna
« tant de prospérités. Réjouis-toi, Portugal, les
« jours de ta grandeur sont arrivés : ce fils, pré-
« sent du ciel, ceindra le diadème des rois.

« Vainqueur des infidèles sur les bords du
« Tage et du Douro, Henri les combattit encore
« sur les bords de ce fleuve plus célèbre dont
« les ondes baignèrent jadis le corps d'un Dieu.
« Il vit tomber les murs de Solime, et le sceptre
« de Godefroi remplacer le joug de l'impie.

« Il venait, à l'exemple des princes chrétiens,
« de rentrer dans ses états, quand le sort fatal
« vint terminer le cours d'une si belle vie : il
« rendit son ame à celui qui la lui avait don-
« née. Son fils, sa vivante image, avait à peine
« atteint l'âge heureux de l'adolescence; mais
« il promettait un digne héritier des vertus de
« son père, et marchait l'égal des héros.

« Sa mère, en croirai-je une tradition qui

« remonte au berceau de la monarchie portu-
« gaise? Sa mère ne craignit point d'offenser les
« mânes de Henri, et de former les nœuds d'un
« second hyménée. Dans son délire, elle s'em-
« pare du sceptre, le livre à Transtamare, et re-
« vendique comme sa dot tous les domaines de
« l'illustre orphelin.

« Alphonse (c'était le nom que le jeune prince
« avait pris de son aïeul), Alphonse s'indigne et
« frémit. Dépouillé par sa mère, persécuté par
« un tyran, il conçoit le hardi projet de recon-
« quérir son héritage. Il le médite avec pru-
« dence, et l'exécute avec audace.

« La guerre intestine s'allume. Les champs de
« Guimaraens se rougissent du sang des familles.
« Une mère marche contre son fils. Ambitieuse
« et superbe, elle brave le ciel et la nature.
« L'amour maternel est éteint dans son cœur;
« un autre amour la subjugue et l'entraîne.

« Barbare Progné, impitoyable Médée, vous
« qui vengeâtes sur vos propres enfants les ou-
« trages de leurs pères, le crime de Thérèse
« surpasse encore le vôtre. Et toi, que l'amour
« rendit parricide, fille de Nisus[19], le délire des
« sens avait seul égaré ton cœur : le délire des
« sens et la soif de régner ont armé Thérèse
« contre son fils.

« Cependant la victoire a couronné le parti
« le plus juste. Alphonse est triomphant; les

« armes sont tombées des mains des rebelles;
« mais la colère égare le vainqueur : Thérèse est
« chargée d'indignes fers. Malheureux Alphonse!
« as-tu donc oublié que Thérèse est ta mère, et
« que le ciel venge tôt ou tard les droits de la
« nature offensée?

« La Castille s'émeut. Ses innombrables guer-
« riers volent au secours de la fille des rois. Le
« Portugais voit venir l'orage et le contemple
« sans s'émouvoir. La faveur des cieux ne l'a pas
« encore abandonné. Il se confie à son audace,
« et les champs de Valdevès sont témoins de
« sa gloire et de la honte des Castillans.

« Mais déjà les vaincus ont réparé leur défaite;
« ils reviennent plus nombreux et plus terribles.
« Alphonse étonné cherche un abri dans les murs
« de Guimaraens. Pressé de toute part, manquant
« de vivres et menacé d'une perte inévitable, il
« périssait, si, par un dévouement héroïque,
« Égas-Moniz n'eût conjuré la tempête.

« Égas n'a pris conseil que de son zèle et de
« son amour pour le prince. Il court, sans son
« aveu, porter à l'ennemi des paroles de paix.
« Son nom, ses vertus, ont déjà suspendu les
« haines : on l'écoute. Un traité souscrit par Égas
 assure au monarque espagnol l'hommage de
« son rival. Sur la foi des serments, l'ennemi
« s'éloigne ; mais l'indomptable Alphonse rou-
« girait de fléchir sous un maître.

## CHANT TROISIÈME.

« Le jour était venu où le noble fils de Henri
« devait, humble vassal, courber le front de-
« vant le fier Castillan. Égas, le fidèle Égas,
« va se trouver parjure aux yeux de la Castille
« irritée. Il n'hésite point à sacrifier sa vie en
« échange d'un hommage qui révolte la fierté
« d'Alphonse.

« Fidèle à sa parole, à l'honneur, il part. Sa
« femme et ses enfants l'accompagnent. Arrivé
« dans les murs de Tolède, il se présente au roi,
« les pieds nus, le corps à peine couvert du
« triste vêtement des criminels. Alphonse m'a
« désavoué, lui dit-il, venge-toi. Me voilà prêt
« à payer de mon sang une téméraire promesse.

« J'amène à tes pieds mes enfants et leur mère.
« Leur vie est à toi, si le sacrifice de l'innocence
« peut satisfaire un cœur tel que le tien. Ma
« langue a prononcé le serment; ma main l'a
« souscrit : voilà mes seuls complices. Punis-les;
« et que les tortures inventées par les Périllus[20]
« et les Scinnis[21] soient le prix de ma témérité.

« Tel, abreuvé déjà de l'amertume de la mort,
« le condamné livre sa tête à l'exécuteur, et ne
« survit à sa résignation que pour attendre le
« coup fatal. Tel paraissait Égas prêt à subir son
« arrêt. Mais tant de courage et de vertu a tou-
« ché le cœur du monarque; la colère cède à la
« clémence.

« O fidélité portugaise! ô dévouement compa-
« rable à l'action sublime de ce Perse qui, pour
« ouvrir à son maître les portes d'une cité cé-
« lèbre, se couvrit lui-même de blessures, et
« força Darius à s'écrier : Ah! malheureux! Ne
« sais-tu pas que, pour racheter le sang d'un
« Zopire, je donnerais vingt Babylones?

« Mais déjà l'infatigable Alphonse se dispose
« à porter ses armes au-delà du Tage, à con-
« quérir les fertiles campagnes habitées par les
« Maures. Déjà ses tentes se déploient dans les
« plaines d'Ourique. Il campe fièrement en face
« des infidèles avec sa faible, mais valeureuse
« armée.

« La lutte qui se prépare va donner à chaque
« Portugais cent adversaires à combattre. Al-
« phonse, d'un œil tranquille, a mesuré les forces
« de l'ennemi ; et, rejetant les conseils d'une pru-
« dence vulgaire, il se confie au dieu qui donne
« ou refuse la victoire.

« Les Musulmans couvrent la plaine. Cinq rois
« les commandent, tous savants dans l'art de la
« guerre, tous célèbres par des exploits. Ismar,
« le plus vaillant d'entre eux, Ismar guide au
« combat leurs innombrables bataillons. Ils sont
« accompagnés de belliqueuses Amazones [22],
« dignes rivales des guerrières du Thermodon et

# CHANT TROISIÈME. 147

« de cette belle Penthésilée qui combattit si
« vaillamment pour la cause des Troyens.

« L'aube matinale répandait au loin la fraî-
« cheur et la sérénité ; le feu des étoiles com-
« mençait à pâlir, quand sur une croix lumineuse
« le fils de Marie apparut aux yeux d'Alphonse.
« Le héros se prosterne, et s'écrie dans l'ardeur
« de sa foi : C'est aux infidèles, Seigneur, c'est
« aux infidèles qu'il faut des prodiges, et non
« pas à moi qui crois à ta puissance.

« Cet aspect miraculeux enflamme les Portu-
« gais. L'enthousiasme se répand dans tous les
« rangs ; le nom de roi vole de bouche en bouche ;
« un cri général s'élève jusqu'au ciel et va re-
« tentir au camp des barbares : Vive le grand
« Alphonse ! vive le roi de Portugal ! marchons,
« combattons avec lui.

« Tel un dogue furieux, excité par les cris du
« chasseur, se jette en aboyant sur le taureau des
« montagnes. A sa dent meurtrière, à ses rapides
« élans, le taureau oppose un front terrible ;
« mais ses coups redoublés se perdent dans les
« airs ; et bientôt, les flancs meurtris, les oreilles
« sanglantes, la gorge déchirée, il tombe épuisé
« de fatigue et de douleur.

« Tel, aux cris des soldats, s'élance le nouveau
« roi enflammé comme eux par le prodige. Les
« phalanges lusitaniennes se précipitent sur ses

« pas. Les infidèles poussent d'horribles clameurs
« et courent aux armes en tumulte. Ils agitent
« l'arc et la lance; la trompette sonne, les ins-
« truments guerriers retentissent de toutes parts.

« Quand la flamme, animée par le souffle aigu
« de l'Aquilon, se répand dans la plaine et dé-
« vore au loin les bruyères desséchées, les ber-
« gers plongés dans le sommeil se réveillent au
« bruit de l'incendie qui s'avance, rassemblent
« leurs vêtements épars, et fuient en tremblant
« vers le hameau voisin.

« Ainsi le Maure surpris saisit à la hâte et son
« casque et ses armes. Un moment immobile,
« il s'ébranle tout-à-coup et pousse en avant
« ses coursiers. L'avant-garde chrétienne reçoit
« sur une forêt de lances la cavalerie des Mu-
« sulmans. Les uns tombent renversés; les autres
« courent éperdus, invoquant Mahomet.

« Bientôt les deux armées se heurtent tout
« entières : leur choc ébranlerait les montagnes.
« Les fiers animaux qu'enfanta le trident par-
« tagent la fureur des guerriers. Des coups ter-
« ribles sont portés et rendus. Sur tous les points
« la bataille s'enflamme. Cuirasses, cottes de
« mailles, armures de fer, rien ne résiste à la
« furie portugaise.

« Les têtes sanglantes bondissent sur l'arène.
« La terre est couverte de membres déchirés,

CHANT TROISIÈME. 149

« d'entrailles palpitantes, de cadavres livides.
« Le sang ruisselle dans la plaine et va rougir au
« loin l'émail des prairies. Vaincu, désespéré,
« Ismar abandonne enfin ce champ de carnage
« et d'horreur.

« L'allégresse est au camp des Portugais. Ils
« élèvent des trophées et recueillent la riche
« dépouille des infidèles détruits ou dispersés.
« Alphonse demeura trois jours sur le théâtre
« de sa gloire. Il venait de vaincre cinq rois :
« en mémoire de son triomphe, il fit peindre sur
« son bouclier d'argent cinq écussons d'azur.

« Riante couleur qui semble imiter ce beau
« ciel où nous avait apparu le Dieu protecteur
« de nos armes! Les cinq écussons se disposent
« en croix sur le bouclier. Dans les disques légers
« qui le décorent, la piété ingénieuse a su trouver
« l'emblème des trente deniers pour lesquels
« fut vendu le sauveur du monde [23].

« Mais déjà le monarque a ressaisi les armes.
« Dans sa course rapide, il soumet Leyria où
« s'étaient réfugiés les vaincus; Arronchès mal
« défendue par ses fortes murailles; l'illustre
« Santarem et ses plaines charmantes où le Tage
« promène, avec amour, son onde paisible et pure.

« Mafra tombe en son pouvoir. Cintra le reçoit
« dans ses murs : Cintra l'ornement de ces fraîches
« montagnes où Phébé eut jadis un temple. C'est

« là que les Naïades se plongent dans leurs fon-
« taines sacrées pour échapper aux traits brû-
« lants de l'amour qui les poursuit encore au
« fond des eaux.

« Et toi, reine des cités, superbe Lisbonne,
« toi dont le sage Ulysse [24] jeta les fondements
« de la même main qui avait renversé la ville de
« Priam ; souveraine des mers, tu vas fléchir
« sous la puissance portugaise : elle a pour alliée
« une escadre sortie des régions boréales.

« Des bords du Rhin, de l'Elbe et de la Tamise,
« de pieux guerriers allaient aux champs de la
« Palestine combattre les Sarazins. Ils s'arrêtent
« dans les eaux du Tage. Alphonse dont la re-
« nommée s'élevait alors jusqu'aux cieux, Al-
« phonse les associe à sa gloire et dirige leur
« valeur contre la ville d'Ulysse.

« La lune avait cinq fois renouvelé son disque
« lumineux, lorsque, dans un dernier assaut,
« Lisbonne succomba sous les efforts des assié-
« geants. Le carnage fut terrible comme la colère
« des vainqueurs, affreux et prolongé comme le
« désespoir des vaincus.

« Ainsi se rendit à nos armes une cité dont
« les murs avaient bravé l'audace de ces enfants
« du nord qui portèrent jadis l'épouvante jusque
« sur les bords du Tage et de l'Èbre, de ces
« barbares qui firent oublier d'anciens noms et

« donnèrent celui de Vandalie [25] aux terres que
« le Bétis arrose.

« Quand Lisbonne a cédé, quels remparts
« pourront désormais résister à la valeur d'un
« peuple dont le nom seul fait des conquêtes? La
« terreur lui soumet l'Estramadure entière, Obi-
« dos, Torrès-Vedras, Alemquer où des eaux mur-
« murantes portent la fraîcheur et la salubrité.

« Et vous aussi, terres transtaganes [26], si riches
« des trésors de Cérès, vous cédez à la fortune
« des enfants de Lusus; vous leur livrez vos
« villes et vos moissons. Maure usurpateur! Tu
« ne cultiveras plus ces fertiles campagnes; Elvas,
« Moura, Serpa, Alcacer, ne te prêteront plus
« leur abri : tes derniers remparts vont tomber.

« Évora qui, par un canal immense suspendu
« majestueusement dans les airs, reçoit, de vingt
« sources diverses, les eaux limpides dont s'a-
« breuvent son territoire et ses habitants, Évora
« l'antique asyle et le boulevard de Sertorius,
« cède en un moment à l'incroyable audace
« d'un guerrier portugais, de ce fier Giraldo
« qui n'a jamais connu la peur.

« Toujours avide de périls et de gloire, im-
« patient du repos, Alphonse court venger sur
« Béja la destruction de Trancose naguère livrée
« aux flammes par les infidèles. La résistance est
« courte, et la vengeance terrible. Tout ce qui

« respiré dans les murs de la cité est moissonné
« par le tranchant du glaive.

« Cézimbre et Palmella tombent avec elle :
« Cézimbre aux ondes poissonneuses, Palmella
« qui, du haut de son rocher, fut témoin d'une
« victoire inattendue remportée par Alphonse.
« Un ennemi formidable accourait par le revers
« de la montagne au secours de Cézimbre dont
« il ignorait encore le destin. C'était le roi de
« Badajoz. Quatre mille cavaliers, une infanterie
« nombreuse et richement équipée marchaient
« sous ses ordres.

« Tel qu'au retour du printemps, le taureau,
« dans sa fureur jalouse, s'élance en bondissant
« sur l'imprudent voyageur qui vient troubler ses
« amours: tel, apparaissant tout-à-coup, Alphonse
« se précipite sur les infidèles, et dans leurs rangs
« mal gardés sème la terreur et la mort. Leur
« chef épouvanté ne songe plus qu'à sauver sa
« vie. Il fuit, il entraîne avec lui ses soldats frappés
« d'une panique terreur; et cette déroute géné-
« rale est l'ouvrage de soixante cavaliers.

« Alphonse ne laisse point reposer la victoire.
« Il appelle de toutes les parties de son royaume
« des soldats accoutumés à vaincre sous lui, et
« d'une forêt de lances environne Badajoz. Le
« courage impétueux, la froide intrépidité, si-
« gnalent tour-à-tour l'audace et le génie du

« héros ; et bientôt l'altière cité grossit le nom-
« bre de ses conquêtes.

« Mais le ciel, qui diffère quelquefois le châti-
« ment du coupable, soit pour l'amener au re-
« pentir, soit par un dessein mystérieux que les
« mortels ne sauraient pénétrer, le ciel, qui
« l'avait protégé jusqu'alors contre tous les dan-
« gers, va l'abandonner à la malédiction d'une
« mère offensée et captive.

« Il est assiégé dans Badajoz par le roi de
« Léon, Ferdinand, qui redemande son antique
« domaine. Fier du passé, confiant dans l'ave-
« nir, Alphonse se prépare au combat. Déjà ses
« escadrons sont prêts à voler dans la plaine.
« Déjà les portes de fer roulent sur leurs gonds.
« Impatient, il s'élance, les heurte dans sa course,
« et, tout meurtri du choc, va tomber mourant
« au milieu des bataillons ennemis.

« O grand Pompée! ne gémis plus de tes re-
« vers ; pardonne à Némésis, au Destin qui te
« livre à César. Les bords du Phase qu'envi-
« ronnent les frimas, les campagnes de Syène
« que le soleil dévore, l'Ourse glacée et l'ardent
« Équateur ont tremblé au seul bruit de ton nom.

« L'opulente Arabie, les féroces Sarmates, la
« Colchide si célèbre par la toison d'or, la Cap-
« padoce, la Judée qui n'adore qu'un Dieu, les
« Syriens efféminés, les Ciliciens barbares, l'Ar-

« ménie qui reçoit d'une montagne sacrée les
« eaux de l'Euphrate et du Tigre :

« Toute la terre enfin, depuis la mer d'Atlas
« jusqu'à la cime du Taurus, a vu ta gloire et
« tes triomphes. Si la fortune t'abandonne à Phar-
« sale, ne rougis point de ta défaite : le vain-
« queur d'Ourique, Alphonse est dans les fers ;
« il n'en sortira que dépouillé de ses conquêtes.
« Un même destin vous accable : Alphonse est
« vaincu par son gendre, comme tu le fus par
« ton beau-père.

« Les revers du monarque avaient réveillé
« l'audace des enfants de Mahomet ; mais tous
« leurs efforts vinrent échouer contre lui sous
« les murs de Santarem. La justice divine était
« satisfaite. Des soins religieux succédèrent au
« tumulte des armes ; et les vénérables restes de
« Vincent le martyr, transportés du saint pro-
« montoire à Lisbonne, consolèrent la piété des
« peuples.

« Alphonse cependant ne laissera pas impuni
« l'orgueil des infidèles ; mais, fatigué par l'âge,
« il remet son épée en de plus jeunes mains.
« Son fils, le généreux dom Sanche, passe le
« Tage avec une armée, poursuit les Maures
« au-delà de leurs domaines, et va rougir de
« leur sang le fleuve qui baigne les murs de
« Séville.

« De nouveaux trophées l'appellent dans les
« plaines de Béja. Pressée de tous côtés par une
« armée formidable, elle allait succomber. Il y
« vole, il triomphe, et la ville est délivrée. Mais
« le Maure, dans son désastre, conserve encore
« l'espoir de la vengeance.

« Déjà s'assemblent les guerriers du mont
« Atlas. Ils descendent de leurs rochers, entraî-
« nant avec eux l'habitant d'Ampeluse [27] et de
« Tingis où régna jadis Antée. Le Maure d'A-
« byla prend les armes. Aux rauques accents
« de la trompette numide, s'est ébranlé tout le
« royaume de Juba.

« L'empereur de Maroc, Albohacem, conduit
« cette ligne turbulente. Elle roule, à flots pressés,
« sur ses pas. Treize rois, ses vassaux, l'accompa-
« gnent. Il franchit les mers, ravage, épouvante
« la Lusitanie, et court assiéger dom Sanche en-
« fermé dans Santarem; mais son audace lui sera
« funeste.

« Le Maure furieux multiplie les attaques et
« les ruses guerrières. La baliste redoutable, les
« feux souterrains, l'impétueux bélier, ébranlent
« en vain les remparts. Le courage et l'activité
« du héros sont plus grands que les efforts de
« l'ennemi. Il résiste et combat sur tous les
« points.

« Le vieux monarque habitait alors la cité qui

« voit reverdir ses prairies sous les eaux du
« Mondégo [28]. C'est là que, dans un noble loisir,
« il oubliait les fatigues de sa longue et labo-
« rieuse carrière. Mais il apprend le danger de
« son fils. Sa force renaît ; tout le feu de la jeu-
« nesse s'est rallumé dans son cœur.

« Il vole, il arrive avec ses vieux compagnons
« d'armes au secours de dom Sanche. Sous deux
« chefs si grands, la victoire n'est pas long-temps
« indécise. Les Maures sont rompus et défaits.
« La plaine est couverte de turbans, de man-
« teaux, dépouille précieuse; de harnais brisés,
« de chevaux abattus, de cadavres sanglants.

« Les débris de la ligne africaine abandon-
« nent précipitamment la Lusitanie. Albohacem,
« ne les rejoindra plus : la mort a prévenu
« sa fuite. Un cantique de reconnaissance et de
« joie s'élève du camp portugais. Dieu des ar-
« mées! la victoire était ton ouvrage : c'est à toi
« qu'en appartenait la gloire.

« Alphonse se voyait couronné de toutes les
« faveurs de la fortune, quand ce vainqueur de
« tant de peuples fut à son tour vaincu par l'âge.
« La pâle mort vint toucher de sa main glacée
« le corps affaibli du monarque; il paya le tribut
« qu'il devait à la nature.

« Les hauts Promontoires le pleurèrent [29]. Les
« Fleuves attristés roulèrent des larmes dans leur

… « cours, et de leurs flots gémissants couvrirent
« au loin les campagnes. Le souvenir de ses
« vertus était dans tous les cœurs, son nom dans
« toutes les bouches; et les échos de la Lusitanie
« répétaient : Alphonse, Alphonse !... Le héros
« n'était plus.

« Le jeune héritier de sa couronne s'était déjà
« montré digne d'un tel père. Les bords du Bétis
« qu'il teignit du sang des infidèles, les campagnes
« de Séville, où succomba leur formidable armée,
« les murs de Béja, près de céder à leurs efforts,
« avaient vu ses premiers exploits.

« Dom Sanche régnait depuis quelques années,
« lorsqu'il forma le hardi projet d'enlever aux mu-
« sulmans et les remparts de Sylves et ses plaines
« encore sillonnées par le soc des barbares. Il fut
« puissamment secondé par une escadre formi-
« dable qui, des confins de la Germanie, portait
« en Palestine des armes et des soldats.

« Les désastres de la cité sainte avaient con-
« sterné l'Europe. Le Nord s'était ému, et la
« flotte guerrière allait, sur les traces de Frédé-
« ric, au secours de l'infortuné Lusignan dont
« les soldats, vaincus par la soif, s'étaient remis
« avec leur général entre les mains du grand
« Saladin.

« Poussés par la tempête sur les rivages de la
« Lusitanie, les Germains se joignent aux Por-

« tugais : c'était toujours pour eux la guerre sa-
« crée. Alphonse avait dû la conquête de Lis-
« bonne aux guerriers du Nord; dom Sanche leur
« dut à son tour la conquête de Sylves.

« Non content des succès qu'il obtient sur les
« enfants d'Ismaël, il porte la guerre chez les
« peuples de Léon, inquiets rivaux de la Lusi-
« tanie; réduit sous le joug la superbe Tuy, entre
« en vainqueur dans les cités voisines, et les
« force à respecter sa puissance.

« Mais la mort ne respecte point les lauriers
« dont il vient de se couvrir. Son fils lui suc-
« cède, son fils dont la mémoire nous est chère
« encore. C'est le second des Alphonses et le
« troisième de nos rois. Son règne fut marqué
« par le siège fameux d'Alcacer. Cette fière cité,
« si souvent prise et reprise par les Portugais
« et par les Maures, fut pour toujours purgée
« des infidèles.

« Dom Sanche monte après lui sur le trône :
« monarque indolent, sans caractère et sans
« vertu. Les rênes de l'état flottent dans ses
« mains : c'est le règne des favoris. Complice et
« victime de leurs désordres, il soulève contre
« lui la haine et le mépris des peuples, et les
« peuples indignés demandent un autre roi.

« Avait-il donc imité les fureurs de Néron?
« Avait-il, comme l'horrible fils d'Agrippine,

# CHANT TROISIÈME.

« outragé la nature, versé le sang des citoyens,
« brûlé la capitale de ses états? Lui reprochait-
« on les voluptés de Sardanapale, ou la cruelle
« extravagance du plus avili des successeurs
« d'Antonin [30]?

« Ressemblait-il aux tyrans qui jadis épouvan-
« tèrent la Sicile? Avait-il, comme Phalaris, in-
« venté des supplices nouveaux? Non; mais un
« peuple fier, qui jusqu'alors n'avait obéi qu'à
« des rois dignes de ce nom, ne pouvait plus
« avoir pour maîtres que des héros ou des sages.

« Du fond d'une terre étrangère, le frère de
« dom Sanche entend la voix du peuple. Il quitte
« Boulogne et Mathilde, et reparaît aux accla-
« mations de la patrie, tandis que dom Sanche,
« encore chargé du vain titre de roi, va finir
« obscurément dans Tolède une vie dont le cours
« avait été trop long pour sa gloire.

« Le comte de Boulogne, Alphonse-le-Brave,
« a reçu les états de son frère : il saura les con-
« server et les étendre. Gêné dans les étroites
« limites de la Lusitanie, il marche à la con-
« quête des Algarves, autrefois son apanage;
« chasse devant lui le Maure usurpateur, le
« renverse dans vingt batailles; et, d'une main
« triomphante, affranchit à jamais l'antique héri-
« tage des descendants de Lusus.

« Denis, son digne fils, lui succède. Avec lui,

« le Portugal fleurit et prospère. La Paix, fille
« du Ciel, ramène sur cette terre, si long-temps
« agitée, les lois, les mœurs, les arts et l'abon-
« dance. Les bienfaits du prince encouragent
« tous les talents. Il renouvelle le siècle d'A-
« lexandre.

« Coïmbre devient le séjour de Minerve et de
« ses laborieux favoris ; les Muses abandonnent
« l'Hélicon pour les bords fleuris du Mondégo :
« la nouvelle Athènes s'embellit de tous les arts
« de la Grèce. C'est là qu'Apollon distribue des
« couronnes d'or, de baccharis et de laurier.

« De nobles cités sortirent de leurs ruines.
« Des forteresses, des remparts protégèrent le
« royaume; de pompeux édifices l'embellirent;
« et, pour comble de félicité, la Parque respecta
« long-temps les jours d'un monarque si cher à
« la Lusitanie.

« L'impatient héritier de sa couronne, le
« quatrième Alphonse saisit, avec ardeur, les
« rênes de l'état. Fidèle au caractère portugais,
« fier, mais généreux, s'il brave l'orgueil des
« Castillans, il saura les défendre au jour du
« danger. Toute l'Afrique en armes menace
« l'Hespérie. A peine les infidèles auront-ils tou-
« ché les terres de Castille, qu'on le verra voler
« au secours de son rival.

« Jamais Sémiramis ne couvrit de tant de guer-

« riers les campagnes de l'Hydaspe ; jamais ce
« conquérant si terrible à l'Italie, cet Attila qui
« se proclamait le ministre de la colère de Dieu,
« n'entraîna sur ses pas tant de combattants, que
« les souverains de Maroc et de Grenade n'en
« rassemblèrent dans les champs de Tariffe.

« Ce déluge de Barbares épouvante le roi de
« Castille. Peu touché de son propre danger,
« il tremble pour son peuple, pour l'Hespérie
« entière menacée de subir une seconde fois le
« joug des Sarrasins. La jeune reine alarmée,
« la belle Marie, fille du monarque portugais,
« court elle-même implorer pour un époux le
« secours d'un père.

« Elle arrive dans le palais de ses aïeux. Un
« air de tristesse se mêle à l'éclat de sa beauté.
« Ses yeux sont remplis de larmes ; sa blonde
« chevelure flotte en désordre sur ses épaules
« d'ivoire. Tendrement accueillie par Alphonse,
« elle lui adresse, en pleurant, ces paroles sup-
« pliantes :

« Tout ce que l'Afrique a enfanté de peuples
« barbares est descendu sur nos bords. Le tyran
« de Maroc est à leur tête. Jamais, depuis que
« l'Océan embrasse la terre de ses flots, jamais
« on ne vit une armée si formidable. L'outrage
« et la fureur l'accompagnent ; les vivants pâlis-

« sent d'effroi, les morts se troublent dans leurs
« tombeaux.

« Le prince que tu m'as donné pour époux,
« combat presque seul contre l'épouvantable
« armée des infidèles. Il va mourir pour la dé-
« fense de son peuple; et moi, veuve désolée,
« j'irai pleurer dans un exil obscur, sans époux,
« sans royaume et sans espérance.

« O toi, dont le seul nom porte la terreur sur
« les bords du Moluca[31], hâte-toi de secourir un
« peuple malheureux, entends les cris de la
« Castille gémissante. Ah! si ton cœur ne dément
« point la bonté qui respire dans tes yeux, ô mon
« père, hâte-toi, cours, vole : demain peut-être
« il ne sera plus temps.

« Telle autrefois la triste Vénus implora Ju-
« piter en faveur d'Énée que la tempête avait
« égaré sur les flots. Le père des dieux fut ému
« d'une pitié si tendre que, laissant tomber de
« ses mains les redoutables foudres, il exauça
« tous les vœux de sa fille. Que n'eût-elle pas, en
« ce moment, obtenu de Jupiter?

« Mais déjà les escadrons portugais couvrent
« les plaines d'Évora. Les lances, les épées, les
« harnois dorés réfléchissent les feux du soleil.
« Les coursiers impatients hennissent et s'agitent
« sous leurs brillants caparaçons. La trompette

« belliqueuse réveille les courages endormis dans
« la paix, et frappe au loin l'écho des monta-
« gnes.

« Au milieu de ses guerriers paraît le valeu-
« reux Alphonse. Il marche précédé de l'éten-
« dard royal; sa tête altière domine toutes les
« autres : sa fierté, son courage, enflamment les
« cœurs les plus timides. Bientôt il a dépassé la
« frontière de ses états. Marie l'accompagne; la
« terre des Castillans la porte avec orgueil.

« Les deux Alphonses se réunissent dans les
« campagnes de Tariffe. L'armée africaine est
« devant eux, couvrant au loin les plaines et
« les montagnes. Les plus braves sont émus à la
« vue de cette innombrable multitude; mais la
« force du Christ soutiendra le bras de ses en-
« fants.

« Fiers de leur nombre, et vainqueurs en es-
« pérance, les Ismaëlites se partagent déjà les
« terres des vaincus. Leur sourire est insultant,
« leurs paroles menaçantes. Obscurs enfants d'A-
« gar, ils se disent les héritiers d'Abdérame et
« d'Almanzor[32]. Possesseurs de quelques déserts,
« ils se proclament les maîtres des nobles con-
« trées de l'Ibérie.

« Tel se montra jadis, dans la vallée de Téré-
« binthe, l'énorme géant qui fit trembler Saül.
« D'une voix dédaigneuse, il méprisait les armes

« grossières, la jeunesse et l'humble vêtement
« du berger qui s'avançait contre lui. Mais David
« agite la fronde, et, d'un bras que dirige un in-
« visible pouvoir, lance la mort à l'arrogant Phi-
« listin.

« Enfants d'Agar, vous ignoriez que les chré-
« tiens étaient soutenus par une puissance à la-
« quelle l'enfer lui-même est contraint d'obéir !
« Cette force divine anime les deux rois. Le
« Castillan s'avance, à pas mesurés, contre les
« guerriers de Maroc; le Portugais, plus ardent,
« se précipite sur l'armée de Grenade.

« Les lances, les épées résonnent sur l'orbe
« des boucliers ; les combattants se mêlent et
« se confondent, invoquant à la fois, les uns
Mahomet, les autres le belliqueux saint Jac-
« ques [33]. Les blessés poussent des cris vers le
« ciel. Leur sang coule par torrents, et forme un
« lac horrible où se noient leurs compagnons
« échappés au tranchant du glaive.

« Les soldats de Grenade opposent vainement
« à l'impétuosité portugaise leur pesante armure.
« Ils tombent et périssent sous l'acier qui les
« couvre. Le guerrier lusitanien ne s'arrête point
« à ce premier triomphe ; il vole au secours du
« Castillan que pressaient encore les soldats de
« la Mauritanie.

« Le char du soleil descendait vers le palais

« de Téthys ; son flambeau pâlissant annonçait
« le retour de Vesper, quand la victoire se dé-
« clara pour les deux rois. Les Maures déses-
« pérés s'abandonnèrent à leur destin, et les
« derniers rayons du jour éclairèrent la plus
« épouvantable défaite dont le monde ait gardé
« la mémoire.

« Le vainqueur des Cimbres en immola trois
« fois moins, alors qu'il fit boire à ses soldats
« des eaux teintes du sang des Barbares. Le Car-
« thaginois qui, dès l'enfance, avait juré la perte
« de Rome, signala sa fureur par un moindre
« carnage, alors que trois boisseaux se rempli-
« rent des anneaux des chevaliers romains.

« Toi seul, ô Titus, toi seul as pu envoyer au-
« tant d'âmes au royaume des morts, dans cette
« lamentable journée où tu ensevelis tout un
« peuple sous les ruines de Jérusalem et de son
« temple. Mais n'en fais pas honneur à la force
« de ton bras. Il n'était que l'instrument des
« vengeances célestes ; il accomplissait les pa-
« roles des prophètes et les oracles du Christ.

« De retour dans ses états, Alphonse ne son-
« geait plus qu'à jouir en paix de sa grandeur et
« de sa gloire, lorsqu'un tragique évènement
« vint troubler les jours de sa vieillesse. O toi
« qui sauves les mortels de l'oubli, mémoire,
« redis-moi la funeste aventure de cette Beauté

« malheureuse [34], à qui l'amour avait promis
« une couronne, et qui ne l'obtint qu'au tom-
« beau.

« Amour, toi qui règnes en tyran sur tes su-
« jets les plus fidèles, sa mort fut ton ouvrage :
« c'est toi qui la punis de son obéissance à tes
« lois. Impitoyable Dieu, il est donc vrai que les
« larmes ne peuvent adoucir la soif qui te dé-
« vore, et que le sang humain doit couler sur
« tes autels [35].

« Tu vivais, belle Inez, solitaire et tranquille,
« abandonnant ton ame à ces illusions, hélas!
« si passagères, qui embellissent le printemps
« de la vie. Les rives du Mondégo fleurissaient
« sous tes pas. Son onde pure aimait à réfléchir
« ton image [36], et les échos du vallon répétaient
« le nom chéri que tu venais de leur apprendre.

« A ta douce rêverie répondaient les douces
« pensées de l'amoureux dom Pèdre. Pendant
« les heures de l'absence, il savait te retrouver
« encore; la nuit, dans la fugitive erreur d'un
« songe; le jour, dans les tendres souvenirs qui
« de son cœur volaient vers le tien. Tout ce qu'il
« voyait, tout ce qu'il entendait, tout lui rap-
« pelait Inez et le bonheur.

« Nulle autre beauté ne peut lui plaire, nul
« autre hymen ne saurait le tenter. Amour,
« amour! est-il pour un cœur que tu possèdes,

« est-il dans l'univers d'autres charmes que les
« tiens, un autre bonheur que celui dont tu
« l'enivres ? Cependant le vieux roi s'inquiète et
« s'irrite. Le peuple murmure. Il demande, pour
« l'héritier du trône, un de ces nobles hyménées
« qui consolident la puissance des rois, et as-
« surent le destin des états.

« Le prince n'entend ni les vœux du peuple,
« ni les conseils d'un père et d'un roi. Inez le
« tient enchaîné : la mort seule pourra les dés-
« unir.... Inez mourra : Alphonse a prononcé
« l'arrêt. C'est dans le sang de l'infortunée qu'il
« veut éteindre le feu qui brûle au cœur de dom
« Pèdre. Ah! quelle fureur commande à la glo-
« rieuse épée qui fut la terreur du Maure, de
« se lever sur une Beauté faible et timide !

« Des bourreaux la traînent aux pieds d'Al-
« phonse. Le monarque est ému; mais une af-
« freuse politique demande qu'elle périsse. Inez
« pleure et gémit. La vie n'est point ce qu'elle
« regrette le plus : elle pleure au souvenir du
« prince qu'elle adore, de ses enfants qu'elle va
« quitter pour toujours.

« Dans sa douleur, elle lève vers le ciel ses
« yeux noyés de larmes, ses yeux, car des nœuds
« cruels pressaient ses mains captives[37]. Et rame-
« nant ses regards sur ces jeunes orphelins qui,
« dans un âge encore si tendre, resteront seuls

« sur la terre, elle adresse ces paroles à leur
« inflexible aïeul:

« Les monstres des forêts, les farouches habi-
« tants des airs, ont quelquefois, à la vue de l'en-
« fance abandonnée, oublié leur instinct féroce.
« Une louve a nourri Romulus et son frère; l'oi-
« seau ravisseur a secouru Sémiramis aux déserts
« de l'Assyrie.

« O toi, qui reçus de la nature les traits et le
« cœur d'un homme (si le cœur d'un homme a
« pu vouloir la mort d'une femme timide et sans
« défense, dont tout le crime est de captiver
« celui qui fut son vainqueur), seras-tu sans
« pitié pour les tristes enfants d'Inez? Ah! sois
« touché de leur misère et de la mienne. Que
« leur innocence te désarme, puisque celle de
« leur mère n'a pu trouver grace à tes yeux.

« Ta main victorieuse a su, dans les combats,
« donner la mort aux infidèles. Ne saurais-tu
« donc aujourd'hui accorder la vie à une infor-
« tunée qui n'a point mérité de la perdre?
« Si mon amour t'offense, qu'un éternel exil
« m'en punisse. Relègue-moi aux glaces de la
« Scythie, aux sables brûlants de l'Afrique, dans
« un désert sauvage où je puisse ensevelir à ja-
« mais mon infortune et mes larmes.

« Relègue-moi parmi les lions et les tigres; et
« peut-être trouverai-je en eux la pitié que je

## CHANT TROISIÈME. 169

« n'ai point trouvée chez les hommes. Là, seule
« avec ma douleur, avec le souvenir de celui
« qui m'est si cher, j'élèverai les enfants que m'a
« donnés son amour. Ils me parleront quelque-
« fois de leur père, et je ne serai pas tout-à-fait
« malheureuse.

« Le monarque attendri cédait à sa voix plain-
« tive. Il voulait lui pardonner ; mais le peuple
« et les Destins ne lui pardonnent point. Les
« cruels conseillers d'Alphonse pressent l'instant
« fatal. Ils tirent leurs épées. Chevaliers ! de quel
« sang allez-vous teindre vos armes ? Défenseurs
« de la beauté, en deviendrez-vous les bourreaux ?

« Ainsi Pyrrhus autrefois leva le glaive sur la
« jeune et belle Polyxène. Elle était la dernière
« consolation de la vieillesse de sa mère ; mais
« l'ombre d'Achille l'a condamnée. Pyrrhus ap-
« pelle la victime. Elle obéit, semblable à la
« brebis soumise et craintive ; et, jetant sur sa
« malheureuse mère en délire un de ces regards
« qui apaiseraient le courroux des cieux, elle
« s'abandonne au sanglant sacrifice.

« Telle paraît Inez sous le fer de ses meur-
« triers. Ils frappent : des flots de sang inon-
« dent ce sein d'albâtre où reposaient les amours,
« ces lis si purs qu'elle a baignés de tant de
« larmes, cette tête charmante que dom Pèdre
« un jour ornera du diadème. Les monstres, dans

« leur aveugle rage, ne songent point au sup-
« plice qui les attend [38].

« O Soleil, toi qui refusas ta lumière à l'hor-
« rible festin d'Atrée [39], osas-tu bien éclairer un
« spectacle non moins funeste? Profondes vallées,
« qui avez entendu les derniers accents d'Inez,
« le dernier son de sa bouche expirante, le nom
« de son fidèle dom Pèdre, vous l'avez redit en
« longs échos [40].

« Comme la fleur des champs [41] se flétrit, à
« peine éclose, et perd son parfum sous la main
« folâtre de la bergère trop pressée d'en orner
« sa guirlande : telle pâlit et se décolore la mou-
« rante Inez. Ses traits s'effacent, ses yeux s'é-
« teignent, les roses de son teint ont disparu
« avec sa vie.

« Au bruit de son trépas, les nymphes du
« Mondégo furent saisies de douleur. Des ruis-
« seaux de larmes coulèrent de leurs yeux, et
« formèrent une source pure, éternel monument
« de leurs regrets. Les nymphes affligées lui don-
« nèrent le nom qu'elle porte encore, le doux
« nom des Amours d'Inez. Passant, vois cette
« claire fontaine : elle arrose des fleurs; ses eaux
« sont des larmes... C'est la fontaine des Amours [42].

« Le jour de la vengeance ne tarda pas à pa-
« raître : dom Pèdre, à peine monté sur le trône,
« poursuivit les meurtriers fugitifs. Ils lui furent

« livrés par un autre dom Pèdre [43] dont la mé-
« moire épouvante encore la Castille. Des nœuds
« sanglants unirent les deux monarques, et rap-
« pelèrent le pacte inhumain d'Octave avec An-
« toine et Lépide.

« Implacable ennemi du vol, du meurtre et
« de l'adultère, dom Pèdre fut juste, mais cruel;
« le malheur avait aigri son ame. On le vit con-
« templer avec une joie féroce le supplice des
« coupables. Mais du moins il purgea les cités
« de leurs superbes oppresseurs; sa justice im-
« mola plus de brigands qu'il n'en tomba sous
« les coups d'Alcide et de Thésée.

« L'inexorable prince eut pour fils et pour
« héritier le faible Fernand. Plongé dans les plai-
« sirs, le nouveau roi livra son pays sans défense
« aux ravages des Castillans. La couronne chan-
« cela sur sa tête; l'État tout entier pencha vers
« sa ruine : on eût dit que les Portugais ne con-
« naissaient plus de patrie. Ce sont les rois faibles
« qui énervent les nations fortes.

« Une passion fatale, des liens coupables, en-
« chaînaient l'indolent monarque. Épris de Léo-
« nore, il l'avait arrachée des bras d'un premier
« époux; et tranquille à l'abri d'un honteux hy-
« men, il oubliait, au sein de la mollesse, la sûreté
« de son empire et l'honneur de sa couronne.

« Tant le cœur se flétrit dans l'esclavage des
« sens !

« Jamais le ciel n'épargna ces lâches faiblesses.
« La ruine d'Ilion, la chute de Tarquin, la fin
« déplorable d'Appius, les malheurs de David,
« la destruction de la tribu de Benjamin, les
« fléaux qui accablèrent Sichem et Pharaon, ces
« grandes calamités des peuples et des rois,
« eurent leur source dans une passion crimi-
« nelle.

« Rien de généreux, rien de grand ne ger-
« mera dans les cœurs où règne la volupté. Elle
« brise les ressorts de l'ame, elle dégrade les
« héros eux-mêmes. Alcide amoureux revêt les
« habits d'une femme et tourne le fuseau. An-
« toine, au mépris de sa gloire, fuit sur les traces
« de Cléopâtre [44]. Et toi, noble vainqueur de
« Cannes, une vile esclave t'enchaîne à Capoue.

« Mais comment échapper [45] aux pièges qu'a-
« mour sait nous tendre entre les lis et les ro-
« ses, entre l'or d'une blonde chevelure et l'al-
« bâtre qui se dérobe sous un voile transparent?
« Comment résister au pouvoir d'une tête enchan-
« teresse ? Plus dangereuse que celle de Méduse
« qui transformait les cœurs en rochers, elle les
« change en brasiers dévorants.

« Quel mortel est à l'épreuve d'un coup-d'œil,

« d'un sourire de la beauté? Quelle défense op-
« poser à des charmes célestes qui pénètrent
« les ames et ne laissent plus sentir que le besoin
« d'aimer? O vous, qui avez connu l'amour et
« son ivresse, pardonnez à Fernand. L'amour,
« qui le rendit si coupable, l'amour est encore
« son excuse.

FIN DU CHANT TROISIÈME.

# NOTES
## DU CHANT TROISIÈME.

1. Maintenant, Calliope, apprends-moi ce que
   Gama raconta au roi de Mélinde.

Fidèle au plan qu'il s'est tracé, Camoens va faire entrer dans son poëme l'histoire entière de la Lusitanie. Une belle description de l'Europe, suivie d'un aperçu rapide sur les temps antérieurs à la monarchie portugaise, formera l'introduction de cette poétique histoire. Il la suivra de règne en règne, depuis le comte Henri, premier souverain du Portugal, jusqu'au grand Emmanuel qui ordonna l'expédition d'Orient. Il fera plus : pour ne rien négliger de ce qui honore ses compatriotes, il annoncera au 10ᵉ chant, par une prédiction placée dans la bouche de Téthys, toutes les actions remarquables des vice-rois des Indes, depuis François d'Almeida jusqu'à Jean de Castro. Camoens cependant n'imitera pas la scrupuleuse exactitude de l'auteur de la Pharsale. Les lieux, les temps, seront à peine indiqués : son histoire marchera avec la rapidité et quelquefois avec le désordre apparent d'une composition lyrique. Aussi n'est-ce point à Clio, muse de l'histoire, qu'il s'adresse en ce moment; c'est à la muse héroïque, à Calliope.

Pour aider la mémoire du lecteur, et le familiariser d'avance avec les personnages que le poète se contentera de peindre à grands traits, nous donnerons ici l'histoire très-abrégée de chacun des princes nommés dans le 3ᵉ chant. *La première note du quatrième* présentera dans le même ordre la suite des rois de Portugal jusqu'à Emmanuel inclusivement; et dans *la première du dixième*, nous placerons le tableau des vice-rois : de sorte que les trois notes réunies contiendront tout ce qu'il importe de savoir pour la prompte et facile intelligence de la partie historique du poëme.

## LE COMTE HENRI.

On a long-temps disputé sur l'origine du comte Henri. La chronique des rois de Portugal, dressée par Galvan et suivie par Camoens, le fait naître d'un roi de Hongrie qu'elle ne nomme point, et que certains savants ont cru être Étienne Iᵉʳ. D'autres ont prétendu qu'il était de la maison de Lorraine; et Camoens, comme on le voit par la 9ᵉ stance du 8ᵉ chant, rapporte lui-même cette opinion, sans l'adopter ni la combattre.

> Nós Hungaro o fazemos, porem nado
> Crem ser em Lotharingia os estrangeiros.

*Nos historiens lui donnent pour berceau la Hongrie, et les étrangers la Lorraine.*

D'autres enfin le font neveu de Godefroy qui conquit Jérusalem.

Toutes ces opinions ont été détruites par un manuscrit du XIIᵉ siècle, trouvé dans l'abbaye de Fleury, et imprimé à Francfort par le savant Pierre Pithou. C'est d'après ce manuscrit que Théodore Godefroy publia, en 1624, son traité de l'origine des rois de Portugal, où il prouve que ces princes descendent en ligne directe de l'auguste maison de France. Robert le Saint, fils de Hugues Capet, eut deux fils, Henri I, roi de France, et Robert duc de Bourgogne. De Henri descendent les rois de France; et de Robert, les rois de Portugal.

Le comte Henri, arrière-petit-fils de Robert le Saint, était passé en Espagne avec quelques chevaliers français attirés, comme lui, par la réputation du Cid. Il y fit des prodiges de valeur contre les infidèles, et reçut pour récompense, en 1072, le *gouvernement* du Porto et la main de la princesse Thérèse, fille d'Alphonse VI, roi de Castille.

En 1094, il eut un fils dont la naissance causa tant de joie au roi Alphonse, que ce monarque donna à son gendre, *en toute souveraineté*, le Porto et ses dépendances.

On voit que Camoens a resserré les évènements, et rapproché deux époques séparées par un intervalle de vingt-deux ans. Dans l'histoire, la récompense accordée par le roi de Castille au comte Henri n'est d'abord qu'un simple gouvernemen : dans le poëme, c'est une couronne. « Il n'y a « jamais eu d'évènements dans le monde, dit l'auteur de la « Henriade, tellement disposé par le hasard, qu'on pût en « faire un poëme épique, sans y rien changer. Il ne faut pas « avoir plus de scrupule dans le poëme que dans la tragédie « où l'on pousse beaucoup plus loin la liberté des change- « ments; car, si l'on était trop servilement attaché à l'histoire, « on tomberait dans le défaut de Lucain qui a fait une gazette « en vers au lieu d'un poëme épique. »

Le règne de Henri fut du reste aussi heureux que l'avait été son gouvernement du Porto. Il triompha des Maures dans vingt batailles, réunit à ses nouveaux états une partie de leur territoire, et fit même quelques conquêtes sur les peuples de la Galice et du royaume de Léon. Son voyage à la Terre-Sainte est fort douteux; mais il suffisait que ce voyage fût une opinion reçue en Portugal, pour que Camoens ne laissât pas échapper ce moyen de donner plus de relief au fondateur de la monarchie portugaise. Il y revient encore, avec complaisance, à la 9ᵉ stance du 8ᵉ chant, que nous avons déjà citée dans cet article.

> Despois de ter co'os Mouros superado
> Gallegos, e Leoneses cavalleiros,
> A' casa sancta passa o sancto Henrique,
> Porque o tronco dos reis se sanctifique.

*Après avoir vaincu les Maures, les peuples de la Galice et les guerriers de Léon, le pieux Henri va sur le tombeau du Christ sanctifier la tige de nos rois.*

Ce prince mourut à l'âge de soixante-dix-sept ans, laissant au jeune Alphonse des états puissants et respectés de leurs voisins, des trésors considérables conquis sur les infidèles, et quelque chose de plus précieux encore, un ami dont il avait éprouvé lui-même les talents et la fidélité, qu'il avait donné pour gouverneur à son fils. C'est cet Egas-Moniz dont nous verrons tout-à-l'heure l'admirable dévouement.

## ALPHONSE I.

Alphonse, à la mort de son père, était trop jeune encore pour gouverner. La comtesse Thérèse fut chargée de la régence; mais oubliant ce qu'elle devait à la mémoire de Henri et à sa propre dignité, elle contracta avec Ferdinand, comte de Transtamare, un mariage secret que quelques historiens ont révoqué en doute. Quoi qu'il en soit de la vérité de ce mariage, le favori régna sous le nom de la régente et abusa de son pouvoir. Le jeune prince craignit de se voir lui-même dépouillé de ses états. Né avec une ame ferme et courageuse, et aidé des conseils d'Egas-Moniz, il leva des troupes; et, les armes à la main, demanda compte à Transtamare des actes de la régence. Les deux partis se rencontrèrent dans les plaines de Guimaraens, où Transtamare fut battu et fait prisonnier avec la comtesse Thérèse. Alphonse se montra plus que généreux envers le comte qu'il se contenta de bannir du Portugal, et plus que sévère envers la comtesse qu'il fit enfermer dans une étroite prison. Thérèse indignée implora le secours du roi de Castille. Alphonse VI n'était plus; mais son successeur, Alphonse VII, saisit avidement ce prétexte d'envahir le Portugal, et de le réunir à la Castille dont il avait été détaché par Alphonse VI. Alphonse de Portugal triompha de ce nouvel ennemi près de Valdevès, à quelque distance de Ponte de Lima. Il est probable que la victoire ne fut pas aussi complète que l'ont écrit les historiens portugais, puisque, bientôt après, le jeune Alphonse se vit assiégé dans Guimaraens par l'armée castillane. Il s'y défendit avec toute l'opiniâtreté de son caractère, et la fierté que lui inspirait le souvenir de Valdevès; mais Guimaraens était mal approvisionné pour un siége. La famine se faisait déjà sentir, et les maladies affaiblissaient journellement la garnison. Dans cette extrémité, Egas-Moniz prit la résolution hardie d'aller, à l'insu de son maître, trouver le roi de Castille, et de lui promettre foi et hommage de la part du prince, si les Castillans consentaient à s'éloigner de Guimaraens. La probité du négociateur, le crédit dont il jouissait sur l'esprit de son élève, ne permirent pas au roi de Castille de douter que cette démarche ne fût autorisée par Alphonse. Il en douta d'autant moins qu'Egas-Moniz s'était engagé à se remettre entre ses mains, avec sa femme et ses enfants, dans le cas où le prince refuserait de ratifier le traité. Il se détermina donc à lever le siége, et reprit avec son armée le chemin de Tolède. Alphonse de Portugal, étonné de cette retraite, le fut bien davantage encore quand il sut de quel prix il devait payer sa délivrance. Outré de colère, il déchira le traité. Egas-Moniz n'avait plus qu'un parti à prendre, celui que l'honneur lui dictait. Il se rendit à Tolède avec sa famille entière, se jeta aux pieds du roi, et attendit tranquillement son arrêt. Le monarque eut assez de grandeur d'ame pour lui pardonner.

Aussitôt que le prince Alphonse eut dissipé les ligues extérieures et intérieures que Thérèse, du fond de sa prison, était parvenue à former contre lui, il tourna ses armes contre les Maures, avec le dessein de leur enlever les terres qu'ils possédaient au-delà du Tage. Elles étaient sous la domination d'Ismar, qui se hâta d'appeler à son secours ses nombreux vassaux. Il y en avait quatre parmi eux, qui portaient, ainsi que lui, le titre de roi. Ismar réussit, selon les historiens portugais, à rassembler une armée de 300,000 hommes. Les Portugais n'en avaient que 13,000 qui battirent les 300,000 d'Ismar. C'est la célèbre bataille d'Ourique où Alphonse fut proclamé roi par ses soldats, à la suite d'une apparition miraculeuse dont il leur fit lui-même le récit. Le jour de la bataille, au lever de l'aurore, il avait vu du côté de l'orient un rayon lumineux se développer tout-à-coup dans les airs, et former un cercle de feu autour d'une croix, du haut de laquelle Jésus-Christ lui avait dit : « Alphonse, tu seras vainqueur de tes ennemis. Je suis le « dieu des armées, l'arbitre de la victoire, le distributeur « des royaumes. Tu trouveras dans ton peuple un courage et « des ressources que tu n'attendais pas. Aujourd'hui même, « il t'offrira le titre de roi : n'hésite pas à l'accepter. » Alphonse vivait dans un siècle d'ignorance; mais on voit qu'il était fort supérieur à son siècle.

Après la bataille d'Ourique, son premier soin fut de convoquer à Lamégo les états du royaume, pour y faire confirmer par la nation le vœu de l'armée. De toutes les lois qui furent alors promulguées, la plus remarquable, la seule même qui soit restée, est celle qui exclut du trône de Portugal quiconque ne serait pas né Portugais. Cette loi était dirigée par la prévoyance d'Alphonse contre les prétentions de l'Espagne, comme on a vu depuis en France, à l'avènement de Philippe de Valois, la loi salique opposée comme barrière insurmontable aux prétentions de l'Angleterre.

Qu'il nous soit permis de rapporter ici un mot plein de sens, que nous avons entendu à Lisbonne de la bouche d'un négociant de cette ville. C'était en 1808. On s'entretenait d'un changement éventuel de dynastie, changement que le départ de la maison de Bragance pour le Brésil semblait conseiller à la politique de Napoléon. Le négociant opposait à l'introduction d'une dynastie étrangère la loi fondamentale que nous venons de citer. « Où est cette loi? « lui dit, en l'interrompant, un officier français. Quel re-« gistre public en constate l'authenticité? — Elle est écrite, « lui répliqua son adversaire, au *verso* de la page où se « trouve la loi salique. » C'est qu'en effet il est des lois qui ne s'écrivent que sous la dictée du temps, et qui reçoivent de l'antique respect des peuples une autorité que tous les registres du monde ne sauraient donner à des lois encore récentes.

Pour ne point laisser refroidir l'enthousiasme de son armée, Alphonse reprit le cours de ses conquêtes sur les Maures. Les Infidèles occupaient toujours quelques places fortes dans les provinces méridionales; Lisbonne était en leur pouvoir. Alphonse résolut de les en chasser. Tandis qu'il méditait ce projet, un heureux hasard amena dans les eaux du Tage une armée navale composée de Français, d'Anglais et d'Allemands qui allaient à la Terre-Sainte sous la conduite de Guillaume Longue-Épée, duc de Normandie.

Ils s'associèrent à l'entreprise d'Alphonse; et après un siége de cinq mois, la place fut emportée d'assaut. La chute de Lisbonne entraîna celle d'un grand nombre de villes.

Tant de succès inquiétèrent les Espagnols qui, d'ailleurs, voyaient avec peine que le prince Alphonse eût pris le titre de roi. Ferdinand, roi de Léon, qui avait épousé une fille du monarque portugais, fut le premier à lui susciter des embarras. Il finit par lui déclarer la guerre et vint l'assiéger dans Badajoz. Alphonse se disposait à combattre, lorsqu'en sortant des remparts, il fut poussé par son cheval sur une porte de fer, avec tant de violence qu'il en reçut une dangereuse contusion. Affaibli par sa blessure, il n'en livra pas moins la bataille; mais il la perdit et tomba entre les mains des Espagnols, qui exigèrent de lui le sacrifice de tout ce qu'il possédait dans la Galice et dans le royaume de Léon. Il avait alors soixante-quinze ans.

Il en avait quatre-vingt-dix, quand les Maures encouragés par ses revers et par son grand âge, firent une irruption en Portugal, et allèrent investir Santarem où l'infant dom Sanche s'était enfermé. A cette nouvelle, le vieux roi part de Coïmbre, et par une marche rapide les rejette sur la place, tandis que dom Sanche, prévenu de l'arrivée de son père, en sortait pour les combattre. Les Maures surpris et déconcertés ne firent qu'une faible résistance, et laissèrent sur le champ de bataille la plus grande partie de leur armée.

Cet exploit termina la carrière militaire de ce grand homme; il mourut peu de temps après, âgé de quatre-vingt-onze ans. Il en avait régné soixante-trois.

## SANCHE I.

Trois jours après les funérailles d'Alphonse, dom Sanche fut proclamé roi et couronné. Quoique brave et faisant bien la guerre, il s'appliqua particulièrement à repeupler les villes, à en fonder de nouvelles, à faire fleurir l'agriculture trop négligée sous son prédécesseur, à réparer enfin les ravages des barbares. Le seul évènement remarquable de son règne fut la prise de Sylves en Algarve. Il fut aidé dans cette conquête par des Croisés du nord qui s'étaient embarqués pour la Syrie, et allaient au secours de Lusignan, roi de Jérusalem. C'était toujours pour eux, selon l'expression de Camoens, la guerre sacrée, *o sancto Marte*.

Dom Sanche mourut en 1212, après vingt-six ans de règne. Il était si cher à ses peuples qu'ils l'avaient surnommé le père de la patrie.

## ALPHONSE II.

Alphonse II, fils de dom Sanche, avait toutes les qualités de son père. Il rétablit l'ordre dans l'administration de la justice, réforma le clergé; et s'apercevant que, pour échapper au service militaire, un grand nombre de jeunes Portugais, sans vocation véritable pour la vie religieuse, se réfugiaient dans les cloîtres, il força les moines de cette espèce à servir l'état et la religion contre les Infidèles. Le pape Honoré III intervint dans cette affaire et mit le royaume en interdit. Le roi demeura ferme, et répondit aux excommunications par des victoires sur les ennemis du nom chrétien. Il finit par reprendre sur les Infidèles la ville d'Alcacer do Sal, après une bataille sanglante livrée sous les murs mêmes de la ville. Il mourut en 1223.

## SANCHE II.

Sanche avait à peine vingt ans, lorsqu'il parvint à la couronne. Sa première démarche fut de se réconcilier avec le clergé qui s'était brouillé avec son père. Cet acte de condescendance qui semblait devoir assurer le repos de son règne, fut la source de tous ses malheurs. La noblesse en fut mécontente, soit qu'attachée à la mémoire du père, elle blâmât la conduite opposée du fils, soit qu'ayant profité des revenus enlevés aux monastères, elle craignît de s'en voir dépouiller.

Toutefois les commencements de ce règne furent heureux: dom Sanche remporta plusieurs avantages signalés sur les Maures. Ces premiers succès suspendirent les haines et les murmures; mais en même temps, ils enflèrent l'orgueil des ministres qui s'attribuaient tout l'honneur des victoires. Sanche avait reçu de la nature une ame droite, un cœur généreux, mais une facilité de caractère qui le livrait sans défense à quiconque essayait de le gouverner. Ses favoris disposèrent à leur gré des emplois et des honneurs, dissipèrent les finances de l'état, humilièrent les grands; et le peuple dont il avait été d'abord l'idole, fit cause commune avec la noblesse. Les prêtres, les religieux, s'élevèrent eux-mêmes contre lui à l'occasion d'un évêque du Porto qu'il avait dépossédé de son siége. Irrité de leur ingratitude, il alla contre eux beaucoup plus loin que son père. Alphonse II avait réformé le clergé; Sanche II le persécuta, malgré les menaces réitérées de la cour de Rome.

Une révolution se préparait; on publiait hautement que dom Sanche était incapable de régner. Les grands appuyaient ces discours du peuple, et provoquaient à grands cris le renvoi des favoris. Le roi, un instant effrayé, promit tout et ne tint aucune de ses promesses. Les emplois publics, les dignités, le produit des impôts, continuèrent d'être la proie des favoris et de leurs adhérents. Les grands renouvelèrent leurs plaintes, le peuple ses doléances, et le pape ses menaces. Rien ne put arracher dom Sanche à l'esclavage où le tenaient ses ministres.

Le pape alors ( c'était Innocent IV ) ordonna à l'évêque du Porto et à celui de Coïmbre de comparaître au concile de Lyon, pour y rendre compte de la conduite du roi. Les deux évêques, auxquels se réunirent l'archevêque de Brague et les propres ambassadeurs du Portugal au concile, loin de justifier leur maître, le chargèrent encore davantage. Ils obéissaient aux instructions secrètes d'Alphonse, frère du roi, héritier présomptif de la couronne de Portugal : car dom Sanche n'avait point d'enfants. Alphonse avait épousé Mathilde, comtesse de Boulogne, et résidait alors en France. Les prélats portugais se rendirent auprès de lui et le reconnurent pour régent du royaume. Il se transporta lui-même à Lyon, et négocia si bien avec le pape que celui-ci, par une bulle adressée à tous les sujets du roi Sanche, nobles ou roturiers, leur ordonna, sous peine d'excommunication, d'obéir en tout au comte de Boulogne ; la bulle est du 24 juillet 1245. Un religieux de l'ordre de Saint-Dominique eut l'audace de la notifier à dom Sanche. Le roi céda tranquillement à l'orage, et se retira à Tolède auprès du roi de Castille. Il honora son malheur par des vertus privées ; et beaucoup de bons esprits le regardent encore aujourd'hui comme un de ces princes que les historiens ont immolés à des concurrents plus heureux. On croit qu'il mourut en 1248, trois ans après sa sortie du royaume.

# NOTES

## ALPHONSE III.

Ce prince ne prit le titre de roi qu'après la mort de son frère. Sa régence fut extrêmement agitée. Des villes, des généraux restèrent fidèles à dom Sanche. Au nombre des amis du malheur, on compte dom Garcie et dom Ferdinand de Souza. Ils s'étaient retirés à Trancose, au moment où la révolution se déclarait à Lisbonne. Ayant appris que dom Sanche avait résolu de se retirer en Castille, dom Garcie alla le trouver à Moreira, lui donna respectueusement d'excellents conseils, et lui offrit son bras et celui de ses frères. Malgré ses conseils et ses offres, le roi continua sa route: il était encore sous la domination des ministres qui l'avaient perdu. C'est de ces généreux Souza que descendent les Souza d'aujourd'hui, si dignes, à tous égards, d'avoir eu de tels ancêtres.

On cite encore l'inébranlable fidélité de Martin Freitas. Il commandait dans Coïmbre et supportait, avec un courage opiniâtre, toutes les privations inséparables d'un long siége, lorsque dom Sanche mourut. Alphonse s'empressa de l'en avertir; mais Freitas craignant une surprise, demanda et obtint une suspension d'armes, afin d'aller à Tolède s'assurer par lui-même de la vérité du rapport. Là, il se fit ouvrir le tombeau du roi, lui remit dans les mains les clefs de Coïmbre et lui adressa ces paroles: « Sire, tant que vous avez vécu, j'ai
« essuyé mille dangers, souffert la soif et la faim, mangé du
« cuir et bu de l'eau croupie, pour soutenir vos droits et vous
« prouver ma fidélité. A présent que vous êtes mort, je re-
« mets entre vos mains les clefs de la ville dont vous m'aviez
« confié la garde. Je dirai aux habitants de Coïmbre que vous
« ne vivez plus, et que nous pouvons obéir à votre frère,

« sans manquer à nos devoirs envers vous. » Il faudrait plaindre celui qui ne serait point touché de l'énergique simplicité de ce discours.

Alphonse fit oublier par une administration sage et vigoureuse, ce que le principe de son élévation pouvait avoir d'odieux. Il cicatrisa les plaies qu'avait faites au royaume le règne des favoris, courba sous la loi commune le clergé, la noblesse et le peuple, et donna de l'éclat à son gouvernement par la conquête des Algarves.

Comme les calculs de la politique le dirigeaient bien plus que les affections naturelles, il répudia la comtesse Mathilde, et épousa Béatrix, fille du roi de Castille. Il en eut plusieurs enfants, et mourut en 1279, après trente-quatre ans de règne. Il en avait vingt-sept, quand la révolution le porta sur le trône.

## DENIS.

Le règne de ce prince fut de quarante-six ans. C'est l'âge d'or du Portugal. Comme Sanche I, Denis fit fleurir les sciences et les arts qu'il cultivait lui-même avec succès, encouragea la culture des terres, releva les villes abattues, protégea le commerce, fonda des hospices, et fit respecter ses frontières.

C'est de son temps que l'ordre des Templiers fut aboli. Leurs biens formèrent la dotation d'un nouvel ordre militaire établi sous le nom d'Ordre du Christ, et qui subsiste encore glorieusement aujourd'hui.

La fin de sa vie fut troublée par l'ambition de son fils Alphonse, à qui l'impatience de régner mit les armes à la main contre son père. Denis parvint à apaiser tous ces troubles, et mourut tranquillement à Santarem, le 7 février 1325, dans la soixante-troisième année de son âge.

# NOTES

## ALPHONSE IV dit le BRAVE.

Deux évènements également célèbres, quoique d'une nature bien différente, font époque dans le règne d'Alphonse IV : la bataille de Tariffe et la mort d'Inez de Castro.

L'empereur de Maroc, Albohacem, appelé par le roi de Grenade, était descendu en Espagne avec une armée formidable. Le roi de Castille avait tenté vainement de s'opposer à la descente. Son escadre, commandée par l'amiral d'Aragon, avait été détruite : l'Espagne entière se crut reportée au temps de Roderic et du comte Julien. Le roi de Castille, Alphonse, onzième du nom, eut recours au roi de Portugal. La reine Marie, fille du monarque portugais, fut chargée de la négociation. Le danger menaçait les deux Alphonses ; ils oublièrent les prétentions réciproques qui les avaient longtemps divisés, réunirent leurs forces contre l'ennemi commun, et vinrent lui présenter la bataille dans les environs de Tariffe dont il avait formé le siége. Les Infidèles, après une longue résistance, furent mis en pleine déroute. Il en périt plus de deux cent mille, si l'on en croit les historiens espagnols et portugais. Deux fils d'Albohacem furent tués à ses côtés ; et lui-même n'échappa à la mort qu'en fuyant vers Algésiras où il se rembarqua précipitamment avec les débris de son armée, tandis que le roi de Grenade courait se renfermer dans sa capitale.

Avant la bataille, les deux rois avaient tenu conseil. La plupart des généraux étaient d'avis d'éviter le combat pour ne pas risquer tout en un jour. Le roi de Portugal combattit noblement cet avis, et son opinion entraîna celle du conseil. C'est à lui que les deux armées attribuèrent l'honneur de la victoire, en lui décernant, par acclamation, le titre de BRAVE. De l'immense butin fait sur les Infidèles, il ne prit pour lui que l'étendard et la trompette du roi de Maroc.

Des chagrins domestiques l'attendaient à son retour. Dom Pèdre son fils, marié depuis l'année 1335, à Constance, fille de dom Manuel, petit-fils du grand Ferdinand, avait conçu une passion violente pour Inez de Castro, dame d'honneur de la princesse. Constance était belle et vertueuse; elle adorait dom Pèdre; et la découverte qu'elle fit des amours du prince, la conduisit au tombeau. Le peuple, les grands, la plaignirent, et, n'osant accuser dom Pèdre, se répandirent en murmures, en conjectures odieuses contre Inez, qui cependant pleurait la mort prématurée de Constance. Dom Pèdre, toujours plus épris de sa maîtresse, lui donnait hautement tant de marques de respect et d'amour, qu'on ne doutait presque point qu'il ne l'eût épousée, et que son dessein ne fût de la placer avec lui sur le trône, après la mort d'Alphonse. Le roi, pour s'en assurer, lui proposa un mariage aussi utile à l'état qu'honorable pour lui. Dom Pèdre s'y refusa constamment. Éclairé par ce refus, lisant de loin dans l'avenir, et craignant qu'un jour les enfants d'Inez ne parvinssent à ravir la couronne au jeune prince que dom Pèdre avait eu de Constance, excité d'ailleurs par ses conseillers intimes, dom Diego Lopez Pacheco, dom Pedro Coelho, et par le grand sénéchal du royaume, tous trois ennemis déclarés de la famille des Castro, le roi consentit à sacrifier Inez à ce qu'ils appelaient la raison d'état. Affermi dans ce dessein, il partit de Montemayor, accompagné de ses trois favoris, et se rendit à Coïmbre où Inez vivait fort retirée. Là, des chevaliers, des hommes distingués jusqu'alors par des actions dignes de leur naissance, assassinèrent de sang-froid une femme qui n'avait pour défense que sa jeunesse, sa beauté, ses larmes et les cris de ses enfants.

Dom Pèdre au désespoir prit les armes, porta le fer et la flamme dans les provinces où étaient situés les biens des meurtriers, et ne reparut à la cour, que lorsque Pacheco, le sénéchal et Coelho se furent eux-mêmes bannis du royaume.

Alphonse IV ne survécut pas long-temps à cette catastrophe. Il mourut en 1352, âgé de soixante-dix-sept ans.

## DOM PÈDRE.

Le premier acte de sa puissance fut de venger la mort d'Inez. Pacheco et ses deux complices furent déclarés traîtres à la patrie et leurs biens confisqués; mais c'était peu pour une ame aussi ardente, aussi ulcérée que l'était celle de dom Pèdre. Les proscrits s'étaient réfugiés en Espagne: il obtint leur extradition de Pierre-le-Cruel, à qui il livra en échange quelques seigneurs castillans qui avaient cherché un asyle en Portugal. Le sénéchal et Coelho furent mis à mort sous les fenêtres du palais: la plume se refuse à retracer les circonstances de leur supplice. Pacheco s'était échappé.

Cette sanglante exécution terminée, dom Pèdre voulut rendre les derniers honneurs à Inez, et la proclamer reine de Portugal. Il se transporta d'abord dans la ville de Cantanhede. Là, en présence de la noblesse et du clergé, il jura qu'il avait épousé Inez de Castro, et produisit les témoins de leur union: après quoi, les prélats déclarèrent au peuple le mariage de dom Pèdre et d'Inez.

Il se rendit ensuite à Coïmbre, au couvent de Sainte-Claire. Inez fut exhumée, revêtue des habits royaux, et placée sur un trône avec une couronne sur la tête. Les grands, les seigneurs de la cour la reconnurent pour leur souveraine, et lui baisèrent les mains. Un char magnifique, suivi d'un long cortége en deuil, la conduisit au monastère d'Alcobaça, lieu de la sépulture des rois de Portugal. La pompe funèbre marchait entre deux files de flambeaux qui bordaient la route depuis Coïmbre jusqu'à Alcobaça. Là, les tristes restes d'Inez furent rendus au cercueil.

Après avoir ainsi réhabilité la mémoire de son amante, il s'adonna tout entier aux soins de son gouvernement. Il réforma les lois et les mœurs; mais il porta dans ses réformes une rigueur qui fut quelquefois de la cruauté. De simples délits étaient punis de mort, aussi bien que le vol et l'adultère. Il fit trancher la tête à un gentilhomme qui avait coupé les cercles du tonneau d'un laboureur. Il y a loin de cette manière de rendre la justice à celle dont saint Louis, assis au pied d'un chêne, la distribuait à ses sujets.

Dom Pèdre mourut à Estremos, le 18 janvier 1367. Il avait vécu quarante-huit ans et en avait régné neuf. Il fut inhumé dans le monastère d'Alcobaça, à côté du tombeau d'Inez.

## DOM FERNAND.

Jamais prince ne parvint à la couronne sous des auspices plus favorables. Le Portugal jouissait d'une paix profonde. Le commerce était florissant, les campagnes bien cultivées, et les finances en bon ordre. Tous ces avantages se perdirent par l'insouciance du roi et par la faiblesse de son caractère, par des guerres mal entreprises et mal conduites, par son penchant immodéré pour les plaisirs, et enfin par la passion aveugle que lui inspira Léonor Tellez, déjà mariée à dom Laurent da Cunha. Fernand fit casser le mariage, et épousa solennellement Léonor, au grand scandale de ses sujets. Cette femme artificieuse, qui osa même lui donner un rival dans la personne du comte Andeiro, l'un des favoris du

monarque, l'entraîna de faute en faute, et mit le royaume
à deux doigts de sa perte. Fernand commençait à ouvrir les
yeux sur le caractère de son favori et sur la conduite de la
reine, lorsqu'il tomba dangereusement malade. Il mourut à
Lisbonne, le 22 octobre 1383.

## 2. Descends de la cime fleurie du Parnasse, etc.

Cette invocation à Calliope rappelle le beau début de l'ode
de J.-B. Rousseau, sur la naissance du duc de Bretagne.

> Descends de la double colline,
> Nymphe dont le fils amoureux,
> Du sombre époux de Proserpine
> Sut fléchir le cœur rigoureux.
> Viens servir l'ardeur qui m'inspire;
> Déesse, prête-moi ta lyre,
> Ou celle de ce Grec vanté
> Dont l'impitoyable Alexandre,
> Au milieu de Thèbes en cendre,
> Respecta la postérité.

## 3. Tu veux connaître les Lusitaniens, leurs guerres, leurs triomphes, et jusqu'à leurs premiers pas dans la carrière des nations.

Le poète qui va devenir l'historien de sa patrie, suppose,
avec vraisemblance, que le roi de Mélinde, instruit du grand
objet de la navigation des Portugais, veut remonter jusqu'à
l'origine d'une nation capable d'une pareille entreprise. Ainsi
commence cette longue chaîne dont le premier anneau se

rattache à Lusus, ancien compagnon d'armes de Bacchus, et le dernier à Gama, second conquérant des Indes.

### 4. Je vais, selon tes désirs, te présenter le tableau de la grande région, etc.

On sait combien tous ces détails de géographie sont généralement ingrats et stériles. Pomponius Mela en fait la remarque au commencement de son ouvrage : *Orbis situm dicere aggredior, impeditum opus et facundiæ minimè capax.* J'entreprends la description de l'univers, ouvrage difficile et qui ne se prête point aux ornements du discours. Les détails que Pomponius Mela trouvait si rebelles à la prose même, Camoens n'a pas craint de les mettre en vers ; et ce morceau de son poëme n'est pas le moins riche en expressions pittoresques. On le verra au V$^e$ chant, dans le récit de la navigation de Gama, et au X$^e$, dans la description générale du globe, lutter, avec le même bonheur, contre des difficultés encore plus grandes, et couvrir de poésie l'aridité de son sujet.

### 5. Le Tanaïs.

Aujourd'hui le Don. Camoens suit ici l'ancienne géographie de Ptolémée, dont les cartes placent dans les monts Ryphées la source du Tanaïs. Ce fleuve prend naissance au midi de Moscou, à une grande distance des monts Ryphées qui terminent au nord-est la Russie d'Europe. On les appelle les monts Poyas.

## 6. Au pied de ces montagnes, et dans leurs profondes vallées, vivent errants des peuples divers qui jadis disputèrent d'antiquité avec la vieille Égypte.

Justin raconte fort au long et d'une manière qui nous a paru curieuse sous plus d'un rapport, cette grande contestation des Scythes et des Égyptiens.

« Scytharum genus antiquissima semper habita: quanquam inter Scythas et Ægyptios *dia* contentio de generis vetustate fuerit: Ægyptiis prædicantibus: » « Initio rerum, quum aliæ « terræ nimio fervore solis arderent, aliæ rigerent frigoris « immanitate, ita ut non modò primæ generare homines, sed « ne advenas quidem recipere ac tueri possent, priusquam « adversùs calorem vel frigus velamenta corporis invenirentur, vel locorum vitia quæsitis arte remediis mollirentur; « Ægyptum ita temperatam semper fuisse, ut neque hyberna « frigora, nec æstivi solis ardores incolas ejus premerent; « solum ita fecundum, ut alimentorum in usum hominum « nulla terra feracior fuerit. Jure igitur ibi primùm homines « natos videri debere, ubi educari facillimè possent. » « Contrà, Scythæ cœli temperamentum, nullum esse vetustatis argumentum putabant: » « Quippe naturam, quum primùm « incrementa caloris ac frigoris regionibus distinxit, statim « ad locorum patientiam, animalia quoque generasse; sed « et arborum atque frugum, pro regionum conditione, aptè « genera variata. Et quantò Scythis sit cœlum asperius quàm « Ægyptiis, tantò et corpora et ingenia esse duriora. Cæte- « rùm si mundi, quæ nunc partes sunt, aliquando unitas fuit, « sive illuvies aquarum principio rerum terras obrutas te- « nuit, sive ignis, qui et mundum genuit, cuncta possedit,

« utriusque primordii Scythas origine præstare. Nam si ignis
« prima possessio rerum fuit, qui, paulatim extinctus, sedem
« terris dedit; nullam priùs quam septentrionalem partem,
« hyemis rigore ab igne secretam; adeò ut nunc quoque
« nulla magis rigeat frigoribus : Ægyptum verò, et totum
« Orientem, tardissimè temperatum; quippe qui etiam nunc
« torrenti calore solis exæstuet. Quòd si omnes quondam
« terræ submersæ profundo fuerunt; profectò editissimam
« quamque partem decurrentibus aquis primùm detectam :
« humillimo autem solo eamdem aquam diutissimè moratam;
« et quantò prior quæque pars terrarum siccata sit, tantò
« priùs animalia generare cœpisse. Porrò Scythiam adeò edi-
« tiorem omnibus terris esse, ut cuncta flumina ibi nata, in
« Mæotim, tùnc deindè in Ponticum et Ægyptium mare de-
« currant : Ægyptum autem, quæ tot regum, tot seculorum
« curâ impensâque munita sit, et adversùm vim incurrentium
« aquarum tantis structa molibus, tot fossis conscissa, ut
« quum his arceantur, illis recipientur aquæ, nihilominùs
« coli, nisi excluso Nilo, non potuerit, non posse videri ho-
« minum vetustate ultimam, quæ, sive ex aggerationibus re-
« gum, sive Nili trahentis limum, terrarum recentissima
« videatur. »          (Just., initio lib. 2.)

« Les Scythes ont toujours passé pour le peuple le plus ancien de la terre. Cependant les Égyptiens leur ont long-temps
disputé cette gloire. Ces derniers prétendaient « qu'au com-
« mencement du monde les différents climats étaient ou brû-
« lants ou glacés à un tel point, que loin que les hommes
« pussent y naître, les étrangers ne pouvaient ni s'y établir
« ni s'y conserver, avant que l'art eût défendu les corps
« contre les impressions du chaud et du froid, par l'inven-
« tion des vêtements, ou corrigé les incommodités des lieux
« par d'autres moyens nouveaux; mais que le ciel de l'Égypte

« était, au contraire, si tempéré, que les habitants ne souf-
« fraient ni des rigueurs de l'hiver, ni des feux de l'été, et
« que le sol y était plus fécond que partout ailleurs en toutes
« sortes d'aliments nécessaires à la vie; qu'il était donc rai-
« sonnable de penser que la première patrie des hommes
« devait être le pays où il leur était si facile de subsister. »
Les Scythes soutenaient de leur côté, « que la température
« du climat ne prouvait nullement qu'une contrée eût été
« la plus anciennement habitée; que lorsque la nature dis-
« tingua les différentes régions par les divers dégrés de chaud
« ou de froid, elle donna en même temps la vie à des ani-
« maux capables de supporter chaque disposition de l'air,
« et diversifia sagement les espèces d'arbres et de fruits, se-
« lon la qualité des climats; que si le ciel de la Scythie était
« plus âpre que celui de l'Égypte, les Scythes avaient aussi
« le corps et l'esprit plus vigoureux que les Égyptiens; qu'au
« reste, si le monde, aujourd'hui divisé en plusieurs par-
« ties, ne formait autrefois qu'un seul tout, soit qu'origi-
« nairement les eaux en eussent couvert toute la surface,
« soit que le feu, principe de l'univers, l'eût totalement oc-
« cupé, dans l'une ou l'autre supposition, les Scythes étaient
« la nation la plus ancienne : car si le monde avait d'abord
« été rempli par le feu, la terre où il s'était éteint peu à peu
« avait été la première habitable; que les contrées septen-
« trionales avaient été, plutôt que les autres, dégagées du
« feu par la rigueur du froid, puisqu'aujourd'hui même le
« septentrion est la partie du monde la plus froide; qu'au
« contraire, l'Égypte et tout l'Orient avaient été tempérés
« plus tard que toutes les autres régions, étant encore brûlés
« par les feux ardents du soleil; que si la terre avait été ja-
« dis entièrement submergée par les eaux, il n'était pas dou-
« teux que ses parties les plus élevées n'eussent été plutôt
« desséchées par l'écoulement de ces eaux, lesquelles durent

« séjourner très-long-temps dans les plus basses, et que la
« contrée qui avait été desséchée la première, n'eût été aussi
« la première à produire des animaux ; que la Scythie était
« si évidemment la région la plus élevée du monde, que tous
« les fleuves qui en sortent vont se décharger dans les Palus-
« Méotides, et de là dans les mers du Pont et de l'Égypte :
« mais que l'Égypte ne pouvait passer pour la plus ancienne
« des terres habitées, puisque, malgré les soins et les dé-
« penses de tant de rois, qui avaient travaillé pendant tant
« de siècles à la défendre contre le torrent des eaux, soit en
« la munissant de hautes chaussées, soit en la coupant par
« de nombreux fossés, afin que les eaux retenues d'un côté
« pussent s'écouler de l'autre, elle n'était capable de culture
« qu'après la retraite du Nil ; qu'il semblait, au contraire, et
« par les digues qui avaient été faites par les rois, et par les
« tas de limon que le fleuve y charrie, qu'elle était la contrée
« du monde la plus moderne. »

(Traduction de M. l'abbé PAUL.)

Justin trouve le plaidoyer des Scythes beaucoup plus fort
de raisonnement que celui des Égyptiens, et se prononce en
faveur des premiers. L'auteur des *Lusiades* s'en rapporte à
la Genèse.

7. Peuples aveugles qui cherchiez à connaître le berceau du genre humain, que ne le demandiez-vous aux campagnes de Damas?

Il est vraisemblable que, par une figure de rhétorique très-
familière aux poètes, l'auteur prend ici la partie pour le tout;
et que par les campagnes de Damas, il entend toute cette région de l'Asie où coulent l'Euphrate et le Tigre qui, d'après
la Genèse, arrosaient le Paradis terrestre.

### 8. L'île des Scandinaves.

Le poëte désigne ainsi cette partie de l'Europe septentrionale d'où sortirent les peuples guerriers qui, sous la conduite d'Alaric, portèrent en Italie le ravage et l'incendie et saccagèrent la ville de Rome en 409. Scudéry a fait d'Alaric le héros d'un poëme dont on ne connaît plus que le premier vers :

Je chante le vainqueur des vainqueurs de la terre.

### 9. Ils ont conservé la barbarie des Sarmates, leurs ancêtres.

On reconnaîtrait difficilement dans les Russes de Pierre-le-Grand, de Catherine II et d'Alexandre I$^{er}$, les peuples demi-barbares dont parle Camoens; mais, à l'époque où il écrivait, les Russes n'étaient guère que des Sarmates : Pierre-Alexiowitz n'avait pas encore paru.

### 10. Les monts d'Hercynie.

Les monts d'Hercynie donnaient leur nom à une forêt qui, du temps de Jules-César, couvrait toute l'Allemagne, la Haute-Hongrie et la Pologne. Elle s'étendait depuis les confins de l'Alsace jusqu'à la Transylvanie. Il en reste encore quelques portions dont la plus considérable s'appelle la *Forêt-Noire*.

### 11. Le détroit qui vit tomber Hellé.

La peste ravageait Iolchos. Un oracle déclara que les Dieux s'apaiseraient, si le roi consentait à leur immoler les derniers rejetons de la famille royale. En vertu de cet oracle, Phryxus

## DU CHANT TROISIÈME. 199

et sa sœur Hellé allaient être sacrifiés, lorsqu'ils furent tout à coup entourés d'un nuage, et transportés par un bélier au-dessus de la mer qui sépare Iolchos de la Colchide Effrayée du bruit des flots, Hellé se noya dans l'endroit que les anciens nommèrent l'Hellespont et que nous appelons le détroit des Dardanelles. Phryxus continua son voyage. Arrivé à Colchos, il sacrifia le bélier à Jupiter, en prit la toison qui était d'or, et la suspendit à un arbre dont la garde était confiée à un dragon. C'est cette fameuse toison d'or qui fut depuis conquise par les Argonautes.

### 12. Les froides eaux de l'Axius.

Aujourd'hui le *Vardari*. Cette rivière a sa source dans les montagnes qui s'élèvent entre la Macédoine et l'Albanie, et va se jeter dans le golfe de Saloniki, anciennement Thessalonique.

### 13. Non loin de l'antique cité d'Anténor.

Padoue. Anténor, à la tête d'une colonie partie du pays des Hénètes, dans l'Asie-Mineure, pénétra en Illyrie, et traversant les provinces Illyriennes que Virgile appelle le pays des Liburniens, il arriva au fond du golfe où se trouvait le Timave, torrent encore connu aujourd'hui sous le nom de *Timao*. Anténor, en redescendant au midi, entra en Italie, fonda la ville de Padoue et donna au pays dont il s'empara le nom de *Henetia* ou *Venetia*, et au canton où il établit sa colonie, celui de *Pagus Trojanus*. (M. Valckenaer déjà cité à la note 13e du IIe chant)

> Hic tamen ille urbem Patavi sedesque locavit
> Teucrorum, et genti nomen dedit, armaque fixit
> Troia.
> ( Æneid., lib. I, v. 251.)

Là, lui-même à Padoue, en dépit de Junon,
A son peuple a donné ses armes et son nom.
(Delille.)

## 14. Les montagnes où fut ensevelie la nymphe Pyrène.

Pyrène, fille de Bébryx, roi de cette partie de l'Espagne qui confine à la France, fut séduite par Hercule. Fuyant la colère de son père, elle se sauva dans les montagnes et y fut dévorée par les bêtes sauvages. Hercule l'ensevelit sur une de ces montagnes qu'on appela depuis *Pyrénées*. Leurs mines précieuses ont fait dire qu'il en coulait des ruisseaux d'or et d'argent. Diodore de Sicile prend la chose à la lettre. Il prétend qu'une troupe de pasteurs ayant un jour allumé du feu sur ces montagnes, l'incendie consuma de vastes forêts et produisit un embrasement tel que les métaux fondus dans le sein de la terre jaillirent et coulèrent de toutes parts. Ainsi, selon Diodore, le nom de *Pyrénées* viendrait de *pur*, *puros* qui en grec signifie feu.

## 15. L'inquiète Parthénope.

Naples portait d'abord le nom de Parthénope (chant de la vierge) du nom d'une syrène qui, n'ayant pu séduire Ulysse, alla mourir de désespoir sur ce rivage. Le nom italien de *Napoli* est la contraction de deux mots grecs *nea polis*, ville nouvelle. De *Napoli*, les Français ont fait *Naples*.

M. de La Harpe remarque que c'est avec raison que Camoens lui donne l'épithète d'*inquiète*. Elle est parfaitement justifiée par les fréquentes révolutions dont cette ville a été le théâtre, et par le voisinage du Vésuve.

16. *C'est mon pays, mon cher pays.*

Gama déroule aux yeux du roi de Mélinde la carte de l'Europe. Après l'avoir parcourue rapidement du nord au midi, il s'arrête sur l'Espagne avec un intérêt plus marqué. On s'aperçoit qu'il touche au Portugal et que déjà son cœur s'émeut. Il arrive à la Lusitanie.

> Esta he a ditosa patria minha amada;
> A' qual se o ceo me dá que en sem perigo
> Torne, com esta empreza já acabada,
> Acabe-se esta luz alli comigo!

*C'est mon pays, mon cher pays. Puisse le ciel y ramener mes heureux navires! Puissé-je, à la fin de ma laborieuse entreprise, revoir ses doux rivages, les fouler encore et mourir!*

Le souvenir de la patrie le pénètre et l'attendrit; tout son cœur s'y reporte: mais l'honneur et l'intérêt de cette patrie qu'il regrette l'en tiendront long-temps séparé. Il n'y rentrera qu'à la fin de sa laborieuse entreprise, *com esta empreza já acabada.* Oh! qu'alors la Providence l'y ramène, qu'il aperçoive encore une fois les rivages qui l'ont vu naître, et il ne demandera plus qu'à mourir. *Acabe-se esta luz alli comigo!*

Celui qui écrit ces notes se trouvait à Lisbonne en 1808. La mer était alors fermée aux Français par une escadre anglaise, et la terre par les Espagnols en armes. La France ne se montrait plus à lui que dans un vague éloignement: il se crut exilé à mille lieues de sa patrie. Que de fois sur les bords du Tage, les yeux tournés vers l'autre rive, il a répété la touchante exclamation de Gama! Consolé par Camoens, il fit vœu de révéler un jour aux Français les beautés de son poëme; et ce vœu de l'exil, il l'accomplit aujourd'hui.

### 17. Le pâtre fameux dont le nom seul annonce la force et le courage.

Viriate. L'auteur fait dériver ce nom de *vir*, homme valeureux, ou de *vires*, forces, courage. Nous reparlerons de Viriate à la 3<sup>e</sup> note du VIII<sup>e</sup> chant.

### 18. Alphonse régnait en Espagne.

Alphonse, sixième du nom, était le second fils de ce Ferdinand de Castille à qui ses peuples décernèrent le titre de Grand, et qui dut en partie sa grandeur à dom Rodrigue Ruy Diaz de Bivar, si connu sous le nom du Cid. Alphonse est un des exemples les plus frappants des vicissitudes de la fortune. Dépouillé d'abord du royaume de Léon par son frère dom Sanche, roi de Castille, comme son autre frère, dom Garcie, l'avait été de son propre apanage ; confiné dans le monastère de Sahagun, puis réfugié à la cour d'Alimaon, roi de Tolède, il se vit tout à coup, à la mort de dom Sanche, maître en même temps de la Castille, du royaume de Léon, de la Galice et de la Lusitanie. Il n'oublia pas dans la prospérité les hommes généreux qui ne l'avaient point abandonné dans son malheur, et qui sous son père avaient rendu tant de services à l'état. Nous avons vu à la 1<sup>re</sup> note du chant qui nous occupe, de quelle manière il récompensa le zèle et le dévouement du comte Henri.

Le règne d'Alphonse VI, quoique mêlé de revers, fut glorieux pour l'Espagne. Après la mort d'Alimaon, et de Hissem fils de ce prince, il enleva Tolède à la domination des Infidèles, et porta sa nation au plus haut degré de puissance où elle fût parvenue depuis la décadence des Goths.

## 19. Et toi, fille de Nisus, etc.

Minos assiégeait Mégare où régnait Nisus. Scylla, fille du roi, se plaisait à considérer du haut d'une tour le camp des ennemis. La figure guerrière de Minos, son noble maintien, son adresse à manier un coursier, la frappèrent tellement qu'elle en devint éperdument amoureuse, et coupa le cheveu fatal auquel tenaient le sort de Mégare et la vie de Nisus. Celui-ci, en la poursuivant, fut changé en épervier; mais Scylla lui échappa sous la forme d'une alouette. Leur inimitié dure encore.

> Apparet liquido sublimis in aere Nisus,
> Et pro purpureo pœnas dat Scylla capillo.
> Quàcumque illa levem fugiens secat æthera pennis,
> Ecce, inimicus atrox, magno stridore per auras
> Insequitur Nisus : quà se fert Nisus ad auras,
> Illa levem fugiens raptim secat æthera pennis.
> (Georgic. lib. I, v. 404.)

> Tantôt l'affreux Nisus, avide de vengeance,
> Sur sa fille à grand bruit du haut des cieux s'élance;
> Scylla vole et fend l'air; Nisus vole et la suit:
> Scylla, plus prompte encor, se détourne et s'enfuit.
> (Delille.)

## 20. Perillus.

C'était un des bourreaux de Phalaris, tyran d'Agrigente en Sicile. Il avait forgé un taureau d'airain, où l'on enfermait la victime désignée par le tyran. Sous ce taureau on allumait un grand feu, et les cris du patient imitaient le mugissement de l'animal représenté par l'épouvantable machine. Phalaris en fit l'essai sur Perillus lui-même.

Antoine Baïf, cité par Duperron de Castéra, raconte ainsi, dans son vieux style, la mésaventure de Perillus.

> Phalar roi d'Agrigent, rempli de félonie,
> Exerça sans merci jadis sa tyrannie
> Sur ses pauvres sujets, par tourments inventés,
> Les faisant bourreler fièrement tourmentés.
> Or le fondeur Péryl, de soi peu pitoyable,
> Pensant faire au tyran un présent agréable,
> Forge un taureau d'airain pour un nouveau tourment,
> Où le criminel clos, d'un bœuf le meuglement
> Formerait par son cri, sentant la flamme éprise.
> Phalar voyant ce don, d'une juste entreprise,
> Fait sous l'airain meuglant un brasier allumer,
> Et dedans pour essai le fondeur enfermer :
> Par quoi cettui chétif mourut de male-rage,
> Mugissant comme un bœuf dans son cruel ouvrage.
> Après tant d'innocents meurtris injustement,
> Phalar contre Péryl fut juste seulement.

## 21. Scinnis.

Fameux brigand qui désolait les environs de Corinthe. Il attachait aux branches de deux gros arbres, pliées et abaissées jusqu'à terre, les voyageurs qui tombaient entre ses mains. Les branches, en se redressant tout à coup, mettaient en pièces le corps de ces malheureux. Thésée le fit mourir du même supplice. On a remarqué que les inventeurs de tortures ont presque tous péri de la même manière que leurs victimes.

## 22. Ils sont accompagnés de belliqueuses Amazones.

Il n'était pas rare de voir des femmes dans les armées des Maures. Dom Fernand d'Ataïde avait battu une troupe d'Africains auprès de Tanger: leur capitaine menait avec lui sa maîtresse. Elle le vit fuir, et lui cria : « Est-ce là ce que tu fais « pour moi? Donne-moi la mort, plutôt que de me laisser « esclave. » L'amour et la honte ramenèrent le capitaine. « Célinde, dit-il à sa maîtresse, le jour n'est pas achevé; la « victoire vient du ciel; la force est dans mon bras, et tes « charmes sont dans mon cœur. » Il se retourne, s'élance contre dom Fernand et le tue d'un coup de javelot ( Duperron de Castéra et M. de La Harpe ).

23. Riante couleur qui semble imiter ce beau ciel où nous avait apparu le Dieu protecteur de nos armes! Les cinq écussons se disposent en croix sur le bouclier. Dans les disques légers qui le décorent, la piété ingénieuse a su trouver l'emblème des trente deniers pour lesquels fut vendu le Sauveur du monde.

Nous nous sommes donné une grande liberté dans la traduction de ce passage. Voici le texte portugais :

>     E nestes cinco escudos pinta os trinta
>     Dinheiros por que Deos fora vendido;
>     Escrevendo a memoria em varia tinta,
>     Daquelle de quem foi favorecido.
>     Em cada hum dos cinco, cinco pinta,
>     Porque assi fica o numero cumprido,
>     Contando duas vezes o do meio
>     Dos cinco azues, que em cruz pintando veio.

TRADUCTION LITTÉRALE.

« Et dans ces cinq écussons, il fait peindre les trente de« niers pour lesquels le Sauveur du monde fut vendu, re« traçant en couleurs diverses le souvenir du Dieu qui favorisa

« ses armes. Chacun de ces cinq écussons présente cinq de-
« niers; et l'on arrive au nombre de trente, si l'on a soin de
« compter deux fois celui des cinq disques d'azur qui forme
« le milieu de la Croix. »

Cette aride explication des armoiries de Portugal, ce détail minutieux de leur composition, et surtout ce disque du milieu, sur lequel il faut repasser deux fois pour arriver au nombre de trente s'accordaient mal avec le style de l'épopée. Nous avons indiqué seulement le sens général de la stance, et abandonné les détails, suivant le précepte d'Horace:

Et quæ
Desperat tractata nitescere posse, relinquit.

## 24. Superbe Lisbonne, toi dont le sage Ulysse, etc.

Quelques historiens portugais attribuent à Ulysse la fondation de Lisbonne : ils se fondent sur le nom d'*Ulyssipo* donné de temps immémorial à cette ville. Duperron pense que le nom d'*Ulyssipo* prit naissance du temps de Viriate qui, après avoir secoué le joug des Romains, aurait substitué au nom de *Felicitas Julia* que ces derniers donnaient à Lisbonne, celui de *Lysipolis*, formé de deux mots grecs *lusis*, délivrance, et *polis*, ville.

M. de La Harpe est porté à croire qu'*Ulyssipo* a pu désigner par corruption la ville de Lusus. « Au surplus, ajoute-
« t-il, les lecteurs raisonnables savent bien quel degré de
« croyance il faut donner à toutes ces étymologies presque
« toujours arbitraires et incertaines. »

## 25. Vandalie.

Par corruption, Andalousie. C'est l'ancienne Bétique qui tirait son nom du fleuve Bétis aujourd'hui le *Guadalquivir*.

## 26. Terres Transtaganes.

Terres situées au-delà du Tage, par rapport à Lisbonne; *trans Tagum*; en portugais, *Alemtejo*.

## 27. Ampeluse.

Aujourd'hui le cap Spartel, entre Tanger et Ceuta.

## 28. La cité qui voit reverdir ses prairies sous les eaux du Mondego.

Coïmbre. Elle est connue par son heureuse situation sur une belle rivière, par son université et plus encore par la tragique aventure d'Inez de Castro.

## 29. Les hauts promontoires le pleurèrent.

La stance originale est une de celles que les Portugais admirent le plus. L'harmonie en est sensible à l'oreille la moins exercée.

    Os altos promontorios o choraram;
    E dos rios as aguas saudosas
    Os semeados campos alagaram
    Com lagrimas correndo piedosas;
    Mas tanto pelo mundo se alargaram
    Com fama suas obras valerosas,
    Que sempre no seu reino chamaraõ
    Afonso, Afonso, os eccos: mas em vaõ.

Tout pleura ce héros, nos rives, nos montagnes:
Nos fleuves éperdus, inondant nos campagnes,
Roulèrent dans leur cours des larmes de douleur.

Ses travaux immortels, sa constante valeur,
Faisaient dans l'univers honorer son génie;
Et les échos plaintifs de la Lusitanie
Redemandaient Alphonse. O regrets superflus!
Alphonse, cher Alphonse!... Alphonse n'était plus.
(M. Lefeavre de Juilly.)

Le mois de décembre 1815, dans lequel mourut Alphonse I$^{er}$, fut remarquable par une inondation presque générale. Les montagnes versèrent tous leurs torrents dans la plaine; les rivières et les fleuves se débordèrent. Camoens, par une prosopopée hardie, fait pleurer les montagnes, et grossit de larmes le cours des fleuves. Virgile avait employé la même figure dans l'épisode d'Aristée.

Flerunt Rhodopeiæ arces
Altaque Pangæa, et Rhesi mavortia tellus,
Atque Getæ, atque Hebrus, atque Actias Orithyia.

*Les sommets de Rhodope et de Pangée, la terre de Rhésus, consacrée au dieu Mars, l'Hèbre et les Gètes, Orithye qui des rivages de l'Attique fut transportée jadis dans la Thrace, tout pleura la mort d'Eurydice.*

L'abbé Delille n'a point cru devoir imiter la hardiesse de son modèle. Il se borne à dire:

Le Thrace belliqueux lui-même en soupira;
Le Rhodope en gémit, et l'Hèbre en murmura.

## 30. Le plus avili des successeurs d'Antonin.

L'empereur Bassien Antonin, surnommé Héliogabale. Voluptueux et cruel, il fut la honte et l'effroi du genre humain.

### 31. Moluca.

Fleuve de Mauritanie qui prend sa source dans le mont Atlas.

### 32. Obscurs enfants d'Agar, ils se disent les héritiers d'Abdérame et d'Almanzor.

Ces paroles de Gama sont adroites. Avant de raconter la défaite des Africains, il ménage la fierté du roi de Mélinde, Arabe d'origine, en lui faisant remarquer que les Maures d'Afrique ne sont que la race abâtardie de ces Arabes qui, sous le nom de Sarrasins, jouèrent un si grand rôle dans le moyen âge.

### 33. Le belliqueux saint Jacques.

Saint Jacques de Compostelle, si révéré dans toute la péninsule. Son nom était le cri de guerre des Espagnols.

### 34. Mémoire, redis-moi la funeste aventure de cette Beauté malheureuse, etc.

Camoens interrompt le récit des batailles par la touchante aventure d'Inez. La manière dont il introduit cet épisode est pleine de mélancolie et de sentiment. Le mouvement de sa phrase se ralentit, les couleurs de son style se rembrunissent, tout dispose le lecteur à la scène pathétique dont le poète va le rendre témoin.

### 35. Impitoyable dieu, il est donc vrai que les larmes ne peuvent adoucir la soif qui te dévore, et que le sang humain doit couler sur tes autels.

Le cavalier Marin, dans son poëme d'Adonis, s'est emparé de cette idée :

E non ti basta ogn' hor' da' nostri lumi
Lagrimosi stillar ruscelli e mari,
Ma spesso vuoi che l'infelici amanti
Spargano il sangue; ove son' scarsi i pianti!

Amour, cruel amour! peux-tu trouver des charmes
  A causer nos tourments?
A toute heure, en tout lieu, tu t'abreuves des larmes
  Des malheureux amants.
Peu touché de nos pleurs, tu réponds par des crimes
  Aux soupirs des mortels;
Et tu ris, quand tu vois le sang de tes victimes
  Arroser tes autels.

(M. ARMAND-GOUFFÉ.)

## 36. Les bords du Mondego fleurissaient sous tes pas; son onde pure aimait à réfléchir ton image.

Le texte porte :

Nos saudosos campos do Mondego
De teus formosos olhos nunca enxuto.

L'auteur de la version littérale dont nous parlons dans la préface, traduit ainsi : *Foulant les bords du Mondego dont les ondes recevaient continuellement les pleurs de tes beaux yeux.* Il nous a semblé que le sens indiqué par cette traduction ne serait pas en harmonie avec le commencement de l'octave; *Tu vivais, belle Inez, solitaire et tranquille, abandonnant ton ame à ces illusions, hélas! si passagères qui embellissent le printemps de la vie.* Inez était heureuse, et c'est le tableau de son bonheur que le poète veut mettre en opposition avec le sort qui la menace. Il est bien vrai que le mot *enxuto* signifie communément en portugais es-

*suyé*, *tari*; mais il arrive souvent à Camoens, comme au Dante, comme à Milton, de prendre un mot dans une signification latine. *Enxuto* vient évidemment du latin *exutus*, *dépouillé*; et nous pensons que l'auteur a voulu dire, en faisant allusion aux promenades solitaires d'Inez, que les rives du Mondego étaient, chaque jour, témoins de ses rêveries amoureuses, ou de ses entretiens avec dom Pèdre. Si l'autre sens, au surplus, était préféré par le lecteur, il faudrait modifier ainsi notre traduction : *Les bords du Mondego fleurissaient sous tes pas; à son onde pure, tu mêlais des pleurs d'amour.* Le lecteur choisira.

37. Ses yeux, car des nœuds cruels pressaient ses mains captives.

Lumina, nam teneras arcebant vincula palmas.
(Æneíd. lib. II.)

Ses yeux,... des fers, hélas! chargeaient ses faibles mains.
(Delille.)

38. Les monstres, dans leur aveugle rage, ne songent point au supplice qui les attend.

Inez meurt par un lâche assassinat; les circonstances en sont affreuses; le poète qui les décrit est saisi d'une douleur qu'il ne peut contenir, et dans un transport d'indignation, il nous montre en perspective la punition des bourreaux.

39. O soleil, toi qui refusas ta lumière à l'horrible festin d'Atrée, etc.

Racine semble avoir imité ce mouvement dans Iphigénie.

Et toi, soleil, et toi qui, dans cette contrée,
Reconnais l'héritier et le vrai fils d'Atrée,
Toi qui n'osas du père éclairer le festin,
Recule, ils t'ont appris ce funeste chemin.

On trouve la même pensée dans l'ode de Malherbe sur la mort d'Henri IV.

O soleil, ô grand luminaire,
Si jadis l'horreur d'un festin
Fit que de ta course ordinaire
Tu reculas vers le matin,
Et d'un émerveillable change
Tu couchas aux rives du Gange ;
D'où vient que ta sévérité,
Moindre qu'en la faute d'Atrée,
Ne punit pas cette contrée
D'une éternelle obscurité ?

## 40. Vous l'avez redit en longs échos.

Camoens était sans doute inspiré par le souvenir de ces beaux vers de Virgile :

Eurydicen vox ipsa et frigida lingua,
Ah ! miseram Eurydicen, animâ fugiente, vocabat :
Eurydicen toto referebant flumine ripæ.
(Georgic. lib. IV.)

Là, sa langue glacée et sa voix expirante,
Jusqu'au dernier soupir formant un faible son,
D'Eurydice en flottant murmurait le doux nom.
Eurydice, ô douleur ! touchés de son supplice,
Les échos répétaient : Eurydice, Eurydice.
( DELILLE.)

## 41. Comme la fleur nouvelle, etc.

Purpureus veluti quum flos succisus aratro
Languescit moriens, lassove papavera collo

Demisère caput, pluviâ quum forte gravantur.
( Æneid. lib. IX. )

Tel languit un pavot courbé par la tempête ;
Tel meurt avant le temps, sur la terre couché,
Un lys que la charrue en passant a touché.
( Delille. )

Le tableau du poète portugais est plus étendu que celui de Virgile : les deux poètes ont donné, l'un et l'autre, à leur comparaison la juste mesure qu'indiquait la nature du sujet.

Dans l'Énéide, c'est un jeune guerrier, c'est Euryale qui tombe tout-à-coup sous la lance de Volscens. *Volvitur Eurialus letho.* Dans les Lusiades, c'est une jeune beauté sans défense, qui périt d'une mort cruelle et prolongée. C'est une fleur nouvelle qui, moissonnée avant le temps, perd par degrés son éclat et son parfum. Les ombres du trépas descendent lentement sur la malheureuse Inez ; *ses traits s'effacent, ses yeux s'éteignent, les roses de son teint s'évanouissent avec sa vie.*

42. Passant, vois cette claire fontaine ; elle arrose des fleurs, ses eaux sont des larmes.... c'est la fontaine des amours.

Tel est cet admirable épisode qui, avec la fiction d'Adamastor, a fait la fortune des Lusiades. M. de Florian qui entendait très-bien le texte portugais, en a fait une traduction qui manque, il est vrai, de force et de couleur, mais où l'on trouve l'heureuse simplicité qui faisait le caractère de son talent, des vers faciles et naturels et surtout une fidélité remarquable. Il traduit octave par octave et presque vers par vers.

Vainqueur du Maure, au comble de la gloire,
L'heureux Alphonse, après tant de combats,
Croyait goûter au sein de ses états,
La douce paix que donne la victoire :
O vain espoir! d'Inez le triste sort
D'un si beau règne a terni la mémoire ;
En traits de sang, on lit dans notre histoire
Qu'Inez obtint le trône après sa mort,

Cruel amour, toi seul commis le crime,
La tendre Inez ne vivait que pour toi :
Jamais un cœur ne suivit mieux ta loi ;
Et tu la fis expirer ta victime !
Ainsi les pleurs des malheureux mortels
Pour toi, tyran, n'ont pas assez de charmes ;
Tu veux encor, non content de leurs larmes,
Que de leur sang ils baignent tes autels.

Le front paré des roses du bel âge,
Charmante Inez, dans une douce erreur,
Tu jouissais de ce calme trompeur,
Toujours, hélas ! si voisin de l'orage.
Du Mondego, témoin de ton ardeur,
Tu parcourais les campagnes fleuries,
En répétant aux nymphes attendries
Le nom qu'Amour a gravé dans ton cœur.

Un doux lien à ton prince t'engage ;
Le jeune Pèdre est digne de tes feux :
Un seul moment s'il est loin de tes yeux,
Tout vient aux siens présenter ton image :
Pendant la nuit en songe il est heureux,
Pendant le jour il cherche ta présence ;
Ce qu'il entend, ce qu'il voit, ce qu'il pense,
Tout est Inez pour son cœur amoureux.

A ses sermens Pédro toujours fidèle
A dédaigné les filles de vingt rois.
O dieu d'amour! quand on vit sous tes lois,
Dans l'univers il n'est plus qu'une belle.
De ses refus son vieux père irrité
Apprend bientôt que le peuple en murmure;
Dès ce moment, les droits de la nature
Sont immolés à son autorité.

Le cruel roi, pour vaincre la constance
D'un fils qui doit lui succéder un jour,
Veut dans le sang éteindre tant d'amour,
Et sur Inez fait tomber sa vengeance.
Le fer est prêt : ce fer qui, dans sa main,
Du vaillant Maure abattit la puissance,
Menace alors la beauté sans défense,
Et le héros devient un assassin.

Par des soldats indignement traînée,
Aux pieds d'Alphonse Inez attend son sort :
Le roi la plaint et diffère sa mort;
Mais par le peuple elle était condamnée.
Les fils d'Inez, désolés et tremblants,
Sur son péril témoignaient leurs alarmes;
C'était pour eux qu'elle versait des larmes,
Non pour ses jours moins chers que ses enfants.

Leur désespoir, leurs prières plaintives,
Ont des bourreaux suspendu les fureurs;
Inez au ciel lève ses yeux en pleurs,
Ses yeux,... les fers tenaient ses mains captives.
Elle regarde, en poussant des sanglots,
Ces orphelins dont le sort l'épouvante;
Et d'une voix affaiblie et tremblante,
A leur aïeul elle adresse ces mots :

« Si l'on a vu plus d'un monstre sauvage
« Près d'un enfant oublier ses fureurs ;
« Si l'on a vu ces oiseaux ravisseurs
« Qui sont toujours altérés de carnage,
« Aimer, nourrir la mère de Ninus ;
« Comme l'on dit qu'une louve attendrie
« Avec son lait soutint la faible vie
« Des deux jumeaux Romulus et Remus :

« Vous, qui d'un homme avez la ressemblance
« (Si l'on est tel, quand on prive du jour,
« Pour n'avoir pu résister à l'amour,
« Un être foible et qu'on voit sans défense !)
« Oserez-vous montrer tant de rigueur
« A ces enfants qui demandent ma vie ?
« Regardez-moi, je suis assez punie
« D'avoir su plaire au maître de mon cœur.

« Vous qui savez d'une main triomphante,
« Avec ce glaive à qui tout est soumis,
« Exterminer un peuple d'ennemis,
« Sachez aussi sauver une innocente.
« Si de dom Pèdre il faut me séparer,
« Exilez-moi dans la froide Scythie,
« Dans les déserts brûlants de la Libye,
« Partout, hélas ! où je pourrai pleurer.

« Dans les rochers, loin des lieux où nous sommes,
« Chez les lions, capables d'amitié,
« Je trouverai sans doute la pitié
« Que je n'ai pu trouver parmi les hommes.
« De mes amours ces fruits tristes et doux
« Rempliront seuls mon ame désolée ;
« Et de mes maux je serai consolée,
« En leur voyant les traits de mon époux. »

A ce discours de la tendre victime,
Alphonse ému sent palpiter son cœur,
Mais les destins et le peuple en fureur
Ont résolu de consommer le crime.
Les grands, auteurs de ces affreux complots,
Le fer en main, volent sans plus attendre...
Ciel! arrêtez; vous, nés pour la défendre,
Vous, chevaliers, vous êtes ses bourreaux!

Ainsi Pyrrhus, sur la rive troyenne,
Voulant ravir à la mère d'Hector
Le seul enfant qui lui restait encor,
Des bras d'Hécube arracha Polyxène.
Comme un agneau destiné pour l'autel,
Elle suivit le héros sanguinaire,
Et, ne songeant qu'aux douleurs de sa mère,
Sans murmurer, reçut le coup mortel.

Telle est Inez; le glaive l'a frappée :
Ce sein d'albâtre, où le dieu de l'amour
Plaça son trône et fixa son séjour,
Est déchiré par la tranchante épée;
Ces yeux si doux se ferment pour jamais.
Les assassins, consommant leur ouvrage,
Ne pensent pas, dans leur aveugle rage,
Que Pèdre un jour punira leurs forfaits.

Et toi, soleil, que le coupable Atrée
Fit reculer loin d'un affreux festin,
Ah! tu devais reprendre ce chemin
Le jour qu'Inez à la mort fut livrée.
Et vous, échos du paisible vallon,
A qui sa voix, en mourant, dit encore
Le nom chéri de l'amant qu'elle adore,
En longs accents répétez ce doux nom.

Comme la fleur qui, trop tôt moissonnée,
De la beauté pare un moment le sein,
Fraîche et brillante aux rayons du matin,
Et vers le soir languissante et fanée :
De même Inez, à peine en ses beaux ans,
Descend, hélas! dans la nuit éternelle ;
Sur son visage une pâleur mortelle
A remplacé les roses du printemps.

Le Mondego, dans sa course lointaine,
N'entend partout que de tristes regrets ;
Tout est en deuil : des Nymphes des forêts
Les pleurs bientôt se changent en fontaine.
Ce monument dure jusqu'à ce jour ;
Dans tous les temps mille fleurs l'environnent ;
Et ce beau lieu que des myrtes couronnent,
S'appelle encor la Fontaine d'amour.

Il est étonnant que M. de Florian ait manqué le trait si moral et si touchant qui termine l'épisode.

Vede que fresca fonte rega as flores,
Que lagrimas saõ a agua, e o nome amores.

Dans une traduction inédite que l'auteur, M. Carrion de Nisas, se propose de donner au public avec ses mélanges littéraires, cette dernière stance est rendue d'une manière très-heureuse.

Quand cet horrible coup retentit sur tes rives,
Mondego, quel effroi pour tes Nymphes craintives !
Le long torrent de pleurs qui coula de leurs yeux
En fontaine, dit-on, fut changé par les dieux.
Ses flots murmureront la mémoire éternelle
Et des beaux jours d'Inez, et de sa mort cruelle.
Au bord de ce ruisseau, croissez, funèbres fleurs :
C'est la fontaine, Amour ! ces ondes sont des pleurs.

### 43. Ils lui furent livrés par un autre dom Pèdre, etc.

Dom Pèdre de Castille et dom Pèdre de Portugal traitèrent tous deux leurs ennemis avec une férocité digne d'un siècle barbare. Mais le premier ne vengeait que lui-même et les droits de sa couronne; on le surnomma Pierre *Le Cruel*: le second vengeait son amante; ses rigueurs parurent légitimes, et les cruautés de son règne furent attribuées à la sévérité d'un caractère aigri par le malheur. On l'appela Pierre *Le Justicier*.

### 44. Antoine, au mépris de sa gloire, fuit sur les traces de Cléopatre.

>Dans ses nombreux vaisseaux une reine ose encore
>Rassembler follement les peuples de l'Aurore,
>Elle fuit, l'insensée ! avec elle tout fuit;
>Et son indigne amant honteusement la suit.
>(Louis Racine, poëme de la Religion.)

### 45. Mais comment échapper, etc.

Camoens vient de lancer un terrible anathème contre la passion de l'amour. Mais lui-même a éprouvé, dans toute son ivresse, cette passion dangereuse : l'amour a décidé autrefois du destin de sa vie. Il s'en souvient tout-à-coup; et, par un retour d'indulgence, il jette quelque intérêt sur la faiblesse de dom Fernand.

FIN DES NOTES DU CHANT TROISIÈME.

# LES LUSIADES.

## CHANT QUATRIÈME.

# LES LUSIADES.

## CHANT QUATRIÈME.

« Après une nuit orageuse où le bruit des vagues
« se mêlait au bruit des vents, l'astre du matin
« ramène la sérénité dans les airs, et la paix
« sur les flots. Le navigateur se rassure et dirige
« vers le port sa nef à demi submergée; le ciel
« s'apaise et sourit à la terre : tel s'éclaircit en-
« fin l'horizon de la Lusitanie.

« Fernand n'était plus [1]. Les rênes de l'état
« flottaient dans les mains de la faible Léonor.
« Pour elle, pour d'avides courtisans, la patrie
« épuisait ses trésors; mais elle appelait un ven-
« geur. Il parut : dom Jean fut porté sur le trône.
« Fruit d'un amour que n'avait point avoué l'hy-
« ménée [2], il devait le jour à dom Pèdre. Il en
« fut proclamé l'héritier.

« Son élévation s'annonça par un prodige. Du
« berceau d'un enfant nouveau-né sortit une
« voix miraculeuse. Évora l'entendit. L'enfant,

« dans un élan prophétique, le corps tendu, les
« mains levées vers le ciel, s'écria : Portugal!
« Portugal! Gloire à dom Jean ton libérateur
« et ton roi!

« La haine, si long-temps concentrée dans
« tous les cœurs, éclate de toutes parts. Le
« peuple se soulève. Il frappe, il égorge les pa-
« rents, les amis de Léonor et de l'insolent fa-
« vori qui règne sous son nom. Tant qu'a vécu
« Fernand, Léonor a couvert d'un voile sa pas-
« sion pour Andeiro. Veuve et régente, elle
« s'abandonne à lui sans pudeur et sans frein.

« Le tyran meurt sous le poignard aux yeux de
« son amante. Sa mort est le signal d'un nouveau
« carnage. La fureur populaire s'accroît et s'é-
« tend comme un vaste incendie ; elle atteint
« jusqu'aux ministres des autels : l'un est préci-
« pité du haut d'une tour, comme autrefois le
« jeune Astyanax ; l'autre est immolé dans le
« sanctuaire. Leurs cadavres nus, traînés dans
« la fange, épouvantent les rues de Lisbonne.

« Les crimes de cette époque feraient oublier
« les cruautés de Marius; Rome fut souillée de
« moins d'horreurs, alors que Sylla rentra dans
« ses murs et vengea le sang par le sang. Saisie
« d'effroi, déplorant ses injures et le meurtre
« de son amant, Léonor appelle à grands cris la
« Castille, et proclame Béatrix l'unique héritière
« de la couronne de Portugal.

« Béatrix qu'un nœud sacré unit au monarque
« espagnol, Béatrix est fille de Léonor et de
« Fernand; mais sa naissance est douteuse, et
« l'opinion des peuples la flétrit. Pour soutenir
« les droits et venger l'honneur de sa reine, la
« Castille agite l'étendard de Mars, et de toutes
« les parties de l'empire appelle ses nombreux
« guerriers.

« Des campagnes de Burgos [3] arrivent les vieux
« Castillans. Ils marchèrent autrefois sous les
« drapeaux du Cid. L'intrépide laboureur des
« plaines de Léon accourt sur leurs pas. D'une
« main accoutumée à tracer des sillons, il a re-
« pris ce fer si redouté des infidèles.

« Des murs de Séville s'avancent les Andalous,
« héritiers de la valeur de leurs pères. Ils ont aban-
« donné pour les champs de Bellone les plaines
« fertiles que baigne le Guadalquivir aux ondes
« limpides. On voit paraître à leur suite les no-
« bles insulaires que Cadix, la fille de Tyr, a
« nourris. Ils portent sur leurs enseignes les co-
« lonnes d'Alcide.

« D'autres guerriers sont sortis des remparts
« de Tolède; de Tolède, orgueil de la Castille et
« séjour des rois. Elle est embellie par le Tage
« qui, des vallées de Conca [4], vient baigner ses
« murs et fertiliser ses campagnes. Vous aussi,
« Galiciens farouches, vous allez affronter en-

« core un ennemi dont vous avez tant de fois
« éprouvé la valeur.

« L'infatigable Biscayen répond au signal des
« combats. Ses mœurs sont rudes, son langage
« est grossier; mais son ame est altière : jamais
« il n'endura la servitude ni l'injure. La terre
« de Guipuscoa, les Asturies ont arraché le fer
« de leurs entrailles, pour en armer les valeu-
« reux champions de la cause de Béatrix [5].

« Cette ligue formidable n'a point effrayé le
« monarque portugais. Il n'est fort que de son
« courage, mais son courage est pour lui la che-
« velure de Samson. Il rassemble dans Coïmbre
« l'élite de la nation. Ses vues sont arrêtées; ses
« résolutions, invariables : mais il veut interroger
« les organes du peuple et des grands, observer
« les opinions diverses, et rallier tous les vœux.

« L'assemblée ne manquait pas d'orateurs dont
« la perfide éloquence colorait de spécieux mo-
« tifs une coupable lâcheté. La crainte a glacé
« leur courage. Infidèles à l'honneur, ils vont
« renier leur roi, leur patrie, et comme Pierre,
« s'il le faut, ils renieront leur Dieu.

« Nuno-Alvarès se lève. La frayeur qui s'est
« communiquée au cœur de ses frères [6], n'a
« point pénétré dans le sien. Indigné de leur
« faiblesse, la main sur son épée et bravant la
« terre, la mer et le monde entier, il gourmande,

# CHANT QUATRIEME. 227

« avec rudesse, les volontés flottantes et les per-
« fides incertitudes.

« Quoi donc! s'écrie-t-il, des Portugais refu-
« seront leurs bras à la patrie! Quoi! du sein de
« cette patrie si renommée dans les batailles, il
« sera sorti des enfants assez lâches pour l'aban-
« donner au moment du péril, pour démentir
« la fidélité, le dévouement, les vertus guerrières
« des Portugais, pour consentir à l'asservisse-
« ment de leur pays!

« Eh quoi! n'êtes-vous plus les descendants
« de ces guerriers qui, sous la bannière du fils
« de Henri, surent triompher de ces fiers Cas-
« tillans?, enlever tant de drapeaux, enfoncer
« tant de bataillons et ramener, avec d'immenses
« dépouilles, leurs commandants chargés de fers?

« Les dernières victoires de Denis et d'Alphonse
« sont-elles si loin de nous, que vous en ayez
« déjà perdu le souvenir? Cet ennemi dont le
« seul aspect vous épouvante et vous glace, n'est-
« il pas le même que battaient vos aïeux? Ah!
« si la mollesse de Fernand endormit votre va-
« leur, réveillez-vous sous un roi plein de cou-
« rage. Il ne faut qu'un roi pour changer un
« peuple.

« Et ce roi, vous l'avez; il est votre ouvrage.
« Montrez un cœur aussi grand que le sien; et
« vous serez invincibles, et vous verrez fuir en-

« core devant vous l'ennemi qui fuyait devant
« vos pères. Mais si ma voix ne peut vous émou-
« voir, si la terreur vous enchaîne, restez, guer-
« riers dégénérés, restez : j'irai moi seul, j'irai
« combattre l'étranger.

« Moi seul avec mes vassaux et cette épée (son
« arme à demi-nue étincela dans sa main) je
« défendrai d'une injuste agression notre com-
« mune indépendance. Je soutiendrai l'honneur
« du nom Portugais, je vengerai le prince et la
« patrie, je saurai vaincre enfin l'ennemi qui se
« présente et quiconque oserait trahir la cause
« de mon roi.

« Tel, dans les murs de Canusium[8], se montra
« le jeune Scipion au milieu des soldats romains
« échappés au vainqueur de Cannes. Ils allaient
« céder à la fortune d'Annibal, quand Scipion
« releva leur courage, et les fit jurer sur son
« épée de ne quitter les armes qu'avec la vie.

« Tel Alvarès par ses derniers accents a ra-
« nimé dans tous les cœurs l'amour de la liberté
« et l'ardeur des combats. Les guerriers s'élan-
« cent sur leurs coursiers; ils brandissent leurs
« javelots, et courent en criant d'une voix triom-
« phante : Vive dom Jean ! Vive le libérateur du
« Portugal !

« A cette clameur guerrière, la patrie a tres-
« sailli d'espérance et de joie. On s'agite, on

« s'empresse, on repolit les armes que la rouille
« a noircies dans les loisirs de la paix. Les cas-
« ques sont préparés; les cuirasses, éprouvées.
« Chacun prend l'armure convenable à son rang.
« Les preux ont revêtu l'habit de guerre : il est
« orné de mille devises, emblêmes de leurs
« amours.

« Abrantès voit accourir cette brillante milice :
« Abrantès, où le dieu du Tage épanche à grands
« flots ses liquides trésors. L'avant-garde est
« guidée par un héros qui méritait de conduire
« les formidables armées dont Xerxès couvrit
« jadis l'Hellespont, par Nuno-Alvarès, le fléau
« de la Castille, comme Attila le fut autrefois de
« la Gaule et de l'Italie.

« L'aile droite est sous les ordres de Vascon-
« cellos. Consommé dans l'art de la guerre,
« chéri du soldat, il saura le conduire à la vic-
« toire. L'aile gauche obéit à Vasquez d'Almada :
« le titre de comte d'Avranchez sera le prix de
« sa valeur. A l'arrière-garde se déploie l'éten-
« dard royal avec ses tours et ses cinq écussons.
« Il précède le roi Jean, dont les exploits seront
« enviés du dieu Mars.

« Sur les remparts d'Abrantès se montraient,
« agitées de crainte et d'espoir, les mères, les
« sœurs, les épouses, les amantes, levant les
« mains vers le ciel et s'engageant aux jeûnes

« et aux pélerinages pour le succès des guerriers.
« Mais déjà l'armée portugaise a paru dans les
« plaines d'Aljubarota; les cohortes ennemies
« poussent un cri formidable. De part et d'autre,
« on attend, avec anxiété, le sort de la bataille.

« Les trompettes, les fifres, les tambours se
« répondent d'une armée à l'autre. Les bannières
« aux mille couleurs flottent dans les airs. C'était
« l'ardente saison où les granges du laboureur
« se remplissent des trésors de Cérès, où la bril-
« lante liqueur de Bacchus inonde et rougit nos
« pressoirs; le soleil entrait dans le signe d'As-
« trée.

« La trompette castillane donne le signal et
« porte au loin l'épouvante et l'horreur. Les
« sommets de l'Artabre [9] l'entendirent; la Gua-
« diana, le Douro, la terre Transtagane, en fu-
« rent émus; le Tage hésita dans son cours vers
« l'Océan; et les mères alarmées pressèrent leurs
« enfants contre leur sein [10].

« Les guerriers ont pâli : le sang qui les anime
« a reflué vers le cœur. Lorsqu'un grand péril
« vient à nous, son aspect nous effraye; présent,
« nous le bravons. Ainsi, dans la chaleur du
« combat, le danger, si terrible d'abord, dispa-
« raît aux yeux du guerrier; l'amour de la gloire
« est plus fort que l'amour de la vie.

« La bataille commence [11]; les deux avant-gardes

« s'ébranlent à la fois. D'un côté, l'ambition des
« conquêtes, de l'autre, l'ardeur de la défense,
« animent les combattants. Alvarès s'avance, sem-
« blable au dieu Mars. Il fond sur les Castillans,
« les renverse, et couvre de leurs cadavres cette
« terre sacrée qu'ils venaient usurper.

« Les flèches, les javelots, sifflent dans les
« airs; le ciel en est obscurci. La terre tremble
« et retentit sous les pas des coursiers; les lan-
« ces se croisent et se brisent; le choc fréquent
« des armures imite le bruit sourd du tonnerre.
« Tous les efforts des Castillans se portent sur l'in-
« vincible Nuno; leurs rangs, sans cesse éclaircis
« par son bras, se renouvellent sans cesse.

« Ses frères, ô honte! ô rage impie qui si-
« gnala les sanglantes querelles de César et de
« Pompée! Ses frères marchent contre lui. Le
« héros ne s'en étonne pas. Quand on a trahi
« sa patrie et son roi, on peut bien égorger son
« frère. De vils transfuges se pressent autour
« d'eux, et se disputent le honteux honneur de
« porter les premiers coups à la patrie.

« O Sertorius, ô Coriolan, et toi Catilina, et
« vous tous qui, d'une main sacrilège, avez dé-
« chiré le sein maternel! si, dans les gouffres
« du Ténare, vous subissez le châtiment qui vous
« est dû, dites au dieu des Enfers que, parmi
« les Portugais, il s'est aussi trouvé des traîtres.

« Les ennemis se succèdent comme des flots,
« et de leur poids écrasent nos premiers rangs.
« Alvarès frémit. Tel, cerné par les chasseurs
« dont les coursiers ont franchi les plaines de
« Tétuan, le lion de Ceuta s'arrête à l'aspect des
« lances menaçantes. D'un regard farouche, il
« mesure l'ennemi. Trop fier pour fuir, trop
« courageux pour se rendre, inquiet peut-être,
« mais non pas effrayé, il bondit tout-à-coup et
« se jette sur le rempart de fer dont il est en-
« vironné. Tel s'élance Alvarès. La mort se mul-
« tiplie sous ses coups; mais accablé par le
« nombre, il voit périr à ses côtés ses plus in-
« trépides compagnons [12].

« Cependant le monarque portugais parcourait
« la plaine, entrait dans tous les rangs, et du
« geste et de la voix échauffait l'ardeur du soldat.
« Il a vu le danger d'Alvarès. La lionne devenue
« mère est moins terrible en sa férocité, lors-
« qu'au retour de la chasse, elle appelle en vain
« ses lionceaux enlevés de leur repaire par le
« pâtre de Massylie.

« Furieuse, elle court et fait retentir de ses
« rugissements les sept montagnes du Dahra [13].
« Tel s'irrite le héros; tel il vole, en frémissant,
« au secours de l'avant-garde. Une troupe d'élite
« l'accompagne. Braves compagnons! dit-il aux
« guerriers d'Alvarès, chevaliers invincibles, dé-

« fendez la patrie; son indépendance est au bout
« de vos épées.

« Voici votre roi : bravez, comme lui, les ja-
« velots et les traits. N'êtes-vous plus mes frères
« d'armes? N'êtes-vous plus les Portugais? Il dit,
« et brandissant quatre fois sa lance, il la darde
« avec force, et d'un seul coup, arrache le der-
« nier soupir à plus d'un Castillan.

« L'intrépidité du monarque a passé dans l'ame
« de ses guerriers. Une noble honte les ramène au
« combat; tous rivalisent de courage et d'audace.
« Leur glaive étincelle; il brise, il déchire les
« plus fortes armures. Immolés à leur tour, ils
« meurent, avec joie, sous les yeux du héros qui
« les guide.

« Ivre de vengeance et de fureur, le terrible
« dom Jean éclate comme la foudre; il peuple
« en un instant les rivages du Styx. Là, périssent
« le grand-maître de Compostelle faisant des pro-
« diges de valeur, et celui de Calatrava tout fu-
« mant de carnage, et les frères d'Alvarès qui
« maudissent, en expirant, le ciel et leurs des-
« tins [14].

« Des guerriers vulgaires, de nobles guerriers
« descendent pêle-mêle aux abîmes où, de ses
« trois gueules affamées, l'affreux Cerbère épou-
« vante les ombres. Un dernier affront manquait
« aux Castillans. L'étendard de leur roi roule

« enfin renversé devant l'étendard de la Lusi-
« tanie.

« Le carnage redouble. Aux cris de fureur
« des combattants, se mêlent les cris plaintifs
« des blessés. Le sang trempe la terre, la verdure
« et les fleurs sont noyées dans des ruisseaux
« de pourpre [15]. Roi de Castille! que sont deve-
« nus tes vastes projets? Qu'as-tu fait de cette
« armée qui devait conquérir un royaume?

« Elle fuit sanglante, mutilée; la frayeur lui
« donne des ailes. Trop heureux de sauver sa
« vie, le monarque la suit, emportant au fond
« du cœur la honte de sa défaite, l'inutile regret
« de tant de pertes, de tant d'or vainement pro-
« digué, de tant de richesses devenues la proie
« du vainqueur.

« Le désespoir des vaincus éclate en impré-
« cations. Les uns maudissent l'inventeur de
« la guerre ; les autres, le monarque ambi-
« tieux qui, dévoré de la soif des conquêtes,
« expose tant d'infortunés aux tourments de
« l'autre vie, tant d'épouses à la douleur du
« veuvage, tant de mères au chagrin d'un éternel
« abandon.

« Le vainqueur poussait des cris de joie. Pen-
« dant trois jours, des vœux, des offrandes, ac-
« quittèrent sa reconnaissance envers le Dieu qui
« venait de lui donner la victoire. Mais les tro-

« phées d'Aljubarota n'ont fait qu'enflammer Al-
« varès. Avide de renommée, insatiable de gloire,
« il court, au-delà du Tage, moissonner de nou-
« veaux lauriers.

« La fortune vole sur ses pas. Le regard est
« moins prompt, la pensée moins rapide que
« ses succès. L'Andalous lui livre sa frontière et
« ses richesses; Séville et vingt autres cités abais-
« sent devant lui leurs drapeaux. Tout cède en
« un moment à la valeur portugaise.

« Les Castillans gémissaient sous le poids de
« leurs désastres, quand la paix vint leur sourire
« et consoler l'Ibérie. Le ciel, pour rapprocher
« les deux monarques, choisit la main de deux
« illustres princesses qui, de la cour d'Albion,
« vinrent cimenter la paix par un double hy-
« ménée [16].

« Le flambeau de la guerre est éteint; mais
« l'ardeur des combats vit encore dans le cœur
« du roi Jean. Tranquille sur terre, il cherche au-
« delà des flots de nouveaux ennemis à combattre.
« C'est le premier de nos rois qui, noble cham-
« pion du Christ, alla sur la rive africaine croi-
« ser la lance avec les champions de Mahomet.

« Tels qu'une légion d'oiseaux navigateurs,
« mille vaisseaux fendent les plaines argentées
« d'Amphitrite, et dirigent vers les colonnes
« d'Hercule leurs voiles arrondies par les vents.

« Bientôt les hauteurs d'Abyla sont couvertes
« de nos guerriers. Ceuta rejette de son sein les
« Infidèles. Un nouveau traître, un Julien [17] ten-
« terait en vain de leur ouvrir les portes de l'Hes-
« périe ; Ceuta les leur ferme à jamais.

« Le règne de Jean fut glorieux, mais trop
« court. Le ciel l'enviait à la Lusitanie : il alla se
« réunir aux immortels, laissant sur la terre une
« nombreuse postérité, des enfants dignes de
« lui, dignes de la patrie qu'ils devaient illustrer
« encore.

« Édouard monta sur le trône. Il connut le
« malheur et le supporta noblement. Le Sort,
« dans son bizarre courroux, se plaît à faire suc-
« céder la tristesse à la joie, les revers à la pros-
« périté. Eh! qui peut se flatter de fixer la roue
« de la Fortune ? Elle emporte dans sa révolution
« et les peuples et les rois.

« Quelque gloire du moins compensa les
« malheurs de l'état. Un frère d'Édouard, le
« pieux Ferdinand, paraît tout-à-coup sur les
« rivages de la Mauritanie. Il menace Tanger;
« mais bientôt enveloppé par les Maures, il tombe
« entre leurs mains. Qu'il rende Ceuta aux Infi-
« dèles, et les Infidèles lui rendront la liberté.
« Apportez-moi des fers, répond le prince ma-
« gnanime ; et il livre à l'esclavage des jours des-
« tinés aux grandeurs.

« Codrus cherchant la mort au camp des Do-
« riens, Régulus reprenant ses fers à Carthage,
« Curtius se précipitant dans un gouffre, les
« Décius mourant dans les combats, tous ces
« héros ne servaient que leur patrie : Ferdinand
« s'immole au salut de l'Hespérie entière.

« Un règne plus fortuné suivit le règne d'É-
« douard. Sous le sceptre d'Alphonse, la Lusita-
« nie releva son front humilié ; l'effroi rentra
« dans le cœur des Barbares. Heureux ce prince,
« si l'ambition ne l'eût entraîné dans l'Ibérie ! Mais
« si les campagnes de Toro furent témoins de ses
« revers, les bords africains ne connurent que
« ses victoires.

« Rival d'Alcide, il sut joindre à ses lauriers
« les pommes d'or des Hespérides. Les Maures
« n'ont point secoué le joug que leur imposa
« la main d'Alphonse ; il porte encore sur le
« front les palmes qu'il moissonna sous les murs
« d'Alcacer, de Tanger et d'Arzilla.

« C'est en vain que l'Afrique entière était ac-
« courue au secours de ces fières cités ; leurs
« impénétrables remparts tombèrent devant lui.
« Jamais les guerriers de la Lusitannie n'avaient
« montré plus d'audace et d'intrépidité ; jamais
« le nom Portugais n'avait brillé de plus d'éclat.
« Comment ces jours de gloire se changèrent-ils
« en jours de deuil ?

« La Castille et l'Aragon florissaient sous un
« sceptre commun. Alphonse a vu d'un œil ja-
« loux la puissance de Ferdinand. Enivré par la
« victoire, il marche contre lui. L'Espagnol ap-
« pelle aux armes les différents peuples qui lui
« obéissent depuis les rivages de Cadix jusqu'aux
« cimes des Pyrénées.

« Le fils d'Alphonse rougirait d'être oisif, quand
« son père va combattre. Il s'élance sur ses traces
« et court le soutenir au jour de la bataille. Les
« étendards des deux nations flottent dans les
« plaines de Toro. Une lutte ardente s'engage.
« La victoire, long-temps incertaine, abandonne
« les drapeaux d'Alphonse et reste fidèle à son
« fils.

« Le jeune héros ensanglante le triomphe des
« Castillans, arrête leur impétuosité, soutient,
« un jour entier, leurs efforts, et couvre l'hon-
« neur de son père. Tel, aux plaines de Philippes,
« on vit Antoine victorieux sauver Octave vaincu,
« dans cette grande journée où leurs armes
« réunies vengèrent la mort de César.

« Lorsque Alphonse eut fermé les yeux à la
« lumière pour ne les rouvrir que dans les cieux,
« le sceptre passa dans les mains de Jean second,
« le treizième de nos rois. Son règne vit éclore
« une entreprise audacieuse, inouïe, et qui sem-
« blait au-dessus des forces de l'homme. Le roi

« Jean résolut de pénétrer jusqu'au berceau de
« l'Aurore, jusqu'à ces régions où j'aspire moi-
« même.

« Animés de son esprit, dépositaires de ses
« pensées, d'intrépides voyageurs traversent l'Es-
« pagne, la France et l'Italie. Ils s'embarquent
« au port de Parthénope, de cette grande cité
« que les Destins ont fait passer sous tant de
« jougs différents pour la relever enfin sous le
« glorieux empire de l'Espagne.

« La mer de Sicile les porte rapidement vers
« les plages sablonneuses de Rhodes. Bientôt ils
« parviennent aux rivages qui furent témoins de
« la mort de Pompée. Ils visitent la nouvelle
« Memphis et les plaines que fécondent les eaux
« du Nil, les campagnes désertes où gît Thèbes
« aux cent portes, et l'Éthiopie qui garde encore
« la loi du Christ.

« Ils franchissent les ondes sacrées qui s'ou-
« vrirent jadis sous les pas d'un peuple aimé du
« ciel. Derrière eux fuient les monts Nabathéens
« qui rappellent le nom d'un fils d'Ismaël; les ri-
« vages que la mère d'Adonis [18] embauma de ses
« parfums, les champs de l'Arabie heureuse, et
« les deux autres Arabies avec leurs rochers et
« leurs brûlants déserts.

« Un détroit qui semble avoir conservé le sou-
« venir de l'antique Babel [19], les conduit dans

« ce golfe où, fiers d'une illustre origine [20], le
« Tigre et l'Euphrate réunissent leurs ondes.
« Puis se confiant à cette mer que Trajan n'osa
« franchir, ils s'avancent vers les bords de l'In-
« dus, bords fameux qui fourniront un jour à
« l'histoire ses plus admirables récits [21].

« Déja les peuples du Sind et du Kerman
« avaient offert à leurs regards les mœurs, les
« usages variés qui distinguent le monde orien-
« tal; mais ce long et pénible voyage ne leur
« promettait pas un retour facile. Ils mouru-
« rent sur une terre lointaine, les yeux tournés
« vers cette douce patrie qu'ils appelaient en
« vain [22].

» Heureux Emmanuel! C'est à ton génie, c'est
« à tes vertus héroïques que le ciel réservait la
« découverte de l'Orient. Héritier de la couronne
« et des grandes pensées du roi Jean, Emmanuel
« se vit à peine sur le trône qu'il projeta la con-
« quête des mers.

« Ce glorieux dessein, si conforme à la noble
« ambition de ses aïeux, le poursuivait jusque
« dans les bras du sommeil [23]. Une nuit.... c'était
« l'heure où les étoiles s'effacent aux approches
« de l'aurore, où l'air plus pur et rafraîchi par
« l'absence des feux du jour, invite les mortels
« au repos [24].

« Étendu sur sa couche dorée, dans ce calme
« profond où l'esprit se dégage de l'obscurité
« des sens, le prince repassait dans son ame
« ses royales obligations et ses devoirs hérédi-
« taires. Le sommeil descendit sur ses yeux sans
« interrompre le cours de ses pensées, et bien-
« tôt de prophétiques images se déployèrent
« devant lui.

« Sur l'aile d'un songe, il planait dans les
« cieux. Ses regards plongeaient sur des mondes
« inconnus, sur de grands empires encore igno-
« rés. Non loin des lieux où naît l'aurore, il voit
« jaillir d'une longue chaine de monts, deux
« sources vives et fécondes. Elles semblaient
« dans le lointain se rapprocher et s'unir.

« Des oiseaux farouches, de féroces quadru-
« pèdes habitaient seuls ces montagnes incultes.
« D'impénétrables forêts en écartaient les pas
« des humains. L'aspérité de ces lieux solitaires
« faisait assez connaître que, depuis le crime
« d'Adam, le pied de l'homme ne les avait jamais
« foulés.

« Emmanuel voit sortir du sein des eaux et
« s'acheminer vers lui deux vieillards d'un aspect
« vénérable, mais un peu sauvage. Ils marchaient
« à grands pas. De l'extrémité de leurs cheveux
« l'eau coulait par torrents : leur corps en était

« inondé. Ils avaient le teint basané, la barbe
« limoneuse, longue et touffue.

« Leur tête était couronnée de rameaux étran-
« gers, de plantes inconnues à l'Europe. L'un
« d'eux paraissait plus fatigué que l'autre. A l'onde
« encore agitée qui tombait de sa chevelure, on
« voyait qu'il était parti de plus loin que son
« compagnon, et que, pour l'atteindre, il avait
« précipité sa course. Tel, du sein de l'Arcadie,
« Alphée va chercher aux plaines d'Enna les flots
« caressants d'Aréthuse.

« Un air d'autorité respirait sur son front. Il
« s'arrête et d'une voix majestueuse : O toi, s'é-
« crie-t-il, à qui le ciel a destiné l'empire de
« l'Orient, ton règne est arrivé. Bientôt nous
« courberons devant toi, ce front qui n'a ja-
« mais fléchi sous le joug. Ordonne à tes guer-
« riers de venir recevoir nos tributs.

« Je suis le Gange : mon berceau touche au
« ciel; il fut celui du premier homme [25]. Ce vieil-
« lard qui m'accompagne est l'Indus, le roi des
« fleuves. Son trône est assis sur ces monts sour-
« cilleux que tu aperçois dans l'éloignement.
« La conquête de nos rivages te coûtera de longs
« efforts, de terribles combats; mais arme-toi de
« constance; et d'incroyables victoires te soumet-
« tront tous ces peuples qui sont devant tes yeux.

« Il dit, et disparaît; l'Indus disparaît avec

« lui. Emmanuel se réveille et mille idées con-
« fuses se pressent dans son esprit. Mais déjà la
« nuit avait replié ses voiles ; l'aurore semait de
« roses l'azur des cieux, tout l'orient se couvrait
« d'un manteau d'or et de pourpre.

« Le monarque rassemble ses fidèles conseil-
« lers. Il raconte la vision céleste, il redit les
« paroles du vieillard. Tous sont frappés de sur-
« prise et d'admiration. Le ciel a parlé, s'écrient-
« ils d'une voix unanime. Qu'une flotte belli-
« queuse aille porter nos guerriers aux bords
« lointains où le ciel les appelle.

« L'espoir de guider un jour nos navigateurs
« à quelque grande découverte, avait plus d'une
« fois agité mon cœur. Ce noble espoir, Emma-
« nuel l'avait lu sur mon front. A quel autre motif
« attribuerais-je le choix dont il honora mon
« courage ?

« Gama, me dit-il avec cet air de bonté qui
« double la puissance des rois ; le succès dans
« les grandes choses est le prix du travail et de
« la fatigue. C'est en perdant glorieusement la
« vie que l'on s'immortalise. Inaccessible aux
« lâches terreurs, le héros meurt avant le temps,
« mais sa gloire lui survit.

« Je t'ai choisi entre tous pour une expédition
« digne de toi : je t'offre des travaux, des périls
« et de la gloire : imposés par moi, ces travaux,

« j'en suis sûr, te paraîtront légers. A ces mots,
« je ne pus contenir mes transports : oui, je
« braverai pour vous le fer, le feu, les frimas
« et les glaces. Pourquoi Gama n'a-t-il qu'une
« vie à sacrifier pour son roi?

« Imposez-moi des travaux tels qu'Eurysthée
« en inventa pour Alcide. Faut-il combattre le
« lion de Némée, les Harpies immondes, le san-
« glier d'Érymanthe, l'hydre et toutes ses fu-
« reurs? Faut-il descendre au noir Cocyte, au
« ténébreux empire de Pluton? O mon roi, met-
« tez mon dévouement à des épreuves plus ter-
« ribles encore : me voilà prêt à les subir.

« Emmanuel applaudit à mon zèle et l'enflamme
« par des éloges. La louange est l'aiguillon du cou-
« rage, et, distribuée par le prince, elle enfante
« les héros. Mon frère, Paul de Gama, veut par-
« tager ma glorieuse destinée. Le sang et l'amitié
« nous unissent d'un double nœud.

« Un autre guerrier, l'intrépide Coelho, suit
« l'exemple de Paul. Ils joignent tous deux la
« prudence à l'audace, l'expérience à la valeur.
« D'habiles matelots s'élancent sur mes navires.
« La même ardeur les entraîne, le même en-
« thousiasme les attache au succès de la grande
« entreprise.

« Par ses dons, par ses discours, Emmanuel
« les excite encore et les flatte. Les paroles du

« monarque se gravent profondément dans leur
« cœur: elles les soutiendront un jour au milieu
« de leurs travaux et de leurs peines. Dans l'ar-
« deur qui les presse, ils appellent la mer et les
« dangers. Tels on vit autrefois les conquérants
« de la Toison d'or monter sur le navire fatidi-
« que [26], qui le premier osa tenter les hasards
« du Pont-Euxin.

« Déjà la flotte belliqueuse est réunie dans ce
« port célèbre où le dieu du Tage vient mêler
« aux eaux d'Amphitrite son onde claire et ses
« sables d'argent. Nulle pensée timide n'a ralenti
« l'ardeur de mes compagnons. Les enfants de
« Mars, les enfants de Neptune sont prêts à me
« suivre au bout de l'univers.

« Les premiers couvrent la plage. Leurs armes,
« leurs couleurs sont différentes; mais un même
« esprit les anime. Les autres sont sur la flotte
« qui repose encore immobile, abandonnant aux
« zéphirs ses pavillons aériens. A l'aspect de l'im-
« mense océan qui semble, à l'extrémité de l'ho-
« rizon, se confondre avec les cieux, chacun de
« mes navires se croit destiné à prendre place
« un jour, à côté d'Argo, parmi les astres de
« l'Olympe.

« Tout est prêt pour le départ, vaisseaux,
« matelots et guerriers. Il ne nous reste plus
« qu'à préparer notre ame aux périls d'un avenir

« incertain, à la mort toujours présente aux yeux
« du navigateur [27]. Nous adorons l'Être sou-
« verain dont l'aspect vénérable est l'aliment et
« la vie des esprits qui l'environnent. Nous le
« prions de nous porter, sans orage, aux ré-
« gions de l'aurore, de bénir des armes qui ne
« seront employées que pour sa gloire.

« Enfin nous sortons du temple, de ce temple
« saint qui a pris le nom de Bethléem, berceau
« d'un Dieu [28]. Il s'élève sur le rivage et regarde
« cette mer à laquelle nous allions confier nos
« destinées.... O roi! pardonne un douloureux
« souvenir. Quand je reporte ma pensée vers ces
« bords que je quittais avec tant d'émotion, j'ai
« peine encore à retenir mes larmes.

« Nos parents, nos amis, un peuple immense
« accourait sur le rivage. L'affliction se pei-
« gnait dans tous les yeux. Et nous, accom-
« pagnés de paisibles cénobites dont les pieux
« cantiques s'élevaient jusqu'au ciel, nous mar-
« chions lentement vers nos vaisseaux.

« Le deuil général s'accroissait à chaque pas.
« Les femmes versaient des pleurs, les hommes
« laissaient échapper de profonds soupirs. Les
« sœurs, les épouses, les mères, en proie aux
« alarmes d'une tendresse plus défiante, augmen-
« taient encore la tristesse d'un départ qui sem-
« blait sans retour.

« La mère disait à son fils : tu étais la seule
« consolation, le seul appui de ma vieillesse. Elle
« finira dans la souffrance et dans les larmes. Tu
« fuis ta mère languissante et malheureuse, tu
« l'abandonnes, ô mon fils, pour aller, dans un
« lointain naufrage, servir de pâture aux monstres
« de l'Océan.

« L'épouse éplorée, les cheveux épars, s'écriait :
« O mon bien aimé! toi sans qui l'amour ne
« veut point que je vive, tu vas livrer à la fureur
« des flots des jours qui ne sont plus à toi! Tu
« sacrifies à d'inquiets travaux nos douces flam-
« mes, nos paisibles nœuds! Vain souvenir d'un
« bonheur qui n'est plus! Bientôt les vents em-
« porteront dans tes voiles et mon bonheur et
« tes serments.

« Tels étaient les tristes accents de la tendresse
« et de l'amour. Les enfants, les vieillards, troupe
« faible et timide, suivaient la foule en pleurant.
« Les montagnes voisines répondaient à leurs
« voix plaintives. Des flots de larmes mouillaient
« le sable du rivage.

« Nous n'osions lever les yeux sur une mère,
« une épouse, une famille désolée. Chacun de
« nous craignait de s'attendrir, de chanceler à
« l'entrée de la carrière. Je me hâtai d'interrom-
« pre des adieux si chers à l'amitié, mais si dou-
« loureux aux cœurs qui se séparent. J'ordonnai
« l'embarquement.

« Cependant un vieillard était resté sur le
« rivage [29]. Son regard était triste; son maintien,
« grave et sévère. Mûri par l'âge, instruit par la
« sagesse, il paraissait avoir connu la gloire;
« mais la gloire n'avait plus pour lui d'illusions.
« Trois fois, d'un air improbateur, il secoua sa
« tête vénérable; l'œil fixé sur nous, il donna
« tout-à-coup un libre cours à sa douleur. Nous
« l'entendîmes de nos vaisseaux.

« Ambition, disait-il, amour des conquêtes!
« desir trompeur de ce vain bruit qu'on appelle
« renommée! passion funeste! à quels supplices
« tu livres les ames que tu possèdes! que de
« peines, que de dangers tu leur apprêtes! à
« quelles mortelles épreuves tu les condamnes!

« Tourment de la vie, source d'égarements et
« de crimes, brillante folie qui dévores les for-
« tunes, les royaumes et les empires! on te
« nomme la passion des grands cœurs, et tu leur
« conseilles le meurtre et le ravage. Le vulgaire
« ébloui te prend pour la gloire, et tu n'en es
« que le fantôme.

« Dans quel gouffre de maux vas-tu plonger
« mon pays? Où mènes-tu ces téméraires navi-
« gateurs? De quelle grandeur chimérique as-tu
« flatté leur espoir? Leur as-tu promis bien des
« royaumes? Leur as-tu montré d'avance les
« mines d'or, les palmes, les lauriers qui les at-

« tendent, le rang qu'ils tiendront dans l'histoire?

« Misérables mortels! tristes enfants de cet
« insensé qui d'une patrie céleste vous a préci-
« pités sur cette terre d'exil : vous qui du sein
« de l'âge d'or, du sein de l'innocence et de la
« paix, avez été lancés par son crime au milieu
« des combats d'un siècle de fer:

« Si les combats ont tant de charmes à vos
« yeux, si vous appelez bravoure et courage
« une brutale férocité, si vous attachez tant de
« gloire au mépris de l'existence, ce bien si pré-
« cieux que l'auteur même de la vie a tremblé
« devant la mort;

« N'avez-vous pas tout près de vous les enfants
« d'Ismaël? La guerre avec eux ne vous manquera
« jamais. Si vous ne combattez que pour le Christ,
« ne sont-ils pas les soldats de Mahomet? S'il
« vous faut des terres et des trésors, n'ont-ils
« point de vastes domaines et d'opulentes cités?
« Si vous n'aspirez qu'à des victoires glorieuses,
« ne sont-ils pas belliqueux et vaillants?

« Vos ennemis sont à vos portes, et vous
« courez en chercher d'autres aux régions loin-
« taines : gouffre immense où s'engloutissent,
« chaque année, les débris dispersés de l'antique
« Lusitanie. Les prestiges de la gloire vous dé-
« robent la vue du péril, et sourds à ma voix,
« vous n'entendez que le cri de la renommée

« qui vous proclame déjà les dominateurs de
« l'Inde, de l'Afrique, de la Perse et de l'Arabie!

« Maudit soit le premier qui attacha la voile
« au chêne altier descendu sur les flots! il mé-
« rita les tourments de l'abîme. Ah! que jamais
« le génie créateur, la lyre harmonieuse ou la
« noble épopée ne célèbrent sa mémoire; que
« son nom périsse avec lui.

« Le feu qu'une main téméraire osa ravir au
« céleste foyer, s'est répandu dans l'univers. Il
« l'embrase, il le consume, il tient partout al-
« lumés les flambeaux de la discorde et de la
« guerre. Quel fut ton délire, ô Prométhée! et que
« de maux tu nous aurais épargnés, si ton fatal
« larcin n'eût fait descendre au cœur de l'homme
« le feu qui l'agite et le dévore!

« Phaëton n'eût pas entrepris de guider le char
« de son père; Icare n'eût point suivi dans les
« airs l'audacieux Dédale : l'ardeur que tu versas
« dans leur sein prépara leur infortune. L'Éridan,
« les flots icariens, l'air, le feu, la terre et l'onde,
« tous les éléments, attesteront l'audace et le
« malheur des mortels.

FIN DU CHANT QUATRIÈME.

# NOTES
## DU CHANT QUATRIÈME.

### 1. Fernand n'était plus, etc.

Gama continue l'histoire des rois de Portugal; il arrive à Jean 1er. Mais, entre le règne de ce prince et la mort de son prédécesseur, il se passa en Portugal des évènements que le récit de Gama ne fait qu'indiquer, et sur lesquels il convient de fixer un moment l'attention du lecteur.

### INTERRÈGNE.

Le roi dom Fernand n'avait pas laissé d'enfants mâles. La princesse Béatrix qu'il avait eue de Léonor, était mariée au roi de Castille; et celui-ci revendiquait la couronne de Portugal, sauf à la remettre au premier enfant mâle qu'il aurait de Béatrix.

Aux prétentions du roi de Castille le Portugal opposait les droits de dom Jean, fils de dom Pèdre et d'Inez de Castro; mais ce prince était retenu en Espagne, et se trouvait au pouvoir du roi.

Un troisième concurrent, moins redoutable en apparence, mais plus à craindre en effet, était un autre dom Jean, fils naturel de dom Pèdre et d'une obscure Galicienne. Revêtu, dès l'âge de sept ans, du titre de grand maître de l'ordre d'Avis, brave et généreux, il comptait dans le peuple et même dans la noblesse, presque autant de partisans que le fils d'Inez de Castro.

Telle était la disposition générale des esprits, lorsque la reine Léonor, à qui le testament du feu roi avait donné la régence, essaya de faire reconnaître à Lisbonne et dans toutes les villes du royaume, le roi de Castille pour souverain du Portugal. Partout, comme à Lisbonne, la voix des hérauts fut étouffée par les clameurs du peuple.

La régente ne céda point à ce mouvement, et tous les actes publics furent rendus au nom du roi de Castille, héritier par Béatrix de la couronne de Portugal. Les murmures du peuple continuèrent. La haine que l'on portait à Léonor et au comte Andeiro, son favori, fit calomnier la naissance de Béatrix que l'on présentait comme le fruit illégitime des amours de Léonor et d'Andeiro.

Tandis que le peuple murmurait, les amis du grand maître conspiraient. Dom Nuno-Alvarès Pereira, jeune encore et plein d'audace, était l'agent le plus actif de la conspiration; le grand-maître en était l'ame. Pour éloigner de Lisbonne l'ambitieux dom Jean, Léonor lui offre le gouvernement de l'Alemtejo. Il l'accepte; mais à peine est-il sorti de la ville qu'il y rentre accompagné des principaux conjurés, tous en armes. Il se rend au palais, va droit aux appartements de la reine, y rencontre Andeiro, et le poignarde.

Cependant les conjurés du dehors ameutaient la populace. Elle pousse des cris de fureur, se répand dans la ville et se livre à des excès qui font dire à Camoens :

>Podem-se pôr em longo esquecimento
>As cruezas mortaes que Roma vio,
>Feitas do feroz Mario, e do cruento
>Sylla, quando o contrario lhe fugio.

« Les crimes de cette époque feraient oublier les cruautés « de Marius; Rome fut souillée de moins d'horreurs, alors que « Sylla rentra dans ses murs, et vengea le sang par le sang. »

La régente au désespoir quitte Lisbonne. Le grand-maître feint de vouloir en sortir lui-même; mais le peuple dont il est devenu l'idole, l'assiège, pour ainsi dire, dans son palais, dans les rues, dans les places publiques. Il se laisse enfin déclarer régent et protecteur du royaume.

Il n'avait plus qu'un pas à faire pour arriver au trône. Le fils d'Inez était toujours captif en Espagne; Béatrix était flétrie dans l'opinion des peuples; la régente avait abandonné le Portugal; le roi de Castille qui s'était avancé jusqu'à Lisbonne et qui n'avait pu s'en emparer, était rentré dans ses états; les sollicitations du peuple et d'une partie de la noblesse devenaient de jour en jour plus pressantes; tout ce qui agit sur la multitude avait été mis en usage, prédictions, miracles, libéralités. Dom Jean convoque à Coïmbre les notables du royaume et les invite à pourvoir librement à la vacance du trône. La question de droit fut long-temps et violemment débattue : le fils d'Inez et le roi de Castille lui-même avaient des partisans dans l'assemblée. Jean de Regras, chancelier, et Nuno-Alvarès Pereira, connétable, plaidaient, avec chaleur, la cause du grand-maître; mais l'assemblée balançait encore. Irrité d'une hésitation qui pouvait devenir un refus, Nuno sort brusquement du lieu des séances; et, l'épée à la main, court haranguer le peuple que le haut intérêt des circonstances avait rassemblé sur la place. Les acclamations furent si vives que les notables, intimidés ou entraînés par la voix du peuple, décernèrent enfin la couronne à dom Jean.

## JEAN I$^{er}$.

Le choix qu'on venait de faire à Coïmbre fut applaudi, avec enthousiasme, à Lisbonne et dans les provinces. Une armée se forma comme par enchantement. Le nouveau roi l'essaya par des combats partiels, presque toujours heureux, et osa la mener enfin au-devant des Castillans qui venaient d'envahir l'Alemtejo. Les deux armées se trouvèrent en présence, dans les environs d'Aljubarota, le 14 août 1385. L'avant-garde portugaise était commandée par le connétable Nuno-Alvarès. Le premier choc des Castillans fut terrible; le connétable en fut ébranlé; mais dom Jean, à la tête d'une troupe d'élite, accourut à son secours et rétablit le combat. De son coté, le roi de Castille, alors malade et porté sur une litière découverte, parcourait les rangs de son armée. Des prodiges de valeur eurent lieu de part et d'autre; mais les Espagnols qui venaient d'étendre leurs lignes pour envelopper les Portugais, furent rompus à leur tour et mis en fuite. La victoire de dom Jean fut complète. Il avait alors vingt-sept ans; et son connétable, vingt-cinq.

Tandis qu'il va jouir de son triomphe à Lisbonne, le connétable porte la guerre jusque sur les terres des Castillans, et détruit, dans les environs de Valverde, les débris d'Aljubarota.

Au milieu de ses succès, dom Jean ne négligeait point les alliances étrangères. Ses ambassadeurs à Londres négociaient auprès du duc de Lancastre et le déterminaient à passer en Espagne avec une armée. Ce duc de Lancastre était le quatrième fils d'Édouard III, roi d'Angleterre. Il avait épousé, en secondes noces, la princesse Constance, fille de Pierre-le-Cruel; et comme ce dernier n'avait point laissé d'enfants mâles, Constance demeurait seule héritière d'une couronne usurpée par la famille de Henri de Transtamare.

La France qui jusqu'alors était restée indifférente à la querelle du Portugal et de la Castille, y prit part, aussitôt qu'elle vit l'Angleterre s'en mêler. Elle ne pouvait, d'ailleurs, oublier que c'était elle qui avait mis la couronne sur la tête de Henri, père du prince régnant; et Louis de Bourbon fut chargé d'aller défendre contre les Anglais l'ouvrage de Duguesclin.

Le duc de Lancastre et le roi de Portugal réunis s'avancèrent dans le royaume de Léon, et s'emparèrent de plusieurs places fortes. Leurs ennemis eurent la sagesse de faire traîner la guerre en longueur. La division se mit entre les Anglais et les Portugais, les vivres leur manquèrent, et le roi de Portugal, attaqué d'une maladie grave, fut obligé de quitter l'armée et de retourner à Lisbonne. Pendant son absence, le duc fit la paix avec le roi de Castille, et se rembarqua pour l'Angleterre.

Dom Jean vit sans chagrin la défection de son allié. En appelant le duc en Espagne, son but n'avait été que d'inquiéter l'ennemi, d'épuiser les ressources de la Castille et de la disposer à la paix. L'objet de sa politique était rempli; car, bien que le Portugal ne fût point compris dans le traité, la guerre entre ce royaume et l'Espagne ne se fit plus que mollement, et les deux peuples posèrent enfin les armes.

Tranquille possesseur de la couronne, le roi de Portugal entreprit avec ardeur, et suivit avec fermeté, la réforme des abus que l'état de guerre ne lui avait pas permis de réprimer. Il fit des mécontents, mais il ferma l'oreille aux murmures. Chef d'un peuple guerrier, il savait que le meilleur moyen de se l'attacher, était de le conduire à de nouvelles victoires. Il résolut donc de passer en Afrique et d'enlever aux Maures la ville de Ceuta, projet hardi qui flattait l'esprit militaire et religieux de la nation, et qui, d'ailleurs, se liait, dans l'esprit du roi, à ses projets de commerce maritime. L'expédition fut heureuse, et le roi victorieux fut reçu en triomphe à Lisbonne.

La conquête de Ceuta assurait à Jean 1$^{er}$ la conquête des mers africaines. Il fut puissamment secondé dans ses desseins par l'infant dom Henri, le prince le plus éclairé de son temps, et particulièrement versé dans les mathématiques appliquées à la navigation. Une première escadre, équipée par les soins de l'infant, s'avança jusqu'au cap Boyador. Une seconde fut mise en mer quelques années après; elle était composée de trois vaisseaux. Les deux premiers, au lieu de suivre la côte, gagnèrent la haute mer et découvrirent l'île de Madère. L'autre doubla le cap Boyador, et fraya aux Portugais le chemin de l'Éthiopie occidentale. Nous verrons bientôt le roi Jean II continuer l'ouvrage de Jean 1$^{er}$, et le grand Emmanuel l'accomplir.

Jean 1$^{er}$ mourut à Lisbonne, le 14 août 1433. C'est à pareil jour de l'année 1385 qu'il avait gagné la bataille d'Aljubarota. Nuno-Alvarès Pereira, son connétable, était mort quatre ans avant lui. L'opinion de leur siècle ne les a point séparés; ce sont deux grandes figures historiques qui, rapprochées l'une de l'autre, se prêtent un mutuel éclat.

## ÉDOUARD.

Ce prince avait hérité du courage et des talents de son père, et non pas de son bonheur. Il régnait depuis trois ans, lorsqu'à la sollicitation de ses frères dom Henri et dom Ferdinand, il forma la résolution de faire la guerre en Afrique; mais comme il existait entre lui et les Africains des traités que ceux-ci avaient religieusement observés, il crut devoir, pour la paix de sa conscience, soumettre son projet à la cour de Rome. La matière y fut traitée en plein consistoire, et la réponse du Pape est très-remarquable pour le temps. — *La guerre projettée ne serait juste et permise qu'autant que le Portugal serait forcé de la faire dans l'intérêt de sa propre conservation. Autrement, elle serait injuste et condamnable, attendu que l'air, l'eau, la terre, tous les éléments enfin ont été faits pour les hommes en général; et que l'on ne peut les en priver, sans blesser le droit naturel et le droit des gens.*

Cette réponse arriva trop tard. L'expédition était prête et les scrupules du roi s'étaient évanouis. La flotte mit à la voile le 22 août 1436; et le 26, elle arriva devant Ceuta. L'armée opéra son débarquement, et marcha vers Tétuan sous les ordres de dom Henri, tandis que la flotte, sous les ordres de dom Ferdinand, continua sa route vers Tanger. Tétuan se rendit sans résistance, et le 23 septembre, dom Henri se présenta devant Tanger dont le port était déjà bloqué par dom Ferdinand. Les Portugais attaquèrent la ville avec leur intrépidité ordinaire; mais ils furent accablés par le nombre. Poursuivis jusque dans leurs retranchements, ils n'obtinrent la liberté d'en sortir et de se rembarquer, qu'en promettant de rendre Ceuta, et en laissant le prince Ferdinand pour ôtage. Ceuta ne fut point rendu, et le prince resta au pouvoir des infidèles. Il mourut au royaume de Fez, après six ans de captivité.

Édouard avait fait des préparatifs pour le délivrer; mais il ne put équiper complètement les vaisseaux qu'il destinait à une nouvelle expédition. Les finances de l'état étaient épuisées, les peuples découragés; la peste désolait le royaume; le roi allait de ville en ville, cherchant à consoler les peuples par sa présence, et fuyant lui même cette maladie dont il fut enfin attaqué à Thomar. Il en mourut le 19 septembre 1438, âgé de trente sept-ans. Il n'en avait régné que cinq.

## ALPHONSE V.

Alphonse n'avait que six ans, lorsqu'il parvint à la couronne. Sa mère, Léonor d'Arragon, devait, en vertu du testament du feu roi, être chargée de la régence; mais les Portugais qui souffraient avec peine l'autorité d'une étrangère, déférèrent le gouvernement à dom Pèdre, oncle du jeune roi. Il en résulta de grandes dissensions qui durèrent encore après la majorité d'Alphonse, et qui ne finirent qu'à la mort de dom Pèdre tué les armes à la main, à la tête de ses partisans. Dom Pèdre était un grand prince. Il avait gouverné avec autant de sagesse que de fermeté pendant la minorité de son neveu, et n'avait pris les armes que pour se défendre contre les ennemis qu'il avait à la cour.

Pour rallier tous les esprits et les diriger vers un but commun, le jeune roi eut recours au moyen que son aïeul, Jean 1er, avait si heureusement employé. Il fit la guerre aux Maures d'Afrique, et après de grands succès, mêlés de quelques revers, il resta le maître d'Alcacer, de Tanger et d'Arzilla. Ses conquêtes lui valurent le surnom d'*Africain*.

Moins heureux en Espagne, il fut battu à Toro par Ferdinand le catholique à qui il disputait la couronne de Castille. Dom Jean, son fils, qui se trouvait à la bataille, sauva les débris de l'armée. Alphonse, humilié de cette défaite, ne montra plus que de la faiblesse et de l'irrésolution. Le vainqueur d'Alcacer alla se mettre, en France, à la discrétion de Louis XI qu'il espérait engager dans sa querelle. A la première entrevue des deux princes, le roi de France dit au roi de Portugal : « Je rends graces à Dieu et à saint Martin, « mon patron, de la faveur qu'ils font à un pauvre roi tel que « je suis, de recevoir dans sa maison un grand roi tel que

« vous êtes. » On lui fit un accueil brillant dans Paris, on lui donna des fêtes ; mais l'objet de son voyage fut manqué. Joué par Louis XI, épié dans toutes ses démarches et craignant d'être à la fin livré au roi d'Arragon, il conçut l'idée de sortir de France en secret, de passer en Palestine pour y visiter les saints lieux, et de se retirer ensuite dans quelque monastère où il pût achever tranquillement ses jours. Dans ce dessein, il envoya l'ordre à dom Jean, son fils, de se faire proclamer roi ; mais il changea bientôt de résolution, et tandis que le Portugal le croyait parti pour la Terre-Sainte, il reparut dans ses états et reprit la couronne qu'il avait naguère abdiquée.

Dégoûté de nouveau du gouvernement et du trône, il allait se retirer dans un monastère, lorsqu'il mourut de la peste à Cintra, à l'âge de 49 ans.

## JEAN II.

L'indulgence du feu roi, l'extrême facilité de son caractère, avaient laissé se détendre tous les ressorts du gouvernement. Jean II les remonta par une administration vigilante et sévère. La noblesse du royaume, animée par le duc de Bragance, proche parent du roi, voulut s'opposer à ses réformes : il fit trancher la tête au duc de Bragance et poursuivit l'exécution de son plan. Une conspiration dirigée par le duc de Visco, frère de la reine, se forma contre sa vie : il éteignit la conspiration dans le sang du conspirateur.

Après la réforme du royaume, sa principale occupation fut l'accroissement du commerce maritime. Dès l'année 1481, les Portugais avaient pris possession de la côte de Guinée ; et leurs vaisseaux en rapportaient, tous les ans, une quantité considérable d'or et d'ivoire. En 1484, ils pénétrèrent jusqu'au royaume de Congo, et découvrirent deux cents lieues de pays au-delà du Zaïre.

Ces importantes découvertes étaient loin de satisfaire le roi Jean. Toujours animé du desir de trouver un passage pour l'Inde, il arma trois vaisseaux dont il confia le commandement à Barthélemi Diaz, intrépide marin qui, à travers les tempêtes, parvint aux dernières extrémités de la côte d'Afrique, et revint sur ses pas, après avoir donné au cap qui la termine le nom de cap des *Tourmentes*. Dom Jean, comblé de joie, lui donna celui de cap de *Bonne-Espérance*.

Tandis que le roi de Portugal se frayait ainsi une route nouvelle par l'Océan atlantique, il faisait reconnaître l'ancienne route de l'Inde par la mer Rouge. Deux de ces hommes qui savent se dévouer au succès d'une grande entreprise, Pierre de Covilham et Alphonse Païva, étaient partis pour Alexandrie. Là ils se séparèrent. Covilham s'embarqua sur la mer Rouge, pénétra jusqu'au Malabar, et visita, en revenant, une partie de la côte orientale de l'Afrique. Païva pénétra de son côté jusqu'au pays des Abyssins. Les deux voyageurs s'étaient rejoints en Égypte, et se disposaient à revoir leur patrie, lorsqu'ils moururent des fatigues d'un si long voyage. Ils avaient eu le temps de faire parvenir à Lisbonne des mémoires instructifs sur les contrées qu'ils avaient parcourues.

Enfin, en 1491, le roi de Portugal résolut de faire une nouvelle tentative à l'extrémité de l'Afrique. Il fit travailler, en conséquence, à l'armement d'une flotte dont il avait même déjà désigné le commandant ; mais attaqué d'une maladie de langueur, il y succomba, avant d'avoir pu exécuter son projet. Ce commandant était Vasco da Gama, le même qui, sous Emmanuel, fut chargé de l'expédition.

## DU CHANT QUATRIÈME.

Dans l'analyse rapide que nous venons de donner du règne de Jean II, nous avons négligé beaucoup d'évènements qui n'étaient pas sans importance par eux-mêmes, mais qui ne tenaient pas d'assez près au sujet des Lusiades. Quelques traits, recueillis par les historiens portugais, feront mieux connaître que des faits généraux le caractère de ce prince et l'esprit de son gouvernement.

Lorsqu'il eut découvert la conspiration du duc de Visco, il lui manda de venir à la cour sous le prétexte d'une affaire importante qu'il avait à lui communiquer. Le duc obéit. Dom Jean le reçut d'un air gai, et après un instant de silence : « Mon cousin, lui dit-il, que feriez-vous à un homme « qui voudrait vous ôter la vie ? — Il mourrait avant moi, « répondit le duc de Visco. — Meurs donc, répliqua le roi, « en le frappant d'un coup de poignard ; tu as prononcé « toi-même ton arrêt. »

On conçoit qu'avec un pareil caractère, il devait gouverner par lui-même. Les gens de bien, les hommes de talent étaient admis à sa faveur ; mais aucun ne la possédait exclusivement. Comme il s'entretenait un jour avec dom Diégo d'Almeida, il s'arrêta tout-à-coup, et lui dit : « Retirez-vous ; car on « vous prendrait pour un favori. »

C'était lui faire mal la cour que de le flatter. Il avait donné la charge de majordôme à Jean de Ménésès. « Il aime la vé- « rité, dit le roi à ses courtisans, en leur annonçant cette « nomination ; il me la dit, lors même qu'elle me déplaît. »

Il ne tolérait aucun abus dans l'administration de la justice. Ayant appris qu'un juge recevait des présents, et mettait cependant beaucoup de lenteur et de négligence dans l'expédition des affaires, il le fit venir, et lui dit : « Je sais « que vos mains sont toujours ouvertes, et votre tribunal « toujours fermé. Songez-y. »

La rigueur de ses principes l'entraînait quelquefois au-delà des bornes d'une juste sévérité; mais il savait noblement réparer ses torts. Un jour il fit une réponse dure à Rui de Souza, vieillard respectable. Un instant après, il alla le trouver dans sa maison. « Je vous ai parlé durement, lui
« dit-il; mais c'était le roi qui vous parlait; l'homme vous
« parle à présent; rendez-lui votre amitié. »

Il traitait avec une bienveillance particulière tous ceux de ses sujets qui s'étaient distingués dans les armées. Dom Pèdre de Mello, étant à la table du prince, laissa tomber son verre, et chacun se mit à rire de l'accident. « Pourquoi riez-vous?
« dit le roi. A-t-il jamais laissé tomber sa lance? »

Il aimait et favorisait les gens de lettres. On trouve dans les ouvrages d'Ange Politien une lettre par laquelle il l'invite, en termes très-flatteurs, à écrire l'histoire du Portugal.

Fier et absolu, et plus qu'aucun de ses prédécesseurs, jaloux de son autorité, il était par la trempe de son ame, supérieur aux préjugés de son rang. Couché sur son lit de mort, il entendit la voix d'un seigneur de la cour qui le traitait d'altesse (on ne donnait pas encore aux rois de Portugal le nom de Majesté ). « Laissez-là, leur dit-il, tous ces
« titres inventés par l'orgueil; je ne suis en ce moment qu'un
« mortel ordinaire, et rien de plus. »

Haï des grands, il était adoré du peuple. La veille de sa mort, il sembla se ranimer, et l'on espéra de sa vie. Le peuple accourut en foule au palais, et s'efforça d'y pénétrer malgré les gardes. Le roi ordonna qu'on ouvrît toutes les portes, et même celles de l'appartement qu'il occupait. Bientôt il retomba dans ses faiblesses, et l'évêque de Tanger, le croyant près d'expirer, se mit à réciter les prières des agonisants.
« Il n'est pas temps, lui dit le roi; j'ai encore deux heures
« à vivre. »

Ses grandes qualités lui avaient acquis l'estime et l'admiration de tous les princes de l'Europe. Henri VII, roi d'Angleterre, demandait à un de ses sujets qui revenait du Portugal, ce qu'il y avait vu de plus rare. « Un roi, répondit-il, « qui commande à tous, et à qui personne ne commande. » La reine d'Espagne, en apprenant que dom Jean n'était plus, s'écria : « L'homme est mort. »

### EMMANUEL.

Jean II n'avait point laissé d'héritier direct du trône. Son fils Alphonse était mort quelques années avant lui. La couronne de Portugal passa sur la tête d'Emmanuel, petit-fils du roi Édouard et frère de ce duc de Viseo qui avait conspiré contre Jean II.

C'est sous le règne d'Emmanuel qu'eut lieu l'expédition célébrée par Camoens. Ce règne est l'époque la plus brillante de l'histoire du Portugal ; nous en renvoyons les détails à la 1<sup>re</sup> note du 10<sup>e</sup> chant.

2. Fruit d'un amour que n'avait point avoué l'hyménée, etc.

Nous avons vu que dom Jean était fils naturel de dom Pèdre. Il régna, dit Camoens, *ainda que bastardo*. Le poëte avait d'abord cherché à justifier, par l'exemple des dieux, le défaut de la naissance de dom Jean.

> Sempre foram bastardos valerosos
> Por letras, ou por armas, ou por tudo :
> Foram-no os mais dos deoses mentirosos,
> Que celebrou o antiguo Povo rudo.
> Mercurio e o douto Apollo saõ famosos

> Por sciencia diversa, e longo estudo;
> Outros saõ por armas soberanos;
> Hercules, e Lyco, ambos Thebanos.

« On a vu plus d'une fois les enfants de l'amour briller
« sur la scène du monde. La fable en avait peuplé l'Olympe.
« Mercure, dieu de l'éloquence, Apollon, dieu de la lyre,
« Hercule, le dompteur de monstres, Bacchus, le vainqueur
« de l'Inde, n'étaient, comme dom Jean, que d'illustres bâ-
« tards. »

Cette stance est tirée d'un manuscrit des Lusiades, heureusement découvert par Manuel de Faria. Camoens, avant
de faire imprimer son poëme, sentit que la naissance de
dom Jean ne devait pas être justifiée auprès du roi de
Mélinde, qui n'avait pas probablement sur ce point de
jurisprudence, les mêmes idées que les peuples de l'Europe. Par là, d'ailleurs, il détruisait beaucoup trop tôt l'illusion qu'il voulait produire à l'aide de l'ancienne mythologie.
Il aura encore besoin de Bacchus dans le sixième chant. Ce
n'est qu'au dixième que, par la bouche de Téthys, il dira
son secret aux lecteurs, et renversera lui-même les machines
épiques dont il se sera servi pour amuser leur imagination.
Nous avons cité à la 17e note du 1er chant, l'ingénieuse explication donnée par Téthys : explication qu'avaient déjà préparée les 90, 91 et 92e octaves du 9e chant.

> Que as immortalidades que fingia
> A antiguidade, que os illustres ama,
> Lá no estellante Olympo, a quem subia
> Sobre as azas inclytas da fama ;
> Por obras valerosas que fazia,
> Pelo trabalho immenso, que se chama
> Caminho da virtude, alto e fragoso,
> Mas no fim doce, alegre, e deleitoso :

Naõ eram senaõ premios, que reparte
Por feitos immortaes, e soberanos,
De mundo co' os barões, que esforço, e arte,
Divinos os fizeram sendo humanos:
Que Jupiter, Mercurio, Phebo, e Marte,
Eneas, e Quirino, e os dous Thebanos,
Ceres, Pallas, e Juno, com Diana,
Todos foram de fraca carne humana.

Mas a fama, trombeta de obras tais,
Lhes deo no mundo nomes taõ estranhos,
De deoses, semideoses immortais,
Indigetes, Heroicos, e de Magnos.
Por isso, ó vós que as famas estimais,
Se quizerdes no mundo ser tamanhos,
Despertai já do somno do ocio iguavo,
Que o animo de livre faz escravo.

« L'antiquité aimait à placer dans les cieux les mortels
« dont la voix des nations avait proclamé les bienfaits ou les
« exploits. Ils n'arrivaient à l'immortalité que par d'immenses
« travaux, par cette carrière de la vertu, si rude d'abord et
« si pénible, mais à la fin si riante et si douce.

« En sortant de la vie, ils franchissaient le seuil de l'Olympe;
« le ciel s'ouvrait aux bienfaiteurs de la terre. Jupiter, Mer-
« cure, Phébus et Mars, Énée et Romulus, les deux Thé-
« bains, Cérès, Pallas, Diane et Junon, n'étaient que les
« enfants des hommes.

« Mais la trompette de la Renommée en a fait des dieux,
« des demi-dieux, des dieux de la patrie, des génies pro-
« tecteurs et des héros. O vous donc qui aspirez à la gloire,
« voulez-vous être aussi grands qu'ils l'ont été sur la terre?
« Réveillez-vous au bruit de leurs actions. Ils n'attendaient
« point dans un lâche repos les honneurs de l'apothéose. »

Le but moral du système poétique de l'auteur est tout entier dans ces trois octaves ; et il était difficile de l'exposer avec plus de noblesse et d'élégance. Plus on étudie Camoens, plus on admire la sagesse de son plan, la liaison de ses idées et la beauté de son imagination. Et n'oublions pas que les Lusiades ont précédé la Jérusalem délivrée.

### 3. Des campagnes de Burgos, etc.

Mot à mot : « *De toute la province qui tire son nom d'un certain Brigus, s'il est vrai que ce Brigus exista jamais ;* » *de toda a provincia que de hum Brigo, se foi, já teve o nome derivado.* Il nous a semblé que cette périphrase qui désigne la province de Burgos, serait convenablement remplacée par le nom propre.

Quelques auteurs espagnols, et notamment Julien del Castillo, dans son histoire des rois goths, donnent à la Castille le nom de *Brigia*, qu'ils font dériver de Bryx ou Brigus, son premier roi, petit-fils de Tubal. Camoens avait adopté d'abord cette tradition, et se plaisait à désigner les Castillans par le nom de Brigiens. Depuis, il abandonna l'obscure et bizarre dénomination de *Brigios* pour celle de *Castelhanos*. Le poëme des Lusiades fut achevé long-temps avant de paraître. L'auteur le corrigeait sans cesse, à la ville, à la campagne, dans les camps et dans ses voyages. On est étonné de l'extrême patience d'un esprit si vif et si indépendant ; et ce qu'il y a de remarquable, c'est que, dans ses nombreuses corrections, il efface, il retranche sans ménagement, et n'ajoute qu'avec réserve. Il n'avait pas attendu le précepte du législateur du Parnasse :

Hâtez-vous lentement, etc.

## 4. Conca.

Ancien nom de Cuença, ville située dans la nouvelle Castille.

## 5. La terre de Guipuscoa, les Asturies ont arraché le fer de leurs entrailles pour en armer les valeureux champions de la cause de Béatrix.

Le poète fait allusion aux mines de fer que l'on exploitait dans ces provinces.

A cette énumération des différents peuples qui formaient l'armée castillane, Camoens avait ajouté les Arragonais et les Catalans.

> Nem no Reino ficou de Tarragona
> Quem naõ siga de Marte o duro officio;
> Nem na cidade nobre que se abona
> Com ser dos Scipioēs claro edificio.
> Tambem a celebrada Barcelona
> Mandou soldados destros no exercicio :
> Todos estes ajunta o Castelhano
> Contra o pequeno reino Lusitano.

« La noble cité qui s'honore d'avoir eu pour fondateurs
« les Scipions; toutes les villes, tous les peuples de l'Arragon,
« se précipitent sous les enseignes de Mars. L'illustre Barce-
« lonne fournit à la cause commune l'élite de ses guerriers:
« l'Espagne entière est en marche contre la faible Lusitanie. »

Il y avait ici anachronisme, la Catalogne et l'Arragon n'appartenant pas alors au roi de Castille. Camoens s'en aperçut, et retrancha de son poëme l'octave que nous venons de rapporter.

## 6. La frayeur qui s'est communiquée au cœur de ses frères, etc.

Les frères et les parents de Nuno-Alvarès s'étaient attachés à la cause du roi de Castille, qui tirait ses droits à la couronne de son mariage avec Béatrix, fille de Fernand et Léonor. Ils périrent presque tous à la bataille d'Aljubarota, fidèles jusqu'à la fin au parti qu'ils avaient embrassé. Cette guerre qui est connue dans les annales portugaises, sous le nom de *guerre de l'indépendance*, eut tous les caractères d'une guerre civile. Dom Jean fut victorieux, et les partisans de ce prince purent dire aux vaincus :

> Le destin se déclare, et le droit de l'épée,
> Justifiant César, a condamné Pompée.

Mais ils n'avaient pas le droit de les flétrir du nom de traîtres; car ils auraient pu leur répondre comme Pompée à Sertorius :

> Lorsque deux factions divisent un empire,
> On suit, sans le vouloir, la meilleure ou la pire,
> Suivant que le hasard ou la nécessité
> Nous entraînent vers l'un ou vers l'autre côté.
> Le plus sage parti, difficile à connaître,
> Nous laisse en liberté de nous choisir un maître;
> Mais quand le choix est fait, l'on ne s'en dédit plus.
> J'ai servi sous Sylla, du temps de Marius:
> Je servirai sous lui, tant qu'un destin funeste
> De nos divisions soutiendra quelque reste.

Que de choses dans ces vers là! Quel homme que ce Corneille! Grand poète, grand politique, moraliste profond, il aurait passé, sans effort, de la cour de Melpomène au conseil des rois.

7. N'êtes-vous plus les descendants de ces guerriers qui, sous la bannière du fils de Henri, surent triompher de ces fiers Castillans, etc.

Nuno-Alvarès rappelle aux Portugais la bataille de Valdevès, où le fils du comte Henri, Alphonse, qui ne portait pas encore le titre de roi, défit si complètement l'armée castillane, que la plaine en reçut le nom de *Matança, champ du carnage*. Le roi de Castille y fut blessé d'un coup de flèche; la fleur de la noblesse espagnole y périt; et l'on compta parmi les prisonniers sept officiers généraux. Cette dernière circonstance est rappellée exactement dans le texte: *Sete illustres condes*.

8. Tel, dans les murs de Canusium, etc.

Après la bataille de Cannes, Scipion s'était réfugié à Canusium avec les débris d'une légion, dans laquelle il n'était alors que simple tribun. Ces légionnaires découragés avaient formé le dessein de s'embarquer et d'abandonner l'Italie. Scipion, indigné de leur faiblesse, alla droit à la maison où ils étaient rassemblés, et l'épée à la main: « Je jure, dit-il, « sur cette épée, de n'abandonner jamais la république, et « de ne pas souffrir qu'aucun de ses défenseurs l'abandonne. » Entraînés par son exemple, tous répétèrent le même serment.

9. La trompette castillane donne le signal et porte au loin l'épouvante et l'horreur. Les sommets de l'Artabre l'entendirent; la Guadiana, le Douro, la terre Transtagane en furent émus; le Tage hésita dans son cours vers l'Océan; et les mères alarmées pressèrent leurs enfants contre leur sein.

Ce passage est imité de Lucain et de Virgile.

> Excepit resonis clamorem vallibus Hæmus,
> Peliacisque dedit rursùs geminare cavernis.
> Pindus agit fremitus, Pangæaque saxa resultant,
> Æteæque gemunt rupes. (PHARSAL., lib. VII.)

> De cent et cent clameurs les accents confondus
> Sont portés vers l'Olympe et par lui sont rendus;
> Pangée en retentit, ses antres en mugissent;
> Du vaste Pélion les cavernes gémissent;
> Ossa s'en épouvante, et ses rochers bruyants
> Repoussent vers le camp ces concerts effrayants.
> (BRÉBEUF.)

> Contremuit nemus, et sylvæ intonuère profundæ,
> Audiit et Triviæ longè lacus; audiit amnis
> Sulfureâ Nar albus aquâ, fontesque Velini,
> Et trepidæ matres pressère ad pectora natos.
> (Æneid., lib. VII.)

> La forêt s'épouvante à ces sons mugissants,
> Ils ébranlent au loin les bois retentissants;
> Le Vélino frémit dans ses sources profondes;
> Le Nar au lit de soufre a suspendu ses ondes,
> Tout est dans l'épouvante, et de leurs bras tremblants
> Les mères sur leur sein ont pressé leurs enfants.
> (DELILLE.)

Camoens n'avait garde de laisser échapper ce dernier trait qui met une si grande différence, indépendamment du mérite de la versification, entre le tableau de Virgile et celui de Lucain.

10. L'Artabre.

C'est le nom que les anciens donnaient à cette chaîne de montagnes qui se terminent au cap Finistère.

11. La bataille commence.

L'auteur a déjà peint deux batailles rangées, celle d'Ourique et celle de Tariffe. Il va décrire celle d'Aljubarota. Rien ne se ressemble comme ces chocs de grandes masses les unes contre les autres; et cependant Camoens varie, avec tant d'art, la peinture des trois batailles, qu'elles forment chacune un tableau tout à fait distinct.

La description de la bataille d'Ourique, est empreinte d'une couleur religieuse qui convient parfaitement au résultat de cette bataille. On sait qu'elle a fondé la monarchie portugaise: la victoire et la religion devaient consacrer le nouveau roi.

La bataille de Tariffe est dessinée sur un plan plus large. Il s'agissait du sort de la péninsule tout entière, attaquée à la fois par les Maures de Grenade et par les Maures d'Afrique. L'intérêt se partage, comme la bataille elle-même, entre les Portugais et les Castillans. Et remarquons avec quelle fidélité le poète conserve aux deux peuples de la péninsule le caractère qui les distingue. L'Espagnol s'avance, à pas mesurés, contre les guerriers de Maroc. Le Portugais se précipite sur l'armée de Grenade, la renverse en un moment, se rejoint au Castillan et décide la victoire.

A la bataille d'Aljubarota, les intérêts sont changés, l'alliance est rompue; c'est contre la Castille que le Portugal se défend; il combat pour son indépendance et pour le roi qu'il s'est donné. Ce roi joue ici et devait jouer, en effet, le premier rôle. Il s'agissait pour lui d'une couronne : il devait la conquérir lui-même.

C'est ainsi que l'auteur a su profiter habilement de toutes les circonstances de temps et de lieu, de toutes les nuances de caractère et d'intérêts qui pouvaient varier ses tableaux.

12. ~~ccablé par le nombre, etc.

Nuno-Alvarès est un des plus grands hommes de guerre qui aient paru à cette époque; mais ce n'est pas à lui, c'est à dom Jean que le poète réserve l'honneur de la victoire. L'intrépide Nuno est contraint de reculer, et voit périr à ses côtés plusieurs de ses compagnons d'armes. Camoens, dans le manuscrit que nous avons déjà cité, leur consacrait les trois octaves suivantes :

> Passáram a Giraldo có as entranhas
> O grosso, e forte escudo, que tomára
> A Perez que matou, que o seu de estranhas
> Cutiladas desfeito já deixára.
> Morrem Pedro, e Duarte, (Que façanhas
> Nos Britgios tinham feito) a quem criára
> Bragança : ambos mancebos, ambos fortes,
> Companheiros nas vidas, e nas mortes.

> Morrem Lopo, e Vicente de Lisboa,
> Que estávam conjurados a acabarem,
> Ou a ganharem ambos a coroa

De quantos nesta guerra se affamarem.
Por cima do cavallo Afonso voa:
Que cinco Castelhanos (por vingarem
A morte de outros cinco, que matára)
O vaõ privar assi da vida chara.

De tres lanças passado Hilario cai;
Mas primeiro vingado a sua tinha.
Naõ lhe peza porque a alma assi lhe sai,
Mas porque a linda Antonia nelle tinha:
O fugitivo esprito se lhe vai,
E neste o pensamento que o sostinha;
E sabindo, da dama a quem servia
O nome lhe cortou na boca fria.

« Le fer traverse le bouclier de Giraldo, et s'enfonce dans
« le sein du guerrier. Cette armure impuissante, il l'avait
« arrachée à Perès le castillan; la sienne, percée de coups,
« déchirée, venait de tomber en débris. Duarte, Pedro, après
« des prodiges de valeur, expirent sur un monceau de ca-
« davres. Bragance les a vus naître. Jeunes tous deux, tous
« deux intrépides, inséparables pendant leur vie, ils con-
« fondent leurs derniers soupirs.

« Lope et Vincent mordent la poussière. Ils sont nés dans
« les murs de Lisbonne; tous deux avaient juré de mourir
« ou de remporter la palme des combats. Monté sur un cour-
« sier fougueux, Alphonse semait autour de lui le carnage et
« l'effroi. Déja cinq espagnols avaient péri sous ses coups.
« Il tombe; cinq espagnols l'immolent aux mânes de ses vic-
« times.

« Hilaire, l'audacieux Hilaire, est frappé de trois coups
« de lance; mais des exploits sans nombre ont d'avance vengé
« sa mort. Le souvenir de ses amours attendrit ses derniers
« moments. Son ame va s'envoler, et avec elle la douce image

« qui l'attachait à la vie; le nom d'Antonia expire sur ses
« lèvres mourantes. »

Ces trois octaves sont tout-à-fait dans le goût d'Homère ;
mais Camoens remarqua, avec raison, qu'elles allongeaient
inutilement le récit de Gama et divisaient l'intérêt qui, dans
ce moment, devait se porter entièrement sur le roi. Duperron
de Castéra les a traduites; nous saisirons cette occasion de
donner au lecteur, une idée de la manière et du style de ce
traducteur.

« Un javelot homicide perce le sein de Giraldo, malgré le
« bouclier qu'il vient de prendre à Pérès, l'un des plus vail-
« lants nourrissons de la Castille ; Pérès, en mordant la pous-
« sière, voit expirer son vainqueur. Dom Duart et dom
« Pèdre succombent, après s'être long-temps signalés sur
« les Brigiens ; Bragance les vit naître, ils meurent tous
« deux jeunes, tous deux avides de gloire : amis inséparables
« tant qu'ils vécurent, la parque ne les désunit pas, le coup
« fatal les fait tomber l'un sur l'autre, ils rendent le dernier
« soupir en s'embrassant. Lope et Vincent de Lisbonne avaient
« résolu de mourir, ou d'effacer par leurs exploits tous les
« héros qui s'illustreraient dans cette guerre, ils deviennent
« les victimes de leur noble ambition. Alphonse, monté sur
« un cheval fougueux, répand autour de lui le carnage et
« l'effroi; enfin, cinq espagnols l'abattent, et le sacrifient aux
« mânes de cinq autres des leurs qu'il a tués. Trois coups
« de lance étendent l'audacieux Hilaire sur le sable, les ap-
« proches du trépas n'étonnent point son grand cœur ; et s'il
« regrette le jour qu'il perd au printemps de ses années, c'est
« seulement parce qu'il ne verra plus la belle Antonie dont
« il adore les charmes ; une froide et sombre vapeur lui
« couvre les yeux, il veut prononcer le nom de l'objet qu'il
« aime, mais il n'en dit que la moitié, le reste meurt dans sa
« bouche et son ame s'envole. »

### 13. Les sept montagnes du Dahra.

Le Dahra est l'ancienne Massylie. Les sept montagnes qui la traversent, offrent presque toutes le même aspect. Les Portugais qui les premiers fréquentèrent cette partie du rivage d'Afrique, furent frappés de cette ressemblance, et les appelèrent *les sept monts frères, os montes sete-irmãos.* C'est l'expression dont se sert Camoens.

### 14. Là périssent le grand-maître de Compostelle, faisant des prodiges de valeur, et celui de Calatrava tout fumant de carnage, et les frères d'Alvarès qui maudissent, en expirant, le ciel et leurs destins.

A la suite de cette octave, le manuscrit nomme quelques-uns des guerriers que perdirent les Espagnols dans cette mémorable journée.

  Velasques morre, e Sanches de Toledo,
  Hum, grande caçador; outro, letrado:
  Tambem perece Galbes, que sem medo
  Sempre dos companheiros foi chamado:
  Montanchez, Oropesa, Mondonhedo:
  ( Qualquer destro nas armas, e esforçado)
  Todos por maõs de Antonio, moço forte,
  Destro mais que elles, pois os trouxe á morte.

  Guevara roncador, que o rosto untava,
  Maõs, e barba, do sangue que corria;
  Por dizer que dos muitos que matava
  Saltava nelle o sangue, e o tingia:
  Quando destes abusos se jactava,

18.

De travès lhe dá Pedro, que o ouvia,
Tal golpe, com que alli lhe foi partida
Do corpo a vãa cabeça, e a torpe vida.

Pelo ar a cabeça lhe voou,
Inda contando a historia de seus feitos :
Pedro do negro sangue que esguichou,
Foi todo salpicado, rosto, et peitos;
Justa vingança do que em vida usou,
Logo com elle ao occaso vaõ direitos
Carrilho, Joaõ da Lorca, com Robledo;
Porque os outros fugindo vaõ se medo.

« Velasquès de Tolède et Sanchès, l'un favori de Diane,
« l'autre enfant d'Apollon; Galbès que ses compagnons
« avaient surnommé l'Intrépide, Montanchez, Oropèze, et
« Mondonhedo, tous renommés par leur courage, tous sa-
« vants dans l'art des combats, trouvent, dans le jeune Anto-
« nio, leur maître et leur vainqueur.

« Guévara, guerrier sans courage, a trempé ses mains
« dans le sang qui rougit la plaine; sa figure en est teinte.
« C'était, disait-il, le sang des téméraires qui avaient osé
« se mesurer avec lui. Tandis qu'il bravait ainsi les Portu-
« gais, le fer de Pedro se lève sur sa tête, et d'un revers ter-
« rible, la sépare du tronc.

« Elle vole dans les airs, et, la bouche entr'ouverte, semble
« encore raconter des exploits. Un sang impur en jaillit, et
« va rougir, à son tour, le visage et la poitrine de Pedro. Car-
« rilho, Lorca, Robledo, tous ceux qu'une fuite précipitée
« n'a point dérobés à la fureur portugaise, accompagnent
« aux sombres bords le lâche et cruel Guévara. »

Ces trois octaves faisaient le pendant de celles que nous
avons citées à la dernière note. Le poëte a fait preuve de

goût en les sacrifiant. Duperron de Castéra les a rétablies dans le texte; voici sa traduction :

« Velasquès et Sanchès, natifs de Tolède, l'un adonné aux
« exercices de Diane, l'autre à ceux d'Apollon; Galbès sur-
« nommé le soldat Sans-peur; Montanchès, Oropèze, et Mon-
« donhedo, tous six d'une valeur éprouvée, périssent par la
« main du jeune Antoine, qui porte dans le combat ou plus
« d'adresse ou plus de bonheur qu'eux. Guévara, homme
« vain et nourri dans l'indolence, se teignait les bras et le
« visage avec le sang des morts qu'il trouvait étendus sur la
« poussière : à l'abri de cette imposture frivole, il prétendait
« passer pour un guerrier redoutable, il publiait, à haute
« voix, le nombre des ennemis qu'il avait terrassés; dom
« Pèdre l'interrompt d'un coup de sabre, Guévara perd la
« vie; sa tête pleine des fumées d'un orgueil ridicule bondit
« loin de son corps, qui demeure noyé dans son propre sang;
« juste et terrible punition de ses mensonges. Carrilho, Ro-
« blédo, Juan de Lorca, tombent dans les abymes ténébreux
« où Cerbère effraie les mânes par ses mugissements. »

15. Le sang trempe la terre; la verdure et les fleurs sont noyées dans des ruisseaux de pourpre.

Le poète a déjà dit, dans la description de la bataille d'Ou-rique, *le sang ruisselle dans la plaine et va rougir au loin l'émail de la prairie*. Cette répétition, de la part d'un poète si fécond et si correct, ne peut pas être une négligence. Il est évident qu'il affecte d'opposer aux fureurs de l'homme, l'état paisible et riant de la nature. Camoens avait été soldat; mais l'habitude des camps n'avait point endurci son ame. Il est fier de la gloire de ses compatriotes; leurs exploits échauffent son génie; mais la guerre est toujours à ses yeux un fléau.

Tout-à-l'heure, il maudira le monarque ambitieux qui, dévoré de la soif des conquêtes, *condamne tant d'épouses au veuvage, tant de mères aux regrets d'un éternel abandon.*

> Deixando tantos mais, tantas esposas,
> Sem filhos, sem maridos, desditosas.

Après l'octave que terminent ces deux vers, il ajoutait :

> Dos corpos dos imigos cavalleiros
> Do mato os animaês se apascentáram :
> As fontes de mais perto, nos primeiros
> Dias, sangue com agua distillarám.
> Os pastores do campo, e os monteiros
> Da visinha montanha, naõ gostarám
> As aves de rapina em mais de hum anno,
> Por terem o sabor do corpo humano.

« Les cadavres des cavaliers ennemis servirent de pâture
« aux animaux de la forêt; pendant quelques jours, les ruis-
« seaux du voisinage roulèrent du sang dans leurs ondes ;
« pendant plus d'un an, les pasteurs de la plaine, les pas-
« teurs de la montagne, repoussèrent, avec horreur, la chair
« des oiseaux de proie, comme s'ils eussent craint d'y trou-
« ver le goût de la chair de l'homme. »

Les quatre derniers vers présentaient une idée plus révoltante que juste : Camoens sacrifia l'octave entière. Elle affaiblissait, d'ailleurs, l'image précédente : *Deixando*, etc.; et surtout ce mot si bien placé à la fin de la stance, *desditosas, malheureuses !*

## DU CHANT QUATRIÈME. 279

16. Le ciel, pour rapprocher les deux monarques, choisit la main de deux illustres princesses, etc.

C'étaient les deux filles du duc de Lancastre. La première épousa le roi de Portugal, et la seconde, Henri, fils du roi de Castille.

17. Un nouveau traître, un Julien, etc.

On sait que l'envahissement de l'Espagne par les Maures, en 714, fut provoqué par le comte Julien qui, pour venger sa fille Florinde, outragée par le roi Roderic, livra son pays aux Africains. Camoens, en rappellant cette fatale époque, fait valoir l'immense service rendu à la péninsule entière par ses compatriotes. Ceuta devenait, du côté de l'Afrique, le boulevard de l'Espagne aussi bien que du Portugal.

18. La mère d'Adonis.

Myrrha, fille de Cynire, roi de Chypre. Ovide a raconté la passion criminelle de Myrrha pour Cynire. Après son crime, elle alla cacher sa honte dans les forêts de l'Arabie.

> . . . . . . . . . . . . . Tum nescia voti,
> Atque inter mortisque metus et tædia vitæ,
> Est tales exorsa preces : O! si qua patetis
> Numina confessis; merui, nec triste recuso
> Supplicium: sed, ne violem vivosque superstes,
> Mortuaque extinctos, ambobus pellite regnis;
> Mutataeque mihi vitamque necemque negate.
> (Metamorph. lib. X.)

Là sentant à la fois, dans l'horreur de son sort,
Le dégoût de la vie et l'effroi de la mort,
Elle s'écrie : O dieux qui punissez mon crime,
J'ai mérité ma peine; elle est trop légitime.
Mais afin que ma vue, odieuse aux vivants,
N'offense ni leurs yeux qu'elle a souillés long-temps,
Ni les morts effrayés de voir mon ombre impie,
Sauvez-moi de la mort; sauvez-moi de la vie.
(SAINT-ANGE.)

*Numen confessis aliquod patet*, ajoute Ovide. *Toujours le repentir trouve un Dieu qui pardonne*, dit admirablement son traducteur. Myrrha fut changée en arbre. *Flet tamen*, elle pleure encore; et ses larmes nous donnent le parfum qui porte son nom, *la Myrrhe*.

## 19. Un détroit qui semble avoir conservé le souvenir de l'antique Babel.

Le détroit de Babel-Mandel, à l'entrée du golfe persique. Il y a loin delà, dit M. de La Harpe, aux plaines de Sennaar en Chaldée où fut bâtie la tour de Babel. Oui; mais il est probable que Camoens savait, comme M. de la Harpe, que la Chaldée n'est point un rivage du golfe Persique. Instruit comme il l'était dans les langues orientales, il n'ignorait pas non plus que *Bab-el-mandel* signifie *portes de la mer*. La périphrase qu'il employe pour désigner ce détroit, réveille un souvenir de l'antiquité; et c'est tout l'effet que l'auteur a voulu produire.

## 20. Fiers d'une illustre origine, etc.

Nous avons déja fait remarquer que le Tigre et l'Euphrate avaient leur source dans le paradis terrestre.

21. Ils s'avancent vers les bords de l'Indus, bords fameux qui fourniront un jour à l'histoire ses plus admirables récits.

Gama a le pressentiment des grandes choses que ses compatriotes exécuteront en Orient; il les voit dans l'avenir, combattant sur les rivages de l'Indus, et la muse de l'histoire, écrivant leurs triomphes. Le texte porte :

> Dalli vaõ em demanda da agua pura
> Que causa inda será de larga historia.

Le sens de ces deux vers n'était point douteux; et cependant M. de La Harpe traduit ainsi : *Les rivages de l'Indus dont on a raconté tant de fables.* Nous n'avons point fait remarquer jusqu'ici les nombreux contresens que présente sa traduction; mais la faute que nous venons de relever est plus qu'un contresens. Elle dénature l'original, et substitue une idée commune à une pensée grande et éminemment épique.

22. Les yeux tournés vers cette douce patrie qu'ils appelaient en vain.

Ce passage rappelle la mort si touchante d'Antor, au dixième livre de l'Énéide.

> Sternitur infelix alieno vulnere, cœlumque
> Adspicit, et dulces moriens reminiscitur Argos.

> Il tombe atteint d'un trait qui ne le cherchait pas,
> Regarde encor le ciel, et loin de sa patrie,
> Songe à sa chère Argos, soupire et rend la vie.
> (DELILLE)

23. Ce projet, si conforme à la noble ambition de ses ayeux, le poursuivait jusques dans les bras du sommeil.

Le songe d'Emmanuel est peut-être le morceau le plus parfait des Lusiades; il est aussi beau de style que de pensée, et se lie admirablement au fond du sujet. L'expédition d'Orient, déjà si grande par elle-même, s'agrandit encore par la manière dont elle est annoncée. Le Gange et l'Indus viennent appeler Emmanuel à la conquête de leurs rivages. *Ton règne est arrivé. Bientôt nous courberons devant toi ce front qui n'a jamais fléchi sous le joug, etc.* L'imagination du lecteur franchit les intervalles des temps et des lieux, et assiste d'avance aux grands évènements dont la terre de l'Inde sera bientôt le théâtre.

24. C'était l'heure où les étoiles s'effacent aux approches de l'Aurore, où l'air plus pur et rafraîchi par l'absence des feux du jour, invite les mortels au repos.

Imitation de Virgile :

> . . . . . . . . . . Et jam nox humida cœlo
> Præcipitat, suadentque cadentia sidera somnos.
> (Æneid., lib. II.)

> La nuit tombe ; et déjà les célestes flambeaux,
> Penchant vers leur déclin, invitent au repos.
> (Delille.)

25. Je suis le Gange : mon berceau touche au
    ciel; il fut celui du premier homme.

Quelques écrivains ont prétendu que le Gange prenait sa source dans le paradis terrestre, et qu'après avoir long-temps coulé sous terre, il en sortait au pied du mont Imaüs. Camoens paraît avoir adopté cette opinion. Il est toujours poète avant d'être géographe; et la naissance merveilleuse du Gange convenait au rôle qu'il lui donne.

26. Le navire fatidique.

Le vaisseau des Argonautes. Le bois dont il était construit avait été coupé dans la forêt de Dodone, dont les arbres rendaient des oracles. Jason, au retour de son expédition, le consacra à la déesse Pallas qui le plaça dans le ciel.

27. Tout est prêt pour le départ; vaisseaux,
    matelots et guerriers. Il ne nous reste plus
    qu'à préparer notre ame à la mort toujours
    présente aux yeux du navigateur.

Gama vient de peindre au roi de Mélinde l'ardeur impatiente, la joie des guerriers qui s'associent à la grande entreprise. *Chacun de mes vaisseaux se croit destiné à prendre place un jour, à côté d'Argo, parmi les astres de l'Olympe.* C'est le dernier degré de l'enthousiasme. A cette peinture brillante succèdent brusquement et par un contraste inattendu, des pensées graves, mélancoliques et religieuses, les adieux touchants, les vœux inquiets des amis, les pleurs des épouses et des mères. On s'attendrit profondément à la vue de ces hommes courageux qui, de peur de se trahir eux-mêmes, n'osent lever les yeux sur la foule qui les environne. Ils marchent en silence vers le rivage, accompagnés de leurs parents qui gémissent, des ministres de la religion qui prient pour le succès de leur navigation. Derrière eux, autour d'eux, des gémissements et des larmes; devant eux, des mers immenses, inconnues, des tempêtes et des naufrages... Quel tableau!

28. **Enfin nous sortons du temple, de ce temple saint qui a pris le nom de Bethléem, berceau d'un Dieu.**

L'église de *Bethléem*, par contraction *Belem*, est bâtie sur le bord de la mer. Elle fut fondée par l'infant dom Henri, fils de Jean 1er. Ce n'était d'abord qu'un hermitage consacré au berceau de Jésus-Christ; c'est aujourd'hui un magnifique couvent d'Hiéronymites. L'auteur de cette traduction a visité souvent ce monastère. Il n'y a vu que des hommes pieux, tolérants et hospitaliers. Plusieurs d'entre eux réunissaient aux vertus modestes de leur état, un grand fonds de doctrine et d'instruction. Les religieux portugais ne sont point en dehors de la société; ils marchent avec elle, en reçoivent des lumières et lui en rendent. On se tromperait étrangement, si l'on s'imaginait que la vie sociale n'est pas plus avancée en Portugal que dans le reste de la péninsule. Le Portugal, par sa position géographique et par son commerce, est en rapport continuel avec toutes les nations éclairées de l'Europe. L'Espagne, à l'exception de son littoral et de la province où siége le gouvernement, est, en quelque sorte, séparée du monde entier, et livrée à des influences locales qui perpétuent pour elle le treizième siècle. Sous le rapport de la civilisation, il y a aussi loin de l'Estramadure espagnole à l'Estramadure portugaise, que du trapiste Antonio à l'abbé de Belem ou de Saint-Vincent.

29. *Cependant un vieillard était resté sur le rivage.*

« L'introduction de ce personnage qui annonce des mal« heurs est une idée heureuse: elle répand plus d'intérêt sur « le voyage de Gama et de ses compagnons. En général, cette « sinistre prophétie du vieillard, le départ de Gama pour les « Indes, peint des couleurs les plus touchantes, l'apparition « du Gange et de l'Indus sont des beautés poétiques qui ho« norent le génie de Camoens. » ( M. DE LA HARPE ).

Ajoutons que ces beautés dont il ne trouvait point de modèles chez les anciens, lui appartiennent tout entières; que dans ce IV<sup>e</sup> chant, comme dans le III<sup>e</sup>, il marche sans le secours ordinaire de la mythologie, et soutenu par la seule force de son talent; et qu'enfin le mérite de l'exécution ne le cède point à celui de l'invention.

Avec le IV<sup>e</sup> chant se termine l'histoire des rois de Portugal. Le V<sup>e</sup> contiendra le récit de la navigation de Gama; c'est là que nous verrons, au cap de Bonne-Espérance, le génie du poëte s'élever à la plus grande hauteur où soit encore parvenue l'épopée.

FIN DES NOTES DU CHANT QUATRIÈME.

# LES LUSIADES.

## CHANT CINQUIÈME.

# LES LUSIADES.

## CHANT CINQUIÈME.

« Les dernières paroles du vieillard se perdaient
« dans les airs. Déja les ailes de nos vaisseaux s'ou-
« vraient au souffle pur d'un vent favorable. Bien-
« tôt les mâts se balancent, les voiles frémissent,
« le cri d'adieu retentit de la flotte au rivage et
« du rivage à la flotte; nous partons.

« L'astre du jour s'approchait alors du lion
« de Néméé. Le monde, chargé d'années, pour-
« suivait languissamment le cours de son sixième
« âge[1]. Il y comptait quatorze fois cent révolu-
« tions du soleil, et quatre-vingt-dix-sept autres
« encore, lorsque nos vaisseaux s'élancèrent sur
« l'Océan.

« Monts paternels, terre chérie, bords fortu-
« nés du Tage, nous vous quittions, mais nos
« cœurs et nos tristes pensées vous restaient.
« Cintra fuyait dans l'éloignement; ses riantes
« collines s'effaçaient peu-à-peu: nos yeux ne

« pouvaient s'en détacher. La terre enfin s'éva-
« nouit entièrement : nous ne vîmes plus que le
« ciel et les eaux.

« Nous voguions vers ces mers immenses qu'au-
« cun navigateur n'avait encore parcourues. Les
« îles de Henri [2] en décorent l'entrée. Sur la gau-
« che, apparaissent les montagnes et les cités de
« la Mauritanie, ancien royaume d'Antée. Sur la
« droite, les flots vont se perdre dans l'horizon
« et baigner, peut-être, un autre univers [3].

« Madère est devant nous : Madère, l'orgueil
« de l'Océan qui l'embrasse et des Portugais qui
« l'ont peuplée. Elle doit son nom à ses forêts [4].
« Placée aux limites de l'ancien monde, elle n'a
« point la célébrité de Paphos ni de Cythère,
« mais elle les égale en beauté ; et si le destin
« l'eût soumise à l'empire de Vénus, Vénus l'eût
« préférée aux bosquets de Cythère et de Paphos.

« Nous côtoyons rapidement la Massylie, où
« paissent les troupeaux des Azenègues [5] : désert
« brûlant qui ne s'abreuva jamais d'une onde
« fraîche ; terre désolée où l'oiseau digère le fer [6],
« où l'on ne connut jamais ni les dons de Cérès,
« ni les trésors de Pomone. Elle touche d'un côté
« à la Barbarie, et, de l'autre, au pays des Noirs.

« Déjà nous avions franchi la borne septentrio-
« nale que la nature a prescrite à la course du so-
« leil. Là végètent les peuples demi-sauvages qui

« boivent les eaux du noir Sénégal 7 ; ils portent
« sur leur figure la trace ineffaçable du passage
« de Phaëton. Là s'élève ce promontoire que nos
« marins ont appelé le Cap vert. On le nommait
« jadis le promontoire d'Arsine 8.

« Les îles Fortunées avaient fui derrière nous.
« Les filles d'Hesper découvraient à nos yeux
« leurs îles verdoyantes 9, terres fécondes en mer-
« veilles et déja visitées par les enfants de Lusus.
« Leurs rivages nous fournirent une onde salu-
« taire et les fruits délicieux dont ils abondent.

« C'est l'antique jardin des Hespérides. Il fleu-
« rit sous le nom du guerrier céleste 10 que l'Es-
« pagnol, armé contre les Maures, n'invoqua
« jamais en vain dans les combats. Au premier
« souffle de Borée, nos voiles se déployèrent,
« et l'onde écumante se rouvrit sous nos vais-
« seaux.

« La rive que nous suivions est foulée par les
« nombreuses tribus des Jalofs et des Mandingues
« qui livrent à nos mains industrieuses l'or dont
« cette terre est parsemée. La Gambie y déroule
« ses flots et court, en serpentant, se perdre au
« sein de l'Atlantique.

« Les Dorcades, ancien séjour des Gorgones 11,
« nous apparurent dans le lointain. O toi, dont
« la chevelure ondoyante enflammait Neptune
« au fond des eaux et jusqu'au pied des autels de

« Minerve, toi que la déesse indignée punit si
« cruellement de l'audace du souverain des mers,
« ô Méduse! ce sont tes serpents qui peuplent
« encore ces déserts [12].

« La proue tournée vers le midi, nous allions
« sillonnant ce golfe immense, observant tour-
« à-tour les sommets rugissants de Serra-Léona [13],
« le cap des Palmiers, l'île qui porte le nom de
« cet apôtre dont la main toucha le côté d'un
« Dieu; le Zaire [14] enfin dont les flots amoncelés
« luttent avec l'onde amère sur une plage où
« nous régnons. Il arrose le royaume de Congo;
« l'antiquité ne l'a point connu : les Portugais
« ont planté la croix sur ses bords.

« Nous avions dépassé la ligne ardente qui par-
« tage le monde, lorsqu'un astre nouveau vint
« nous offrir sa bienfaisante clarté [15]. Nocturne
« flambeau du nouvel hémisphère, il brille sur
« un ciel moins étoilé que le nôtre, et domine le
« pôle Antarctique. Son existence avait paru jus-
« qu'alors incertaine; on doute encore s'il luit
« sur des terres ignorées ou s'il n'éclaire que des
« flots [16].

« Chaque jour nous éloignait des régions de
« l'équateur, de ces climats inconstants où le
« soleil, dans sa course d'un pôle à l'autre, re-
« nouvelle deux fois la saison des zéphirs et la
« saison des tempêtes. Chaque jour, Arcas et Ca-

« listo s'abaissaient derrière nous. Nous les vîmes
« enfin descendre à l'humide palais de Téthys,
« et s'y plonger en dépit de Junon [17].

« Te dirai-je les inexplicables phénomènes dont
« la mer est le théâtre, les bourrasques subites,
« les noirs ouragans, les nuits ténébreuses, les
« longs éclairs qui sillonnent le ciel, les éclats
« de la foudre qui ébranlent le monde? Immense
« et vaine entreprise qui tromperait les efforts
« d'une voix de fer et d'une poitrine infatigable.

« L'inculte raison du nautonnier, bornée aux
« leçons de son art, s'abandonne au rapport
« trompeur des sens. Pour lui tout est prodige ;
« il n'appartient qu'au génie, éclairé par le sa-
« voir, d'apprécier d'un coup d'œil les accidents
« variés de ce mystérieux univers.

« J'ai vu des feux brillants s'élever du sein des
« tempêtes [18], et d'un cercle de lumière environ-
« ner nos mâts. Heureux présages d'un calme
« prochain, le matelot, battu par l'orage, les
« prend pour des génies secourables qui ramè-
« nent la paix sur les mers.

« J'ai vu.... non, mes yeux ne m'ont point
« trompé, et cette fois j'ai partagé la commune
« épouvante : j'ai vu se former sur nos têtes un
« nuage épais qui, par un large tube, aspirait les
« vagues profondes de l'Océan [19].

« Le tube, à sa naissance, n'était qu'une légère

« vapeur rassemblée par les vents ; elle voltigeait
« à la surface de l'eau. Bientôt elle s'agite en
« tourbillon, et, sans quitter les flots, s'élève en
« long tuyau jusqu'aux cieux, semblable au mé-
« tal obéissant qui s'arrondit et s'allonge sous la
« main de l'ouvrier.

« Substance aérienne, elle échappe quelque
« temps à la vue; mais à mesure qu'elle absorbe
« les vagues, elle se gonfle, et sa grosseur sur-
« passe la grosseur des mâts. Elle suit, en se ba-
« lançant, les ondulations des flots ; un nuage
« la couronne, et dans ses vastes flancs engloutit
« les eaux qu'elle aspire.

« Telle on voit l'avide sangsue s'attacher aux
« lèvres de l'animal imprudent qui se désaltérait
« au bord d'une claire fontaine. Brûlée d'une
« soif ardente, enivrée du sang de sa victime,
« elle grossit, s'étend et grossit encore. Telle se
« gonfle l'humide colonne, tel s'élargit et s'étend
« son énorme chapiteau.

« Tout-à-coup la trombe dévorante se sépare
« des flots, et retombe en torrents de pluie sur
« la plaine liquide. Elle rend aux ondes les ondes
« qu'elle a prises; mais elle les rend pures et dé-
« pouillées de la saveur du sel. Grands interprètes
« de la nature, expliquez-nous la cause de cet
« imposant phénomène.

« Si les anciens philosophes que l'amour de

« la science entraîna loin de leur patrie, si les
« Sages de la Grèce eussent, comme moi, confié
« leurs voiles à tant de souffles divers, quel vaste
« champ d'observations se fût ouvert pour eux!
« Que de précieuses découvertes enrichiraient
« leurs écrits! Que de vérités utiles tiendraient
« aujourd'hui la place des vains systèmes de Py-
« thagore et de Thalès!

« La lune avait déjà développé cinq fois son
« croissant lumineux depuis que nous parcou-
« rions les domaines d'Amphitrite, quand, de la
« hune la plus élevée, le matelot-sentinelle s'é-
« cria: terre! terre! A ce cri répété, chacun de
« nous s'élance sur le tillac, les yeux tournés
« vers l'horizon, du côté de l'orient.

« Les montagnes de la côte se dessinaient
« dans le lointain comme un amas confus de
« nuages. A l'instant, les ancres se disposent, les
« voiles se replient. L'astrolabe[20], invention du
« génie, qui saisit les astres dans l'espace et me-
« sure la distance qui les sépare de la terre, l'as-
« trolabe va nous apprendre à quelle partie du
« ciel répondent ces bords inconnus.

« Une rive spacieuse nous reçoit[21]. Mes com-
« pagnons se dispersent, curieux d'explorer une
« contrée que nul Européen n'avait encore par-
« courue. Moi, je reste sur la plage avec mes
« pilotes, cherchant à déterminer le point où

« nous sommes. J'interroge tour-à-tour la carte
« du monde et le tableau du rivage.

« Nous étions entre le tropique où règne Amal-
« thée [22] et le pôle austral, où, sous des monta-
« gnes de glaces, la nature a caché ses derniers
« ouvrages. Je m'occupais à fixer mes observa-
« tions fugitives, quand je vis revenir à moi plu-
« sieurs de mes compagnons entraînant un noir
« africain : ils l'avaient surpris sur la montagne
« au moment où, tranquille et sans défiance, il
« ravissait les doux trésors de l'abeille.

« L'œil hagard, il tremble, il s'agite. Sa langue
« articule à peine quelques sons confus aussi bar-
« bares que sa figure. Tel parut aux yeux d'Ulysse
« le farouche Polyphème. Je cherche à calmer
« sa frayeur, à flatter son goût par la piquante
« saveur des aromates, à l'éblouir par l'éclat
« d'un argent pur et poli, ou de ce métal plus
« riche encore dont les dieux avaient revêtu le
« bélier de Colchos : il reste plongé dans sa stu-
« pide indifférence.

« Mais des grelots ont retenti à son oreille ;
« des grains de crystal, un bonnet couleur de
« pourpre, ont frappé sa vue.... Ses cris sou-
« dains, ses regards, ses gestes animés, expriment
« la surprise et le contentement qu'il éprouve.
« Bientôt tout ce trésor est dans sa main : il le
« reçoit en même temps que la liberté, et prend
« sa course vers la peuplade voisine.

« Dès l'aube du jour suivant, d'autres sauva-
« ges, noirs et nus comme lui, descendent de
« leurs rochers et viennent demander leur part
« des mêmes richesses. La coiffure empourprée
« excite en eux des transports de joie. Ils en cou-
« vrent leur front d'ébène et se montrent bientôt
« si familiers que Velloso cède au désir d'aller
« avec eux visiter la contrée. Il les suit à travers
« les bruyères, sans armes, sans autre bouclier
« que sa valeur.

« Parmi les guerriers que l'honneur attache à
« ma fortune, il n'en est point qui le surpasse
« en audace. Inquiet de son imprudence, j'ob-
« servais attentivement la route qu'il avait prise,
« quand tout-à-coup je le vis reparaître à la cime
« de la montagne, revenant plus vite qu'il n'était
« parti, et se dirigeant vers la mer.

« Une chaloupe s'avance pour le recevoir; mais
« un nègre audacieux s'élance sur ses traces. Un
« autre le suit et un autre encore; leurs mains
« levées sur lui vont l'atteindre et le saisir : je
« vole à son secours. La rame, à coups pressés,
« frappait les ondes, quand un noir bataillon se
« découvre, semblable au nuage épais avant-
« coureur de l'orage.

« L'orage éclate; une grêle de pierres et de
« flèches obscurcit les airs. Elles ne furent pas
« lancées au vent; cette jambe en reçut une bles-

« sure : j'en porte encore la cicatrice. Le mous-
« quet répondit aux traits des barbares, et sur
« leur corps ensanglanté imprima la vive cou-
« leur dont ils avaient paré leur tête.

« Heureux de ramener avec nous notre impru-
« dent compagnon, nous retournons à nos vais-
« seaux, abandonnant sans regret de misérables
« sauvages dont l'ignorance égalait la perfidie.
« Jamais leurs grossières nacelles n'avaient vu
« d'autres flots que les flots de leur rivage. La
« terre que nous cherchions leur était inconnue ;
« ils savaient seulement qu'elle était encore loin
« de nous.

« La flotte nous avait tous recueillis. On en-
« toure, on interroge Velloso. Aux questions des
« chefs se mêle la gaieté du soldat [23]. — Valeu-
« reux ami, la colline est plus facile à descendre
« qu'à monter. — Tu dis vrai, répond le fier Lu-
« sitanien, j'ai précipité mon retour. Des bri-
« gands vous mettaient en péril : je venais vous
« défendre.

« Et le guerrier nous raconta sa périlleuse aven-
« ture. Il avait à peine franchi la colline que les
« Africains, avec des cris de fureur, l'avaient
« repoussé vers la mer, épiant ensuite, à l'abri de
« leurs rochers, le moment où nous irions le
« recevoir au rivage. Le projet des noirs était de
« fondre sur nous, de nous envoyer tous aux

« sombres bords, et de se partager nos dépouilles.

« Le soleil avait cinq fois éclairé l'univers de-
« puis que nous avions quitté la terre des bar-
« bares. La nuit promenait en silence son char
« étoilé [24]; nos vaisseaux fendaient paisiblement
« les ondes ; assis sur la proue, nos guerriers
« veillaient, lorsqu'un sombre nuage obscurcit
« tout-à-coup le front des étoiles et jeta l'effroi
« dans nos ames.

« La mer ténébreuse faisait entendre au loin
« un bruit semblable à celui des flots qui se bri-
« sent contre des rochers. Dieu puissant ! m'é-
« criai-je, de quel malheur sommes-nous mena-
« cés ? Quel prodige effrayant vont nous offrir
« ce climat et cette mer? C'est ici plus qu'une
« tempête.

« Je finissais à peine : un spectre immense,
« épouvantable, s'élève devant nous. Son atti-
« tude est menaçante, son air farouche, son teint
« pâle, sa barbe épaisse et fangeuse. Sa cheve-
« lure est chargée de terre et de gravier ; ses lè-
« vres sont noires, ses dents livides; sous de noirs
« sourcils, ses yeux roulent étincelants.

« Sa taille égalait en hauteur ce prodigieux co-
« losse, autrefois l'orgueil de Rhodes et l'éton-
« nement de l'univers. Il parle : sa voix formi-
« dable semble sortir des gouffres de Neptune.
« A son aspect, à ses terribles accents, nos che-

« veux se hérissent, un frisson d'horreur nous
« saisit et nous glace.

« O peuple, s'écrie-t-il, le plus audacieux de
« tous les peuples ! il n'est donc plus de barrière
« qui vous arrête. Indomptables guerriers, navi-
« gateurs infatigables, vous osez pénétrer dans
« ces vastes mers dont je suis l'éternel gardien,
« dans ces mers sacrées qu'une nef étrangère ne
« profana jamais, et dont l'entrée m'est interdite
« à moi-même !

« Vous arrachez à la nature des secrets que
« ni la science ni le génie n'avaient pu encore
« lui ravir ! Hé bien, mortels téméraires, ap-
« prenez les fléaux qui vous attendent sur cette
« plage orageuse et sur les terres lointaines où
« vous allez porter vos fureurs.

« Malheur au navire sacrilège assez hardi pour
« s'élancer sur vos traces ! Je déchaînerai contre
« lui, j'armerai les vents et les tempêtes. Mal-
« heur à la flotte qui, la première après la vôtre,
« viendra braver mon pouvoir[25] ! A peine aura-
« t-elle paru sur mes ondes, qu'elle sera frappée,
« dispersée, abîmée dans les flots.

« Avec elle périra le navigateur impie[26] qui,
« dans sa course vagabonde, aperçut mon invio-
« lable demeure, et vous révéla mon existence.
« Et ce terrible châtiment ne sera que le prélude
« des malheurs que l'avenir vous prépare. Si j'ai

« su lire au livre des destins, chaque année ramè-
« nera pour vous de nouveaux désastres; la mort
« sera le moindre de vos maux.

« C'est ici qu'un guerrier, long-temps couronné
« par la victoire, trouvera une éternelle sépul-
« ture [27]. C'est ici que, par un secret jugement du
« ciel, le destructeur des flottes ottomanes vien-
« dra déposer ses trophées et payer de son sang
« la ruine de Monbaze et de Quiloa.

« Un autre héros le suivra [28], chevalier géné-
« reux, amant passionné. Une jeune beauté l'ac-
« compagne. Doux présent de l'amour, elle de-
« vait embellir sa vie. Quelle affreuse destinée les
« conduit sur ces bords ! Ils survivront à leur
« naufrage, mais pour éprouver d'inexprimables
« douleurs; et leur lente agonie ne suffira point
« à ma vengeance.

« Leurs enfants, dévorés par la faim, expire-
« ront sous leurs yeux. Le Cafre, avare et féroce,
« dépouillera de ses vêtements la chaste beauté.
« Exposée nue aux ardeurs du jour, à la fraî-
« cheur des nuits, foulant de ses pieds délicats
« le sable brûlant du désert, elle fuira dans l'é-
« paisseur des forêts.

« L'impitoyable solitude ensevelira les deux
« époux. C'est là qu'ils mouilleront de larmes les
« rochers attendris. C'est là que, réfugiés dans
« les bras l'un de l'autre, ils confondront leur

« désespoir et leurs derniers soupirs. Les tristes
« témoins de tant d'infortunes les rediront aux
« rives du Tage.

« Il continuait ses horribles prédictions. — Qui
« es-tu, monstre? lui dis-je, en m'élançant vers
« lui. Quel démon vient de nous parler par ta
« bouche? L'affreux géant jette sur moi un regard
« sinistre. Ses lèvres hideuses se séparent avec
« effort et laissent échapper un cri terrible. Il
« me répond enfin d'une voix sourde et courrou-
« cée :

« Je suis le Génie des tempêtes; j'anime ce
« vaste promontoire que les Ptolomée, les Stra-
« bon, les Pline et les Pomponius, qu'aucun de
« vos savants n'a connu. Je termine ici la terre
« africaine, à cette cime qui regarde le pôle an-
« tarctique et qui, jusqu'à ce jour, voilée aux
« yeux des mortels, s'indigne, en ce moment,
« de votre audace.

« Tu vois un des compagnons d'Encelade, d'E-
« gée et du géant aux cent bras [29]. Je m'appelle
« Adamastor. Comme eux, enfant de la terre, j'ai
« fait, comme eux, la guerre aux Dieux. Tandis
« que mes frères entassaient contre le ciel mon-
« tagne sur montagne, je combattais sur l'Océan.

« Une passion funeste alluma dans mon sein
« cette belliqueuse ardeur. J'adorais la jeune im-
« mortelle qui fut depuis l'épouse de Pélée [30];

## CHANT CINQUIÈME. 303

« j'aurais dédaigné pour elle toutes les déesses
« de l'Olympe. Un jour je la vis s'élancer nue sur
« la plage avec ses compagnes; le feu qui m'em-
« brasa soudain me brûle et me consume encore.

« Je parlai, je déplus. Indigné de ses mépris,
« mais toujours enivré de ses charmes, je décla-
« rai la guerre à Nérée, et, pour conquérir sa
« fille, j'entrepris la conquête des flots. Doris,
« une néréide, trembla pour sa jeune souveraine,
« et, dépositaire de mes vœux, lui porta des pa-
« roles de paix et d'amour. Un pudique sourire
« effleura les lèvres de Thétis. Quelle serait donc,
« répondit-elle, quelle serait la nymphe assez
« hardie pour recevoir les vœux d'un géant?

« Mais cependant, Doris, il parcourt, il bou-
« leverse nos ondes; mon père lui-même, Né-
« rée, est menacé.... Va, laisse à ma prudence
« le soin de calmer Adamastor, et de sauver
« l'empire des eaux. Telle fut la réponse que me
« transmit la néréide. Hélas! je ne sus point en
« pénétrer l'artifice, tant sont aveugles les cœurs
« passionnés! le mien palpita de désir et d'es-
« pérance.

« Plus de guerre, plus de courroux; Doris m'a-
« vait désarmé. Une nuit..... cette nuit cruelle
« devait couronner mon ardeur! Je vis, à tra-
« vers les ombres, s'avancer l'aimable Thétis.
« Elle était seule et sans voile. Les bras tendus,

« le cœur en délire, je m'élance vers cette beauté
« céleste; je couvre de baisers ses yeux, son front,
« sa chevelure......

« O honte! ô désespoir! je n'avais saisi qu'une
« montagne affreuse, hérissée d'une épaisse fo-
« rêt[31]. Un sommet sourcilleux recevait les brû-
« lantes caresses destinées à une tête divine. Tous
« mes sens furent glacés d'horreur. Je restai
« muet, immobile, comme un rocher qui presse
« un autre rocher.

« O Thétis, ô la plus belle des nymphes de
« l'Océan! si tu repoussais mes transports, que
« ne me laissais-tu l'illusion qui m'avait séduit,
« ce rêve de bonheur où s'égarait mon amour?
« Je pars désespéré, j'abandonne les lieux té-
« moins de ma disgrace; je vais chercher des
« climats inconnus où personne ne puisse rire de
« mes larmes.

« Mes frères étaient déjà vaincus. Leurs cent
« bras les avaient mal servis contre le ciel; les
« dieux en avaient enseveli plusieurs sous de
« hautes montagnes; et moi-même, errant sur
« la terre et pleurant mes ennuis, je ne tardai
« pas à subir le châtiment de mes témérités.

« De ma chair desséchée, de mes os convertis
« en rochers, les dieux, les inflexibles dieux,
« ont formé le vaste promontoire qui domine
« ces vastes ondes. Et pour accroître mes tour-

« ments, pour insulter à ma douleur, Thétis
« vient chaque jour me presser de son humide
« ceinture.

« A ces mots, il laissa tomber un torrent de
« larmes et disparut. Avec lui s'évanouit la nuée
« ténébreuse, et la mer sembla pousser un long
« gémissement. Je levai les mains vers le ciel,
« j'invoquai les célestes génies, guides fidèles des
« voyageurs; je les priai d'éloigner de nous les
« malheurs dont le cruel Adamastor avait me-
« nacé notre avenir.

« Cependant Phlégon et Pyrois, Éous et l'im-
« pétueux Éthon [32], ramenaient le char du soleil,
« et, de leurs pieds enflammés, déchiraient le ri-
« deau qui couvrait à nos yeux le promontoire
« du Géant. Nous en parcourûmes les redouta-
« bles contours; et la mer orientale vit flotter
« enfin nos pavillons.

« De nouveaux rivages nous promettaient de
« nouvelles découvertes, et pour la seconde fois
« la terre reçut nos guerriers [33]. Des peuples pas-
« teurs habitaient cette contrée. Aussi noirs, mais
« d'un aspect plus humain que les habitants des
« bords où Velloso s'était vu dans un si grand
« péril, ils venaient à nous en dansant et pous-
« saient des cris d'alégresse. Leurs troupeaux les
« suivaient, errant à l'aventure et paissant l'herbe
« fleurie.

« Leurs noires compagnes arrivaient sur des
« bœufs au pas tranquille et lent. Elles chantaient.
« Les sons du chalumeau champêtre se mêlaient
« à leurs voix. Telle autrefois la flûte de Tytire
« accompagnait les chansons des bergers de l'Au-
« sonie.

« Leur accueil ne démentit point la douceur
« qui respirait sur leur front. Leur hospitalité
« fut simple comme leurs mœurs. Des poules,
« des moutons furent amenés sur le rivage. Nous
« reçûmes leurs présents; ils remportèrent les
« nôtres; mais il nous fut impossible de tirer
« d'eux aucune lumière sur les climats que nous
« cherchions. Il fallut lever l'ancre et rendre
« aux vents nos voiles fatiguées.

« Nous suivions les longs détours de la côte
« éthiopienne, présentant la poupe au pôle an-
« tarctique et la proue à l'équateur. L'île de Diaz
« disparaissait derrière nous [34]. Là s'était terminée
« la course de ce hardi navigateur qui cherchait
« le cap des Tourmentes et ne l'aperçut qu'à
« son retour.

« De là, pendant quelques jours, nous conti-
« nuâmes à sillonner ces mers lointaines, tantôt
« poussés par des tempêtes, tantôt retenus par
« des calmes, mais toujours plus forts que les
« obstacles, toujours encouragés par la grandeur
« même du péril. D'un front serein, nous bravions

« tous les caprices du mobile élément, lorsque des
« courants impétueux s'agitèrent devant nous, et
« de leurs gouffres profonds épouvantèrent nos
« vaisseaux.

« La mer en fureur soulevait toutes ses vagues
« et nous repoussait en dépit des vents qui souf-
« flaient du septentrion. Notus, indigné de la lon-
« gue résistance des flots, redoubla de colère et
« d'efforts, et les ondes vaincues nous ouvrirent
« un libre passage.

« Le soleil ramenait l'heureux jour où trois
« rois de l'Orient vinrent adorer dans un enfant
« nouveau-né le triple roi de l'univers. La douce
« haleine du zéphir nous rapprocha de la terre
« des noirs. Un grand fleuve y reçut nos vais-
« seaux [35] : il gardera le nom de l'antique solen-
« nité que nous célébrâmes sur ses bords.

« Le *fleuve des Rois* nous fournit ses liquides
« trésors. La terre nous prodigua ses fruits; mais
« le peuple qui l'habite était pour nous comme
« un peuple muet. Ainsi nous mesurions pénible-
« ment ce long rivage, demandant partout des
« nouvelles de l'Orient et n'en recevant jamais.

« Daigne un instant, grand roi, daigne arrêter
« tes regards sur ces infortunés voyageurs, er-
« rant sans guide sur des mers inconnues, en
« proie aux horreurs de la faim, à la fureur des
« flots, dévorés par des climats insalubres, et cher-

20.

« chant à travers les tempêtes une terre lointaine
« qui semblait fuir devant eux.

« Nos provisions altérées n'étaient plus pour
« nous qu'un aliment funeste. Aucun plaisir, au-
« cune illusion qui soutînt notre espérance. Quels
« autres hommes que des Portugais se fussent
« montrés si patients dans les fatigues, si fidèles
« à leur prince, si dociles à la voix de leur chef?

« O mes généreux compagnons ! c'est l'amour
« de la gloire qui vous inspirait tant de courage.
« Sans ce noble motif, auriez-vous consenti à
« partager les souffrances de ma longue et pé-
« nible course? La colère et le désespoir n'au-
« raient-ils pas vingt fois brisé les nœuds qui vous
« attachaient à Gama? Vous avez enduré, sans
« murmure, la faim, la fatigue, des tourments
« inouis! Où ne me suivrez-vous pas, après avoir
« résisté à tant d'épreuves?

« Nous quittons enfin le fleuve hospitalier.
« Notus enfle nos voiles. D'un souffle vif et pur,
« il nous emporte au loin sur les ondes, et nous
« dérobe aux courants du golfe agité [36] d'où
« l'opulente Sofala envoie son or aux nations.

« Des flots plus tranquilles, un reste d'espoir
« et la faveur du ciel invoquée par les nauto-
« niers, nous ramenèrent au rivage. Toujours par-
« tagés entre la crainte et l'espérance, fatigués
« d'une si longue attente, à peine osions-nous for-

# CHANT CINQUIÈME. 309

« mer quelques vœux, lorsqu'un spectacle nou-
« veau vint relever nos cœurs abattus.

« Des campagnes riantes, de belles vallées, un
« grand fleuve se découvrirent à nos yeux [37]. Des
« bateaux surmontés de voiles légères se croi-
« saient paisiblement à l'entrée du port. La ren-
« contre imprévue d'un peuple navigateur [38] ra-
« nima toutes nos espérances; et cette fois du
« moins elles ne furent pas trompées.

« Les habitants de ces rives appartenaient en-
« core à la grande famille des noirs; mais il nous
« sembla qu'ils communiquaient avec des nations
« policées. Un léger tissu de coton se repliait
« autour de leur tête; une étoffe azurée leur
« servait de ceinture; à leur langage se mêlaient
« quelques mots arabes.

« Martinez les interrogea, Martinez que l'Ara-
« bie avouerait pour un de ses enfants. Ils lui
« dirent que des vaisseaux aussi grands que les
« nôtres fréquentaient cette mer lointaine; que
« des bords où naît le soleil, ils venaient chaque
« année chercher le rivage du sud, et remon-
« taient ensuite vers une contrée de l'orient où
« les hommes étaient, comme nous, de la cou-
« leur du jour.

« Le fleuve où reposaient nos vaisseaux, de-
« vint pour nous le fleuve des *Bons Signes*. Nous
« élevâmes sur ces bords un des monuments sa-

« crés destinés à marquer nos découvertes, et
« nous donnâmes à la contrée le nom du Génie
« céleste qui guida les pas du jeune Tobie vers
« la demeure de Gabelus.

« D'autres soins occupèrent encore nos loisirs.
« Les mousses fangeuses, les impurs coquillages
« qui, dans une longue navigation, s'attachent
« aux flancs des navires, disparurent sous la main
« des matelots. Les bons habitants du rivage ve-
« naient chaque jour, d'un air joyeux, déposer à
« nos pieds d'abondantes provisions.

« Mais ce bonheur, si nouveau pour nous, ne
« fut pas sans mélange. L'impitoyable Némésis
« vint le troubler par une calamité nouvelle.
« Ainsi les jours orageux succèdent aux jours
« sereins. Nous naissons sous l'empire de cette
« loi rigoureuse : le mal pèsera long-temps sur
« la terre; le bien n'y sera que passager.

« Une affreuse maladie [39] me ravit plusieurs de
« mes infortunés compagnons. Leurs ossements
« ont blanchi sur une terre étrangère. Comment
« décrire cet horrible fléau? Les gencives du ma-
« lade se gonflaient tout à coup, et, dans sa bou-
« che difforme, les chairs croissaient et se cor-
« rompaient à la fois : l'air en était infecté.

« Moins heureux que les Grecs blessés sous
« les murs de Troye, nous n'avions avec nous ni
« Machaons, ni Podalires. L'acier rigoureux sup-

## CHANT CINQUIÈME.

« plée à tous les secours de l'art. Dirigé par des
« mains inhabiles, mais courageuses, il cherche,
« il atteint les chairs altérées, et par de salutaires
« blessures, arrache des victimes à la mort.

« Hélas ! il ne put les sauver toutes. Des guer-
« riers qui si long-temps avaient partagé nos pé-
« rils et nos travaux [40] succombèrent sur cette
« plage ignorée. Ils y dorment d'un éternel som-
« meil. Oh ! que l'homme aisément trouve ici-bas
« sa dernière demeure ! Un peu de sable remué
« sur le rivage, quelques vagues fugitives, reçoi-
« vent indistinctement la dépouille mortelle d'un
« héros et les restes d'un obscur soldat.

« Nous quittâmes ce port, moins inquiets, mais
« plus tristes. Nous cherchions, en naviguant le
« long des côtes, à découvrir quelque indice nou-
« veau qui affermît encore notre espoir. Mo-
« zambique et Monbaze nous offrirent d'abord
« un asile. Quel asile, grand Dieu ! Le bruit de
« leur perfidie est parvenu jusqu'à toi.

« Enfin la pitié du ciel nous a conduits vers
« ce rivage, et l'espérance est rentrée dans nos
« cœurs ; et la vie nous sourit encore, et tous
« nos maux sont oubliés. Tu connais maintenant
« les guerriers que tu sauvais sans les connaître.
« Docile à tes ordres, je t'ai fidèlement raconté
« leurs aventures et leurs malheurs.

« Tu peux juger s'il exista jamais des voya-

« geurs tels que nous. Les courses périlleuses
« d'Ulysse et d'Énée peuvent-elles se comparer
« à la nôtre? Ces grands navigateurs, si vantés
« par les enfants d'Apollon, n'ont pas vu la hui-
« tième partie des mers immenses qu'ont parcou-
« rues mes vaisseaux.

« Que le chantre divin dont Smyrne, Rhodes,
« Colophon, Athènes, Chio, Argos et Salamine
« se disputèrent le berceau [41]; que son rival,
« l'honneur de l'Ausonie, ce cygne mélodieux
« dont les accents charment le Mincio qui l'a vu
« naître et le Tibre orgueilleux de l'entendre;

« Que ces deux favoris des muses embellissent
« d'ingénieuses fictions l'histoire de leurs demi-
« dieux; qu'ils inventent des Circés, des Poly-
« phêmes, des Sirènes enchanteresses; qu'ils con-
« duisent chez les Ciconiens la nef légère du roi
« d'Ithaque; qu'ils enivrent des fruits du Lotos
« ses imprudents compagnons; qu'ils précipitent
« dans les flots l'infortuné Palinure;

« Qu'ils irritent les vents affranchis des outres
« d'Éole; qu'ils créent des Calypsos amoureuses,
« des Harpies infectant les repas; qu'ils fassent
« descendre les héros vivants au séjour des om-
« bres; qu'ils épuisent les trésors de leur bril-
« lante imagination : ils n'inventeront rien qui
« surpasse la vérité de mes récits. »

Gama ne parlait plus et les Mélindiens l'écoutaient encore. Enfin un doux murmure s'élève au milieu d'eux et devient un long concert de louanges. Le roi de Mélinde admirait la grandeur des rois du Tage, leur génie, leurs vertus guerrières; la fidélité, le courage, le dévouement de leurs sujets. Les Mélindiens, l'œil fixé sur ces hommes extraordinaires, se redisaient l'un à l'autre le trait qui les avait le plus frappés.

Mais déja le fils de Latone inclinait vers la demeure de Thétis le char lumineux qui fut jadis si mal guidé par Phaëton. Ses premiers feux avaient éclairé l'arrivée du monarque; ses derniers rayons éclairèrent son départ.

Oh! qu'il est doux de commander ainsi l'estime de l'univers, de mêler son nom à celui des héros, d'occuper, à son tour, les doctes veilles de l'historien et du poète! C'est au récit des grandes actions, c'est aux accents de la lyre héroïque que s'enflamment les ames généreuses.

Les exploits d'Achille avaient moins de prix aux yeux d'Alexandre que la muse qui les chantait; c'est un Homère qu'il enviait au vainqueur de Troie. Les trophées de Miltiade troublaient le sommeil de Thémistocle; il brûlait d'entendre la voix d'Athènes et des muses l'associer au vainqueur de Marathon.

Les travaux de Gama ont surpassé les travaux d'Énée. Oui, sans doute; mais Énée a été chanté par Virgile⁴². Parlerait-on de l'époux de Lavinie, sans le poète, ami d'Auguste, qui rassembla dans un livre immortel tous les titres d'honneur des Romains, et en forma ce faisceau de gloire qui nous éblouit encore aujourd'hui⁴³?

La Lusitanie enfante des Scipions, des Césars, des Alexandres. Elle produit aussi des Augustes; mais chez nous les héros ne sont que des soldats aguerris. Octave, au sein des discordes civiles, composait des vers pleins de grace. D'un trait vif et perçant, il réprimait cette Fulvie qui, le front dépouillé de pudeur, le poursuivait de son amour.

César était l'ami des lettres. Éloquent comme Cicéron, de la tribune il volait au combat; et la main qui livrait des batailles, écrivait aussi des victoires. Mars et Thalie se partageaient les heures de Scipion. Homère était tout entier dans la mémoire d'Alexandre; la nuit il reposait sous le chevet du vainqueur d'Arbelles.

Romains, Grecs, ou Barbares, tous les grands capitaines ont connu le culte des Muses; elles ne sont négligées que par les guerriers de la Lusitanie. Je le dis avec douleur: si les doctes sœurs sont muettes pour eux, c'est qu'ils sont sourds pour les doctes sœurs; c'est qu'ils ignorent l'art divin qu'ils dédaignent: il n'appartient qu'aux esprits cultivés de sentir le charme des beaux vers.

N'accusons point la nature : le mépris des lettres étouffe seul parmi nous le génie des Virgiles et des Homères ; et si ce dédain barbare se prolonge, nous n'aurons bientôt plus ni pieux Énées ni vaillants Achilles. L'orgueil des richesses endurcit nos Lusitaniens. De tous les dieux de la riante antiquité, Plutus est le seul qu'ils connaissent ; et, pour comble de honte, ils ne savent plus en rougir.

Que Gama rende grâce aux Muses de leur ardeur désintéressée à consacrer une gloire dont l'éclat rejaillit sur sa race. Il n'avait rien fait pour elles. Ses descendants les ont-ils mieux servies ? Avaient-ils mérité que les Nymphes du Tage abandonnassent, en leur faveur, le fuseau d'or pour la lyre, et l'art de Minerve pour les jeux savants d'Apollon ?

L'amour de la patrie, le plaisir pur de célébrer les héros, ont seuls inspiré mes chants. Fils de Lusus, ne laissez donc pas s'éteindre en vous la passion des grandes choses. Vos exploits ne seront point perdus ; l'Histoire est là pour les recueillir, et Calliope pour les chanter.

FIN DU CHANT CINQUIÈME.

# NOTES
## DU CHANT CINQUIÈME.

1. **Le monde, chargé d'années, poursuivait languissamment le cours de son sixième âge.**

La durée du monde est divisée par les chronologistes en six grandes périodes historiques qu'ils appellent les âges du monde. Les cinq premiers comprennent le temps qui s'est écoulé depuis la création jusqu'à la naissance de Jésus-Christ. Le sixième âge est l'ère chrétienne. *Le monde y comptait quatorze fois cent révolutions du soleil et quatre-vingt-dix-sept autres encore*, lorsque Gama partit de Lisbonne pour la découverte de l'Inde. L'auteur ne pouvait exprimer d'une manière plus simple et plus heureuse la date précise du départ de son héros (1497).

2. **Les îles de Henri.**

L'infant dom Henri, l'un des fils du roi Jean 1ᵉʳ, fut, comme l'on sait, le mobile et l'instigateur des grandes navigations portugaises. C'est à ses encouragements que l'on doit la découverte de Madère, des îles du cap Vert et des Açores.

*Talent de bien faire* était la devise que ce prince avait adoptée, et qu'il justifia par toutes les actions de sa vie. Après sa mort, les pilotes et les matelots, pour honorer sa mémoire, gravaient sur les arbres des contrées nouvellement découvertes, son mot favori : *Talent de bien faire*.

## 3. Sur la droite, les flots vont se perdre dans l'horizon et baigner peut-être un autre univers.

Le continent américain était découvert à l'époque où Camoens écrivait; mais Gama, en 1497, ne pouvait qu'en soupçonner l'existence. Christophe Colomb, dans ses deux premiers voyages, exécutés en 1492 et 1493, avait déjà trouvé les îles Lucayes, Cuba, Saint-Domingue et la Jamaïque; mais ce n'est qu'à son troisième voyage, en 1498, qu'il aperçut le continent.

## 4. Elle doit son nom à ses forêts.

*Madeira*, en portugais, signifie *bois*, d'où nous est venu le nom de *madrier*. L'île de Madère était tellement boisée, que les premiers colons furent obligés, pour se faire jour à travers les forêts, d'y mettre le feu. L'incendie devint presque général, et dura, dit-on, plus de sept ans. Sur le terrain anciennement occupé par ces forêts, furent plantées des vignes que le prince Henri avait fait venir de la Grèce, et qui donnent aujourd'hui des vins si renommés dans toutes les parties du monde.

## 5. La Massylie, où paissent les troupeaux des Azenègues.

Le fleuve du Sénégal était connu des anciens sous le nom d'*Azana*. Il est probable que, par le nom d'*Azenègues*, Camoens a voulu désigner les nations nomades qui fréquentent les bords de ce fleuve.

## DU CHANT CINQUIÈME. 319

6. Terre désolée où l'oiseau digère le fer.

La Massylie, aujourd'hui le Dahra, semble être la patrie des autruches : elles y marchent par troupeaux. Leur voracité a fait croire à des voyageurs et même à des naturalistes qu'elles digéraient le fer. M. de Buffon, expose, à cet égard, l'opinion de Vallisnieri qui, après avoir disséqué deux autruches, était porté à croire que ces animaux digéraient, en effet, les corps durs par l'action du dissolvant de l'estomac, sans exclure celle des frottements qui peuvent aider à cette action principale.

« Les morceaux de bois, de fer, ou de verre qui ont sé-
« journé quelque temps dans les ventricules de l'autruche,
« ne sont point lisses et luisants comme ils devraient l'être,
« s'ils eussent été usés par le frottement; mais ils sont rabo-
« teux, sillonnés, criblés comme ils doivent l'être en sup-
« posant qu'ils aient été rongés par un dissolvant actif.

« Ce dissolvant réduit les corps les plus durs, de même
« que les herbes, les grains et les os, en molécules impal-
« pables qu'on peut apercevoir au microscope et même à
« l'œil nu.

« Les glandes du premier estomac donnent, étant pressées,
« une liqueur visqueuse, saumâtre, insipide, et qui néan-
« moins imprime très-promptement sur le fer une tache
« obscure.

« Enfin, l'activité de ces sucs, et la force des muscles du
« gésier, venant à l'appui des faits précédents, autorisent
« Vallisnieri à conjecturer, non pas tout-à-fait que les au-
« truches digèrent le fer et s'en nourrissent, comme divers
« insectes ou reptiles se nourrissent de terre et de pierres,
« mais que les pierres, les métaux, et surtout le fer, dissous
« par le suc des glandes, servent à tempérer, comme absor-

« bants, les ferments trop actifs de l'estomac; qu'ils peuvent
« se mêler à la nourriture comme éléments utiles, l'assai-
« sonner, augmenter la force des solides; d'autant plus que
« le fer entre, comme on sait, dans la composition des êtres
« vivants, et que, lorsqu'il est suffisamment atténué par des
« acides convenables, il se volatilise et acquiert une tendance
« à végéter, pour ainsi dire, et à prendre des formes ana-
« logues à celle des plantes, comme on le voit dans l'arbre
« de Mars; et c'est, en effet, le seul sens raisonnable dans
« lequel on puisse dire que l'autruche digère le fer. »

(Discours sur les Animaux.)

### 7. Le noir Sénégal.

Camoens, par hypallage, attribue au fleuve même la couleur des habitants du pays. Cette figure de transposition se
rencontre fréquemment chez les poëtes. Virgile a dit avec
beaucoup d'élégance :

Ibant *obscuri solâ* sub nocte silentes,

au lieu de

Ibant *obscurâ soli* sub nocte silentes.

### 8. Là, s'élève ce promontoire que nos marins ont appelé le cap Vert. On le nommait jadis le promontoire d'Arsine.

Quelques géographes ont pris le cap Vert pour l'*Arsina-
rium promontorium* de Ptolémée; d'autres, avec plus de vraisemblance, pour son *Hesperium cornu*. Il a existé, il est vrai,
sur les côtes d'Afrique, une colonie romaine appelée *Arsi-
naria*, d'où, selon ces géographes, le promontoire aurait

tiré son nom; mais cette colonie avait été fondée sur un des rivages de la Méditerranée, et non point sur les bords de la mer Atlantique. On la place communément au royaume d'Alger, dans la province de Tremecen dont les habitants étaient connus des Romains sous le nom de *Temici*. M. de Voltaire, dans sa tragédie de Zulime, transforme cette province de Tremecen en royaume de Trémizène, et lui donne pour capitale une ville qu'il appelle *Arsénie*. Ces noms grecs dont le poëte avait décoré l'Afrique, dépaysèrent les spectateurs, et la pièce tomba. « Presque personne, au parterre, dit l'au-
« teur dans une de ses lettres, ne connaissait la ville d'Ar-
« sénie, qui était le lieu de la scène. Trémizène est un nom
« bien sonore : c'est un joli petit royaume ; mais on n'en
« avait aucune idée. La pièce, ajoute-t-il avec sa gaîté or-
« dinaire, ne donna nulle envie de s'informer du gisement de
« ces côtes. »

## 9. Les filles d'Hesper découvraient à nos yeux leurs îles verdoyantes.

On ne s'accorde pas sur le séjour des Hespérides. Les uns le placent aux Canaries, autrefois les *îles Fortunées;* les autres, aux îles du cap Vert ; et c'est cette opinion que le poëte a suivie.

Les Hespérides étaient au nombre de trois, Églé, Aréthuse et Hespéréthuse. Selon la fable, elles possédaient en commun un jardin où croissaient des arbres à pommes d'or. Ce jardin était gardé par un dragon qui fut tué par Hercule.

10. C'est l'antique jardin des Hespérides. Il fleurit sous le nom du guerrier céleste que l'Espagnol, armé contre les Maures, n'invoqua jamais en vain dans les combats.

Le poète veut parler de *Sant-Jago*, la principale des îles du cap Vert. On sait que saint Jacques est le patron de l'Espagne.

11. Les Dorcades, ancien séjour des Gorgones.

Les Gorgones étaient filles de Phorcus, dieu marin. Elles étaient trois, Méduse, Euriale et Sthenyo. Dans le texte portugais, elles sont désignées par une périphrase empruntée de la fable.

> As Dorcadas passamos, povoadas
> Das irmãas que outro tempo alli viviam,
> Que de vista total seudo privadas,
> Todas tres d'hum só olho se serviam.

« Nous passâmes les Dorcades, ancien séjour des trois
« sœurs qui, entièrement privées de la vue, n'avaient à elles
« trois qu'un œil unique dont elles se servaient tour à tour. »

L'image était obscure pour un grand nombre de lecteurs, et bizarre pour tous. Il nous a semblé que c'était le cas de substituer, comme nous l'avons déjà fait dans quelques passages, le nom propre à la périphrase.

12. O Méduse! ce sont tes serpents qui peuplent encore ces déserts.

Méduse ne fut pas toujours coiffée de serpents. Sa chevelure était si belle que c'est par là surtout qu'elle inspira de l'amour à Neptune : témoin le récit de Persée, au IV$^e$ livre des Métamorphoses d'Ovide.

> Clarissima formâ,
> Multorumque fuit spes invidiosa procorum
> Illa : nec in totâ conspectior ulla capillis
> Pars fuit : inveni, qui se vidisse referrent.
> Hanc pelagi rector templo vitiasse Minervæ
> Dicitur. Aversa est, et castos ægide vultus
> Nata Jovis texit : neve hoc impune fuisset,
> Gorgoneum turpes crinem mutavit in hydros.

Benserade parodie ainsi la fable de Méduse.

> Tant de serpents entortillés et longs
> Furent jadis autant de cheveux blonds
> Qu'avait Méduse. Un jour en une fête
> Pallas la vit, et trouva malhonnête
> Qu'elle eût toujours Neptune à ses talons.
>
> Il la suivait par bois, prés et vallons.
> Toute indignée, elle lui dit : Allons,
> Sortez, coquette; et lui mit sur la tête
>     Tant de serpents.
>
> Semblables crins que ceux dont nous parlons
> Sont à la mode; et nous les contemplons
> (Quand le beau sexe au triomphe s'apprête),
> Frisés, bouclés, et pour une conquête
> Plus dangereux qu'aux libyques sablons
>     Tant de serpents.

21.

### 13. Les sommets rugissants de Serra-Leona.

Le bruit des flots qui viennent se briser contre les écueils de la côte ressemble à des rugissements qu'on entendrait dans le lointain. C'est pour cela que les navigateurs portugais ont donné à cette partie de l'Afrique, le nom de *Serra-Leona*, *montagne des lions*.

### 14. Le Zaïre.

Il prend sa source dans la Nigritie, arrose le Congo, et se jette dans l'Océan atlantique avec tant d'impétuosité, que le reflux de ses eaux se fait sentir en pleine mer, à plusieurs lieues du rivage. M. de La Harpe, en parlant de la lutte du Zaïre avec l'Océan, cite ces deux beaux vers du poëme des saisons :

> L'Orellane et l'Indus, le Gange et le Zaïre
> Repoussent l'Océan qui gronde et se retire.

### 15. Nous avions dépassé la ligne ardente qui partage le monde, lorsqu'un astre nouveau vint nous offrir sa bienfaisante clarté.

C'est cette réunion d'étoiles que les marins ont appellée la constellation de la Croix. Elle rend aux navigateurs du Sud le même service que l'Ourse aux navigateurs du Nord.

Les Italiens ont prétendu que *le Dante* avait cent ans auparavant, prédit cette découverte. *Je me tournai à main droite*, dit-il dans le premier chant de son Purgatoire, *et je considérai l'autre pôle : j'y vis quatre étoiles qui n'avaient jamais été connues que dans le premier âge du monde.* Le Dante, dont le poëme est une allégorie perpétuelle, entendait par le pôle le Paradis terrestre, et par les quatre étoiles, les quatre vertus cardinales, apanage de nos premiers parents; il parlait dans un sens figuré. Le sens propre de ses paroles, sans être une prophétie, n'en est pas moins remarquable, quand on le rapproche de l'événement.

16. On doute encore s'il luit sur des terres ignorées, ou s'il n'éclaire que des flots.

L'existence de l'hémisphère austral n'était encore que soupçonnée à l'époque où Camoens écrivait. Elle a été depuis démontrée par les découvertes des navigateurs anglais dans la mer du Sud.

17. Arcas et Calisto s'abaissaient derrière nous. Nous les vîmes enfin descendre à l'humide palais de Téthys et s'y plonger en dépit de Junon.

« Les Portugais, ayant passé l'équateur, devaient voir décliner le pôle du nord et s'élever celui du sud. Les anciens, qui n'avaient pas étendu leur navigation au-delà du tropique, ne perdaient jamais de vue l'étoile du nord qu'ils appellaient Calisto ou la grande Ourse; et de là les poètes ont feint que Junon avait obtenu de Téthys que jamais Calisto ne pourrait se plonger dans la mer. »

(M. de LA HARPE.)

Ovide, après avoir raconté l'aventure de Calisto, fille de Lycaon, la naissance d'Arcas et leur enlèvement dans le ciel par Jupiter, peint la fureur jalouse de Junon, sa visite aux dieux marins et la fait parler ainsi :

Quæritis, æthereis quare regina deorum
Sedibus huc adsim? pro me tenet altera cœlum.

Mentiar, obscurum nisi nox qum fecerit orbem.
Nuper honoratas summo, mea vulnera, cœlo
Videritis stellas, illic ubi circulus axem
Ultimus extremum, spatioque brevissimus, ambit.
Est verò, cur quis Junonem lædere nolit,
Offensamque tremat? quæ prosim sola nocendo.
En ego quantùm egi ! quàm vasta potentia nostra est!
Esse hominem vetui : facta est dea. Sic ego pœnas
Sontibus impono : sic est mea magna potestas.
Vindicet antiquam faciem, vultusque ferinos
Detrahat, Argolicâ quod in ante Phoronide fecit.
Cur non et pulsâ ducat Junone, meoque
Collocet in thalamo, socerumque Lycaona sumat?
At vos, si læsæ contemptus tangit alumnæ,
Gurgite cæruleo septem prohibete Triones;
Sideraque in cœlo, stupri mercede, recepta
Pellite : ne puro tingatur in æquore pellex.
            (Metam., lib. II.)

Pourquoi vous étonner si la reine des cieux
Parait en suppliante? apprenez ma disgrace.
Sachez qu'au firmament une autre prend ma place.
Croyez que je me plains sur un prétexte faux,
Si quand le soir viendra rallumer ses flambeaux,
Le pôle n'offre point des étoiles nouvelles,
Pour ma haine trompée injures immortelles.
Et qui peut craindre encor le courroux de Junon?
Qui voudra respecter sa puissance et son nom,
Quand je fais triompher ceux que je veux détruire,
Et que, seule des dieux, je sers quand je veux nuire?
Certes que ma vengeance a d'éclatants succès!
Calisto n'est plus femme; et le ciel désormais
Parmi ses habitants voit briller la coupable.
Voilà, voilà de quoi mon pouvoir est capable!
Pourquoi borner sa gloire, et ne lui rendre pas
Et sa première forme et ses premiers appas?

## DU CHANT CINQUIÈME. 327

Je n'attendais pas moins d'un époux infidèle.
Il l'osa pour Io, qu'il l'ose encor pour elle !
Qu'il ose hautement répudier Junon ;
Et pour beau-père enfin qu'il prenne un Lycaon !
Mais vous de qui les soins ont nourri mon enfance,
Si votre zèle au moins partage mon offense,
N'ouvrez point votre sein à ces astres nouveaux,
Et ne souffrez jamais qu'ils profanent vos eaux.
(Saint-Ange.)

18. **J'ai vu des feux brillants s'élever du sein des tempêtes.**

Vapeurs sulfureuses qui, long-temps comprimées par l'épaisseur des nuages, s'allument tout à coup lorsqu'elles parviennent à s'en dégager. Ces feux, *amis des matelots*, suivant l'heureuse expression de Jean-Baptiste Rousseau, ont à leurs yeux quelque chose de sacré. Cette opinion remonte jusqu'à l'antiquité la plus reculée. Pendant le voyage des Argonautes, des flammes légères parurent, dit-on, sur la tête de Castor et de Pollux; et comme le calme suivit de près cette apparition, les deux héros furent regardés comme des divinités secourables. On les invoqua dans la suite sous le nom de *Dioscures*, c'est-à-dire, fils de Jupiter ; et toutes les fois que ces flammes paraissaient sur les vaisseaux, on croyait que c'étaient Castor et Pollux qui venaient, ainsi déguisés, au secours des navigateurs. A Castor et Pollux, nos gens de mer ont substitué saint Nicolas et saint Elme : innocente superstition qui fait sourire de pitié nos tranquilles sybarites, mais qui console les matelots et les rassure dans les orages.

19. J'ai vu se former sur nos têtes un nuage épais qui, par un large tube, aspirait les vagues profondes de l'Océan.

Pline le naturaliste a décrit en peu de mots la trombe marine. *Fit et caligo, belluæ similis nubes, dira navigantibus : vocatur et columna, quum spissatus humor rigensque ipse se sustinet, et in longam veluti fistulam nubes aquam trahit.* « D'épaisses vapeurs se répandent sur les flots; un nuage
« les surmonte, et semblable à un monstre dévorant, me-
« nace les navigateurs. Bientôt les vapeurs se condensent,
« et sans autre appui qu'elles-mêmes, s'élèvent en long
« tuyau jusqu'au nuage qui les pompe. On lui donne alors
« le nom de colonne. »

Les trombes se forment plus particulièrement dans les mers resserrées, telles que le golfe Persique et le détroit de Malaca. Le capitaine Cook en a vu plusieurs dans le détroit de la reine Charlotte, au sud de la nouvelle Zélande. Le lecteur ne sera pas fâché de trouver ici, à côté de la description donnée par le navigateur poëte, la relation du navigateur savant.

« Le 17 mai 1773, à quatre heures après midi, étant alors
« à environ trois lieues du cap Stephens, avec un bon vent
« de l'O $\frac{1}{4}$ S. O. et un temps clair, le vent s'apaisa tout à
« coup; nous eûmes calme; des nuages très-épais obscur-
« cirent subitement le ciel, et semblaient annoncer une tem-
« pête. Nous carguâmes toutes les voiles. La terre paraissait
« basse et sablonneuse près de la côte de la mer, mais elle se
« relevait dans l'intérieur en hautes montagnes couvertes de
« neige. Nous vîmes de grandes troupes de petits péterels
« plongeurs ( *procelloria tridactyla* ) voltiger ou s'asseoir
« sur la surface de la mer, ou nager sur l'eau à une distance

« considérable, avec une agilité étonnante. Bientôt après,
« nous aperçûmes six trombes : quatre s'élevèrent et jaillirent
« entre nous et la terre ; la cinquième était à notre gauche ;
« et la sixième parut d'abord dans le S. O. au moins à la
« distance de deux ou trois milles du vaisseau. Son mouve-
« ment progressif fut N. E., non pas en ligne droite, mais en
« ligne courbe, et elle passa à cinquante verges de notre ar-
« rière, sans produire sur nous aucun effet. Je jugeai le dia-
« mètre de la base de cette trombe d'environ cinquante ou
« soixante pieds. Sur cette base, il se formait un tube ou
« colonne ronde par où l'eau ou l'air, ou tous deux ensemble,
« étaient portés en jet spiral au haut des nuages. Elle était
« brillante et jaunâtre quand le soleil l'éclairait, et sa lar-
« geur s'accroissait un peu vers l'extrémité supérieure. Quel-
« ques personnes de l'équipage disent avoir vu dans l'une
« de ces trombes, et près de nous, un oiseau qui, en mon-
« tant, était entraîné de force, et tournait comme le balancier
« d'un tourne-broche. Pendant la durée de ces trombes, nous
« avions, de temps à autre, de petites bouffées de vent de
« tous les points du compas, et quelques légères ondées d'une
« pluie qui tombait ordinairement en larges gouttes. A me-
« sure que les nuages s'approchaient de nous, la mer était
« plus couverte de petites vagues brisées, accompagnées quel-
« quefois de grêle, et les brouillards étaient extrêmement
« noirs. Le temps continua d'être pendant quelques heures,
« épais et brumeux, avec de petites brises variables. Enfin
« le vent se fixa dans son ancien rhumb, et le ciel reprit sa
« première sérénité. »

« Quelques-unes de ces trombes semblaient, par inter-
« valles, être stationnaires; d'autres fois, elles paraissaient
« avoir un mouvement de progression vif, mais inégal, et
« toujours en ligne courbe, tantôt d'un côté, tantôt d'un
« autre; de sorte que nous remarquâmes une ou deux fois

« qu'elles se croisaient. D'après le mouvement d'ascension de
« l'oiseau, et plusieurs autres circonstances, il est clair que
« des tourbillons produisaient ces trombes, et que l'eau y
« était portée avec violence vers le haut, et qu'elles ne des-
« cendaient pas des nuages, ainsi qu'on l'a prétendu dans la
« suite. Elles se manifestent d'abord par la violente agitation
« et l'élévation de l'eau : un instant après vous voyez une
« colonne ronde qui se détache des nuages placés au-dessus;
« et qui, en apparence, descend jusqu'à ce qu'elle se rejoigne
« à l'eau agitée. Je dis, en apparence, parce que je crois que
« cette descente n'est pas réelle ; mais que l'eau agitée qui
« est au-dessous a déjà formé le tube, et qu'il est, en s'élevant,
« trop petit ou trop mince pour être d'abord aperçu. Quand
« ce tube est formé ou qu'il devient visible, son diamètre
« apparent augmente, et il prend assez de grandeur; il di-
« minue ensuite, et enfin il se brise ou devient invisible vers
« la partie inférieure. Bientôt après, la mer reprend son état
« naturel, et les nuages attirent peu à peu le tube jusqu'à ce
« qu'il soit entièrement dissipé.

« Le même tube a quelquefois une direction verticale, et
« d'autrefois, une direction courbe ou inclinée. Quand la
« dernière trombe s'évanouit, il y eut un éclair sans explo-
« sion. Notre position, pendant la durée de ce phénomène,
« était très-alarmante ; ces trombes qui servaient de point de
« réunion à la mer et aux nuages, frappaient d'admiration
« et de terreur; et nos marins les plus expérimentés ne sa-
« vaient que faire : la plupart d'entre eux avaient vu de loin
« de pareilles trombes, mais jamais ils ne s'en étaient vus
« ainsi environnés, et nous connaissions tous la description
« effrayante que l'on a faite de leurs funestes effets quand
« elles se brisent sur un vaisseau. Les voiles étaient repliées,
« mais tout le monde pensait que nos mâts et nos vergues
« nous conduiraient au naufrage, si par malheur, nous en-
« trions dans le tourbillon.

… « Il est difficile de dire si l'électricité contribue à ce phéno-
« mène ; cependant l'éclair que nous observâmes à l'explosion
« de la dernière colonne, semble annoncer qu'elle y a cer-
« tainement quelque part. Nous n'avons fait d'ailleurs aucune
« découverte remarquable : toutes nos observations tendent
« seulement à confirmer ce qu'ont déjà dit les autres. Je n'ai
« point lu de description plus raisonnée de ces trombes, que
« dans le dictionnaire de M. Falconet : ses explications sont
« principalement tirées des écrits philosophiques du célèbre
« Franklin. Son ingénieuse hypothèse, que les trombes et les
« dragons de vent ont la même origine, nous semble pro-
« bable, autant que nous avons pu en juger. On m'a dit que le
« feu d'un canon pouvait les dissiper, et je regrette d'autant
« plus de n'avoir pas tenté ce moyen, que nous avions un
« canon tout prêt ; mais la pensée ne m'en vint point, tant
« j'étais occupé à contempler ces météores extraordinaires.
« Tout le temps qu'ils parurent, le baromètre se tint à 29
« pouces 75, et le thermomètre à 56 degrés. »

(Deuxième voyage de Cook dans l'hémisphère austral.)

### 20. L'astrolabe.

L'astrolabe avait été inventé en Portugal sous le règne de Jean second, vers 1480, dix-sept ans environ avant l'expédition de Gama ; et comme cette invention fait honneur au génie des Portugais, Camoens ne laisse point échapper l'occasion d'en faire ressortir les avantages. Tout ce que ses compatriotes ont fait de remarquable dans la guerre ou dans la paix, appartient à son sujet.

### 21. Une rive spacieuse nous reçoit.

Les Portugais l'ont appelée Sainte-Hélène. Ils étaient dans l'usage de donner aux pays et aux fleuves qu'ils découvraient, le nom des saints dont la fête se rapportait au jour de la découverte.

## 22. Le tropique où règne Amalthée.

La chèvre qui allaita Jupiter fut placée dans le ciel, et forma le signe du Capricorne. Selon quelques mythologues, c'est le dieu Pan qui reçut cet honneur, après la guerre des géants. Dans le tableau des signes du zodiaque, on représente le Capricorne avec la tête d'un bouc, et la croupe recourbée d'un monstre marin. C'est probablement par allusion à cette peinture que Camoens l'appelle *semicapro peixe*, *bouc et poisson*. Nous nous sommes permis de substituer la chèvre Amalthée à ce bizarre amphibie.

## 23. Aux questions des chefs se mêle la gaîté du soldat.

On a tremblé pour Velloso; on rit maintenant avec ses compagnons d'armes de sa fuite précipitée. Les censeurs qui ont repris cet endroit des Lusiades, comme peu digne de l'épopée, ont oublié que, dans l'Iliade, les dieux rient en voyant boiter Vulcain ; et que, dans l'Énéide, la mésaventure de Ménétès sortant des flots où Gyas, dans un moment de colère, l'avait jeté brusquement, excite la gaîté générale des compagnons d'Énée.

> Illum et labentem Tenerì et risère natantem,
> Et rident salsos removentem pectore fluctus.
> (*Æneid.*, lib. V.)

> La jeunesse troyenne
> Avait ri de le voir s'abreuver dans les mers,
> Et rit en le voyant rendre les flots amers.
> (DELILLE.)

L'aventure de Velloso est placée, avec beaucoup d'adresse, entre la trombe marine et l'épisode d'Adamastor. On voit que l'auteur a voulu effacer l'impression de terreur qu'il avait causée par la description d'un phénomène si redouté des navigateurs, pour renouveler cette impression, mais d'une manière encore plus forte, par l'apparition du génie des tempêtes.

24. La Nuit promenait en silence son char étoilé.

La flotte portugaise est prête à doubler le cap des *Tourmentes*. Un poëte ordinaire n'aurait pas manqué de peindre ici une violente tempête. Son géant eût apparu au milieu des foudres et dans le tumulte des vagues. M. de Voltaire lui-même qui n'était pas un poëte ordinaire, n'avait pas conçu autrement l'apparition d'Adamastor. *C'est un fantôme,* dit-il, *qui s'élève du fond de la mer; les tempêtes, les vents, les tonnerres sont autour de lui.* Il n'y a rien de tout cela dans Camoens. Le ciel est parsemé d'étoiles; la flotte de Gama sillonne paisiblement les ondes; ses guerriers veillent sur la proue. Au milieu de cette tranquillité profonde, la mer, sans cesser d'être calme, fait entendre tout à coup un bruit sourd, semblable à celui des vagues qui se brisent contre les rochers: c'est la voix du géant qui s'avance. Un nuage ténébreux dérobe la vue des étoiles: c'est le géant lui-même dont le corps immense obscurcit les airs. Gama se trouble, il invoque le ciel, et s'écrie: « C'est ici plus qu'une tempête ».

25. Malheur à la flotte, qui, la première après la vôtre, viendra braver mon pouvoir!

La première flotte qui, après le retour de Gama en Portugal, partit de Lisbonne pour les Indes, fut celle d'Alvarès

Cabral. Sur treize vaisseaux dont elle était composée, six furent engloutis dans les flots, au milieu d'une tempête qu'ils essuyèrent à la hauteur du cap de Bonne-Espérance. Les sept autres, extrêmement maltraités, n'arrivèrent qu'avec beaucoup de peine au port de Sofala.

26. Avec elle périra le navigateur impie qui, dans sa course vagabonde, aperçut mon inviolable demeure et vous révéla mon existence.

Avant le voyage de Gama, Barthelemi Diaz avait navigué jusqu'au promontoire des Tempêtes, et l'avait même dépassé; mais il ne l'aperçut qu'à son retour. C'est sur son récit que fut projetée l'expédition de Gama, dont cependant il ne fit point partie. Ce n'est qu'en 1499, qu'il se rembarqua sur la flotte d'Alvarès Cabral. Il périt dans cette tempête dont nous parlons dans la note précédente.

27. C'est ici qu'un guerrier, long-temps couronné par la victoire, doit trouver une éternelle sépulture.

François d'Almeïda, premier vice-roi des Indes, revenait triomphant dans sa patrie, lorsque, ayant pris terre aux environs de la baie de Saldagne, il fut tué dans une querelle qui s'était élevée entre les indigènes et les gens de son équipage.

28. Un autre héros le suivra, etc.

Allusion à la touchante aventure de Manuel de Souza et de Léonor de Sa, son épouse, qui périrent avec leurs enfants dans un désert de la Cafrerie. M. de La Harpe, d'après Duperron de Castéra, raconte ainsi cette déplorable histoire:

« Manuel avait été gouverneur de Diu : il revenait en Eu-
« rope avec sa femme Léonor de Sa, l'une des plus belles
« personnes de son temps, et rapportait des richesses im-
« menses. La tempête brisa son vaisseau contre les écueils du
« cap de Bonne-Espérance. Une partie de son équipage périt
« dans les flots ; le reste se trouva sans secours et sans res-
« source dans un pays ignoré et inculte. Les uns moururent
« de faim, les autres furent massacrés par les sauvages, ou
« dévorés par des bêtes féroces. Manuel, son épouse, ses
« trois enfants et quelques-uns des siens gagnèrent une bour-
« gade, dont le chef était un brigand qui les dépouilla de
« leurs habits et de leurs armes, et les laissa nus au milieu
« de la campagne. L'infortunée Léonor, après avoir long-
« temps marché dans cet état, les jambes enflées, les pieds
« déchirés et sanglants, et tourmentée encore plus de sa nu-
« dité qui l'exposait aux regards et aux insultes des barbares,
« sentit enfin défaillir ses forces et son courage, et s'enterra
« dans le sable jusqu'au cou. Dans cette affreuse situation,
« elle vit expirer deux de ses enfants qu'elle avait soutenus
« jusqu'à ce moment des secours qu'elle se refusait à elle-
« même. Elle ne tarda pas à les suivre. Son mari reçut ses
« derniers soupirs, et, saisi du plus affreux désespoir, il prit
« dans ses bras le dernier de ses enfants, près de mourir
« comme ses frères ; et poussant des cris et des hurlements
« lamentables, il s'enfonça dans les bois, où sans doute, il
« devint la proie des tigres et des lions. Vingt-six Portugais
« survécurent à tant de malheurs : ils arrivèrent à un village
« d'Ethiopie qui entretenait commerce avec des marchands
« portugais, et trouvèrent des vaisseaux qui les ramenèrent
« en Europe. »

## 29. Tu vois un des compagnons d'Encelade, d'Égée et du géant aux cent bras.

Quelques commentateurs ont cru voir dans le personnage d'Adamastor une peinture allégorique du mahométisme personnifié. Adamastor, enfant de la terre, a fait autrefois la guerre aux dieux : Mahomet, né dans un obscur désert de l'Arabie, a osé la faire au dieu véritable. Adamastor défend aux Portugais l'entrée des mers orientales : les disciples du prophète conquérant en ont long-temps interdit l'accès aux peuples de l'Europe. Le géant brûle encore d'une passion criminelle pour la jeune Thétis : la religion du faux prophète sanctifie, en quelque sorte, la volupté. Immobile témoin du passage des Portugais, Adamastor est battu des flots qu'il avait voulu conquérir : les mahométans, autrefois les dominateurs de l'Océan des Indes, sont forcés d'en abandonner l'empire aux navigateurs de l'Occident qu'ils en avaient si long-temps repoussés. Ces rapprochements nous ont paru curieux ; et sans prétendre, comme Duperron de Castéra, qu'ils soient entrés dans la pensée de Camoens, nous croyons qu'ils ne seront pas sans intérêt pour le lecteur.

## 30. J'adorais la jeune immortelle qui fut depuis l'épouse de Pélée.

*Thétis*, fille de Nérée, épouse de Pélée et mère d'Achille. Il ne faut pas la confondre avec *Téthys*, épouse de Neptune, et fille de Cœlus et de Vesta. Leurs noms se différencient par l'orthographe. C'est de *Téthys* qu'il est question dans tout le cours du poëme ; *Téthis* ne paraît que dans la fiction d'Adamastor.

31. O honte! ô désespoir! je n'avais saisi qu'une montagne affreuse, hérissée d'une épaisse forêt.

Ainsi s'explique la réponse équivoque de Thétis à sa confidente : *Va, laisse à ma prudence le soin de calmer Adamastor*, etc. Cette fiction est imitée de la fable d'Ixion, roi des Lapithes. Ixion était devenu amoureux de la reine des dieux; mais il n'embrassa qu'un nuage. Jupiter ensuite le précipita dans les enfers où les Euménides l'attachèrent avec des serpents à une roue qui ne s'arrête jamais.

> Volvitur Ixion, et se sequiturque fugitque.
> (Metam. lib. IV.)

> Sur sa roue Ixion tournant avec vitesse,
> Sans cesse se poursuit, et s'évite sans cesse.
> (St-Ange.)

32. Cependant Phlégon et Piroïs, Éous et l'impétueux Éthon, etc.

Ce sont les noms que les Grecs donnaient aux coursiers du soleil. On les retrouve dans Ovide.

> Intereà Volucres Pyroëis, Eous et Ethon,
> Solis equi, quartusque Phlegon, etc.
> (Metam. lib. II.)

33. Pour la seconde fois, la terre reçut nos guerriers.

Les Portugais donnèrent à cette contrée le nom de Saint-Blaise, comme ils avaient donné celui de Sainte-Hélène au rivage où ils avaient pris terre pour la première fois (Voy. la note 21). La manière dont Camoens décrit les mœurs des habitants de la nouvelle contrée, est tout à fait dans le goût des anciens: on croit lire une page de l'Odyssée. L'imagination, encore émue des horribles prédictions d'Adamastor, se repose agréablement sur ces hommes de la nature qui, ne connaissant ni l'opulence de nos villes, ni les arts de la civilisation, ont encore l'innocente simplicité des peuples pasteurs.

### 34. L'île de Diaz disparaissait derrière nous.

Petite île située à soixante-deux lieues du cap de Bonne-Espérance. Elle fut le terme de la première navigation de Barthélemi Diaz qui lui donna le nom de Sainte-Croix.

### 35. Un grand fleuve y reçut nos vaisseaux.

Les Portugais l'appelèrent *le fleuve des rois*, parce qu'ils y entrèrent le jour même où l'église honore la mémoire de ces trois rois de l'Orient qui vinrent adorer le messie à Bethléem.

### 36. Notus nous dérobe aux courants du golfe agité, etc.

Ces courants donnent leur nom à un cap que l'on trouve un peu avant Sofala. Barthélemi Diaz n'avait pu les franchir, et Gama ne parvint à passer outre qu'à la faveur d'un vent très-favorable qui le repoussait de la côte.

### 37. Des campagnes riantes, de belles vallées, un grand fleuve, se découvrirent à nos yeux.

Osorius, qui a écrit en latin l'histoire du règne d'Emmanuel, raconte, de la même manière que Camoens, les diverses circonstances de la navigation de Gama. *Ad fauces ingentis fluvii pervenére, cujus ripas undique arbores fructibus onustæ diffusis latè frondibus opacabant. Tellus erat herbida et amœna*, etc. ( De rebus Emmanuelis, lib. I. ) *Les Portugais parvinrent à l'embouchure d'un grand fleuve dont les bords étaient couverts d'arbres touffus et chargés de fruits. On apercevait de belles prairies*, etc. Camoens est toujours d'une grande exactitude géographique : c'est un rapport de plus avec Homère.

### 38. La rencontre imprévue d'un peuple navigateur, etc.

Depuis les Canaries jusqu'au golfe de Sofala, les Portugais n'avaient rencontré que des races d'hommes barbares, dont le langage leur était tout à fait inconnu. Ils commencent vers Sofala à retrouver des peuples policés, et la langue des Arabes. Les vaisseaux de la Mecque, employés au commerce de l'Inde, avaient des stations sur la côte orientale de l'Afrique. Les Portugais reçurent enfin des nouvelles de l'Orient, et donnèrent au fleuve qui baigne la contrée où ils abordèrent, le nom de fleuve *des bons signes*.

### 39. Une affreuse maladie, etc.

Le scorbut, mal contagieux qui se manifeste par l'enflure et le saignement des gencives : c'est le plus grand fléau des mariniers. L'eau corrompue et les aliments salés dont ils sont contraints d'user dans leurs voyages de long cours, leur occasionnent fréquemment cette maladie. Les anciens, qui ne perdaient presque jamais de vue le rivage et qui pouvaient, dès lors, se procurer aisément de l'eau et des aliments frais, ne la connaissaient point : elle a pris naissance avec les grandes navigations des modernes.

## 40. Des guerriers qui avaient si long-temps partagé nos périls et nos travaux, etc.

Quel sentiment profond de tendresse et de mélancolie dans ce récit de la mort des compagnons de Gama! Ils avaient partagé ses périls et ses travaux ; ils devaient revoir avec lui leur patrie, leur famille, leurs amis... *Leurs ossements blanchiront sur une terre étrangère.* Gama ajoute un peu plus bas : *Nous quittâmes ce port, moins inquiets, mais plus tristes.* C'est dans ces passages de Camoens que l'on retrouve véritablement l'ame de Virgile. On croit entendre les adieux d'Énée à son infortuné pilote :

Nudus et ignotâ, Palinure, jacebis arenâ!

## 41. Se disputèrent le berceau.

Traduction littérale d'un ancien distique rapporté par Aulu-Gelle.

Septem urbes certant de stirpe insignis Homeri :
Smyrna, Rhodos, Colophon, Salamin, Chios, Argos, Athenæ.

## 42. Les travaux de Gama ont surpassé les travaux d'Énée. Oui, sans doute ; mais Énée a été chanté par Virgile.

Ce sont les poètes qui immortalisent les héros. Horace l'avait dit avant Camoens, dans sa belle ode à Lollius, *Ne forte credas*, etc.

> Vixère fortes antè Agamemnona
> Multi ; sed omnes illacrymabiles
> Urgentur ignotique longâ
> Nocte, carent quia vate sacro.

Le monde avant Atride eut des guerriers célèbres,
Mais leur nom s'est perdu dans la nuit des ténèbres,
Aucun fils d'Apollon ne l'ayant publié.
La tombe les dévore, et dans son sein avide
> Confond l'homme timide
> Et le brave oublié.

(Trad. de M. Daru.)

43. Parlerait-on de l'époux de Lavinie, sans le poète, ami d'Auguste, qui rassembla dans un livre immortel tous les titres d'honneur des Romains, et en forma ce faisceau de gloire qui nous éblouit encore aujourd'hui?

Ce passage est très-remarquable. Camoens avait embrassé d'un coup-d'œil tout le plan de l'Énéide, toutes les intentions de cette magnifique épopée. « Par une multitude d'ora-« cles, dit M. Delille, par les prophéties d'Anchise et l'in-« génieuse fiction du bouclier forgé par Vulcain, Virgile a pu « suivre les grandes destinées de Rome, depuis la louve de « Romulus jusqu'aux aigles romaines, depuis le chaume royal « du bon Évandre jusqu'aux pompes du Capitole. » A l'exemple de Virgile, Camoens, par le beau récit de Gama au roi de Mélinde, par les peintures tracées sur les bannières portugaises, et enfin par les prédictions de Jupiter et de Téthys, rappelle et développe tout ce que les Portugais ont fait de mémorable, tant en Europe qu'en Asie, depuis Viriate jusqu'au grand Emmanuel, depuis la glorieuse entreprise de Gama jusqu'aux triomphes d'Albuquerque et de Castro. Nous laissons au lecteur le soin d'observer le parti admirable que Camoens a tiré des inspirations qu'il avait reçues de Virgile. « Un des plus intéressants spectacles, dit « encore M. Delille, c'est l'impression du génie sur le génie. »

FIN DES NOTES DU CHANT CINQUIÈME.

# LES LUSIADES.

## CHANT SIXIÈME.

# LES LUSIADES.

## CHANT SIXIÈME.

Les fêtes cependant se multipliaient à Mélinde. La présence des héros, le bonheur de les posséder dans ses états, l'espoir d'une alliance honorable avec leur roi, occupaient toutes les pensées du prince africain. « Pourquoi le ciel, « leur disait-il, m'a-t-il placé si loin de l'opulente « Europe, si loin des lieux où le bras d'Hercule « ouvrit à l'onde amère un chemin nouveau? Une « paix éternelle unirait les deux rivages. »

Les jeux, les danses où la jeunesse mélindienne déployait sa grâce et sa vigueur; la pêche et ses plaisirs variés, les présents de Pomone, les viandes exquises, les oiseaux rares, les poissons recherchés, rien n'était épargné pour les enfants de Lusus. Antoine fut moins fêté à la cour de Cléopâtre[1].

Mais les délices de Mélinde ne peuvent captiver Gama. Une vaste mer lui reste encore à parcourir, et le vent favorable l'invite au départ. D'abondantes provisions sont apportées sur ses vaisseaux ; d'habiles pilotes se disposent à le guider. Le monarque veut en vain le retenir : Gama résiste à sa prière.

« Partez donc, illustres guerriers ; mais reve-
« nez bientôt visiter nos paisibles bords : mes états
« vous seront toujours ouverts. Dites au prince
« qui vous gouverne, que mon trône et ma vie
« sont à lui. Partez, accomplissez vos nobles
« destins, et souvenez-vous quelquefois de Mé-
« linde et de son Roi. »

Les adieux de Gama ne sont ni moins expressifs, ni moins tendres. On se sépare enfin, les voiles s'enflent, et les guerriers reprennent le chemin de ces contrées lointaines qui, depuis si long-temps, se dérobaient à leurs vœux. Un pilote fidèle éclaire et dirige leur navigation. Tranquilles désormais, ils se reposent sans danger sur la foi de leur nouveau guide.

Ils fendaient les mers orientales, et déjà l'Océan de l'Inde présentait à leurs yeux le berceau brûlant du soleil. Ils touchaient au terme de leur voyage.... Mais leur éternel persécuteur, Bacchus, va tenter un dernier effort[2] pour leur ravir la gloire qui les attend. Un dépit mortel le dévore. Il frémit, il s'agite, il menace ; sa colère est un délire.

La grandeur de Lisbonne doit égaler un jour

la grandeur de Rome. Le ciel l'a décidé, et Bacchus lui-même ne saurait anéantir les décrets d'un pouvoir sous lequel tout fléchit. Désespéré, il descend sur la terre, pénètre au sein des royaumes humides, et se rend au palais du dieu qui tient le sceptre des mers.

Dans les secrets abîmes où la nature a caché le berceau d'Amphitrite [3], dans ces gouffres profonds d'où s'élancent les vagues quand les vents les appellent, réside Neptune avec les filles de Nérée et les autres divinités de l'Océan. Courbés en voûte azurée, les flots suspendus protègent leurs tranquilles retraites.

Au milieu d'une plaine immense que ne contempla jamais l'œil des mortels, sur un sable d'argent, s'élève le palais de Neptune avec ses tours de crystal. A leur éclat, on les prendrait pour des tours de diamant; et plus on s'en approche, plus l'illusion augmente.

Les portes sont d'or et marquetées de perles brillantes, ouvrage d'Amphitrite et du temps. Des sculptures magnifiques ont frappé les regards de Bacchus : il s'arrête. Sous des couleurs confusément mêlées, se présente à ses yeux l'antique chaos. Il en voit sortir les quatre éléments [4] qui s'agitent et se séparent, impatients de prendre la place que leur assigna la nature.

Dans la région supérieure plane le feu qui ne

s'alimente que de lui-même. C'est de là que, suivant la route que lui traça Prométhée, il donne le mouvement à tout ce qui respire. Au-dessus du feu s'élève, d'un léger vol, l'air invisible qui s'insinue plus aisément encore, et qui, brûlant ou glacé, ne laisse aucun vide dans l'univers.

Plus bas, la terre se couronne de montagnes, de verts gazons et d'arbres fleuris : on la voit distribuant une nourriture variée aux animaux qu'elle enfante. Sur la terre se répandent les eaux qui circulent avec leurs nombreuses familles de poissons, et vont porter dans tous les corps une sève nourricière et pure.

D'un autre côté, est représentée la guerre des Géants contre les Dieux. Les Géants sont vaincus; Typhée gémit sous le poids de l'Etna; la montagne vomit des flammes. Ici, Neptune frappe la terre de son trident, et donne aux peuples du premier âge le coursier belliqueux. Là, Minerve leur présente l'olivier, doux symbole de la paix.

Bacchus abandonne brusquement ces chefs-d'œuvre d'un art divin; il entre au palais de Neptune qui, déjà prévenu de son arrivée, s'avançait pour le recevoir. Les filles de Nérée l'accompagnent, étonnées d'une visite si nouvelle pour le dieu des mers. Bacchus au sein de l'onde! Un léger sourire brilla dans les yeux des Néréides.

« O Neptune, lui dit-il, ne sois point surpris
« de voir Bacchus dans tes états. La grandeur ni
« la puissance ne sont à l'abri des injures du
« sort. Apprends une grande infortune : que tous
« les Dieux de la mer l'apprennent en même
« temps; hâte-toi de les rassembler; ma disgrâce
« leur est commune. »

Il dit, et Neptune inquiet ordonne à Triton de convoquer dans l'un et l'autre hémisphère tous les dieux de l'humide empire. Triton est le fils de Neptune et de la reine des ondes [5]. Il est jeune, mais noir et difforme; sa taille est gigantesque: une trompette est dans sa main.

Sa longue barbe, sa longue chevelure, sont formées d'herbes fangeuses, que la dent du peigne n'a jamais séparées. De l'extrémité de ses cheveux pendent de noirs coquillages; une large écaille, aux reflets de pourpre et d'azur, lui sert de casque et de couronne.

Pour nager avec plus de vitesse, il est nu. Une ceinture presse ses flancs : elle est formée de homards et de chevrettes, de moules endormies, de hérissons couverts de mousses, et de cette foule de petits crustacées qui se développent dans leur coquille à mesure que le disque de Phébé s'arrondit dans les cieux.

Il embouche la trompette, et sa voix éclatante parcourt d'échos en échos l'immensité des mers. Au son perçant qui les appelle, toutes les divinités des eaux se mettent en marche vers le palais du Dieu, qui jadis, à la prière de Laomédon, bâtit des murs que renversèrent les Grecs.

Escorté de sa nombreuse famille, le vieil Océan s'avance le premier; Doris et Nérée marchent sur ses pas; la mer leur doit ses Néréides. Protée vient ensuite. Il a quitté pour les suivre le soin des troupeaux d'Amphitrite; mais d'avance il a pénétré le secret de Bacchus.

Par un autre chemin s'avançait l'épouse de Neptune, Téthys, fille de Célus et de Vesta. Sur son front respirent la grace et la majesté. Une gaze fine et légère enveloppe ses attraits; mais leur éclat se fait jour à travers le voile qui les couvre. Ravie de tant de charmes, la mer n'ose agiter ses flots.

Belle comme les fleurs, Amphitrite l'accompagne. Elle est suivie du dauphin qui lui conseilla jadis de céder aux vœux de Neptune. Les rayons du jour sont moins brillants que les regards d'Amphitrite et de Téthys. Également chéries du Dieu des mers, elles se tiennent par la main et marchent d'un pas égal [6].

Ino paraît avec son fils [7] qu'elle a su dérober

aux fureurs d'Athamas, et qui partage avec elle les honneurs divins. Le jeune dieu court en avant sous les yeux de sa mère, jouant, folâtrant avec les brillants coquillages qui tapissent le fond des eaux[8]. La belle Panopée se mêle aux jeux de Mélicerte, et charmée de sa grace enfantine, l'enlève dans ses bras.

Glaucus les suit, Glaucus, de pêcheur devenu poisson, et de poisson dieu marin[9]. Il dut sa première métamorphose à la puissance d'une herbe magique, et la seconde, à l'amitié de Neptune. L'immortalité ne le console point de la perte de son amante. Scylla qu'il préférait à Circé[10], Scylla qu'il aime encore, n'est plus qu'un objet d'horreur et d'effroi : la jalouse Circé en a fait un monstre. Oh! que l'amour méprisé est terrible, quand il se venge!

Un salon magnifique a reçu les immortels. Déjà tous ont pris place, les déesses sur d'éclatantes estrades, les dieux sur des sièges de crystal. Neptune les salue d'un sourire. A ses côtés, il a placé Bacchus sur un trône égal au sien. L'air est embaumé d'un précieux aromate[11] qui croît au fond des mers, et qui l'emporte sur les plus doux parfums de l'Arabie.

Les Dieux font silence, et Bacchus s'apprête à leur découvrir la cause de ses tourments. Il charge son front d'un sombre nuage; et donnant à sa voix un accent de douleur, il les dispose aux impressions funestes que son discours laissera dans leurs ames.

« Fils de Saturne, ô toi qui règnes d'un pôle
« à l'autre sur le vaste séjour des ondes, toi,
« dont la main posa les bornes qui séparent les
« peuples de la terre; et toi, vénérable Océan,
« qui de tes flots embrasses le monde et défends
« aux nations de franchir les limites tracées par
« Neptune;

« Et vous tous, Dieux de la mer, si jaloux au-
« trefois de l'indépendance de vos domaines;
« vous qu'un téméraire navigateur n'affronta ja-
« mais impunément : qu'est devenue votre an-
« tique sévérité? N'avez-vous plus ni gouffres,
« ni tempêtes? Depuis quand vos inflexibles
« cœurs savent-ils pardonner à l'insolence des
« humains?

« Ils tentèrent jadis d'escalader l'Olympe. De-
« puis, on a vu leurs voiles sacrilèges, leurs ra-
« mes infatigables, profaner le sein d'Amphitrite.
« Ils bravent aujourd'hui et la mer et les cieux;
« et bientôt, si rien ne les arrête, ils seront les
« Dieux de l'Univers, et les immortels leur offri-
« ront de l'encens et des vœux.

« Les fils dégénérés d'un soldat qui servit sous
« mes drapeaux, les descendants de Lusus vien-
« nent insulter à ma puissance, à la vôtre. Con-

« tempteurs de vos lois, ils brisent les barrières
« que vous opposiez à leur audace. Ce que les
« Romains eux-mêmes n'avaient jamais tenté,
« les Lusitaniens l'exécutent.

« Lorsque les Argonautes osèrent se frayer un
« chemin dans votre empire, Borée, Notus,
« Aquilon, tous les enfants d'Éole se soulevèrent
« d'indignation. Et vous, divinités de l'Océan,
« vous que de vils mortels viennent outrager
« jusqu'à l'entrée de vos palais, vous tardez en-
« core à les punir!

« Mais le sentiment de l'injure qui vous est
« faite, n'est point le seul motif qui m'amène
« parmi vous. Ma gloire est offensée, trahie par
« les guerriers du Tage. Les trophées que j'ai
« plantés en Orient, tous les monuments de mes
« victoires vont disparaître devant eux.

« Supérieurs aux conquérants les plus renom-
« més, ils arracheront à Bacchus son thyrse, et
« à toi, Neptune, ton trident. Ainsi l'ont résolu
« Jupiter et les Destins. J'ai vainement combattu
« cette résolution funeste; Mars et Vénus ont
« égaré la raison des Immortels. Une déesse in-
« sensée, un dieu furibond, l'ont emporté sur
« le triomphateur de l'Inde; et l'Olympe tout
« entier s'abandonne à leur délire.

« J'ai quitté cet odieux séjour, cherchant quel-
« que remède à ma douleur; et je viens voir

« si, dans vos mers profondes, je retrouverai
« l'honneur et le crédit que j'ai perdus dans
« le ciel. » A ces mots, des pleurs de rage s'é-
« chappent de ses yeux, et l'émotion qu'il éprouve
« se communique à tous les dieux de l'Océan.

Le transport qui les saisit ne souffre ni conseil ni retard. « Périssent les enfants de Lusus!
« Périssent d'insolents navigateurs ! » Un message de Neptune ordonne au fougueux Éole d'en purger, à l'instant même, la surface des mers.

Protée seul, parmi les dieux, n'a point partagé le mouvement qui les entraîne. Il se lève, et, les yeux fixés sur l'avenir, il parle. Des voix tumultueuses couvrent la sienne. « Tais-toi, pro-
« phète importun, s'écrie Téthys en fureur : Les
« oracles de Neptune sont plus sûrs que les
« tiens. »

Mais déjà le dieu d'Éolie vient d'ouvrir la prison des vents. A la voix de leur souverain, les vents irrités s'élancent sur la terre, ébranlent les cités, les tours et les montagnes, et dirigent leur vol vers les mers orientales. Les nuages s'amoncèlent sur leur passage, et courent avec eux dans l'immensité des airs.

Tandis que les Dieux réunis au palais de Neptune conjuraient la perte des enfants de Lusus, la flotte, accompagnée des zéphirs, fendait paisiblement l'onde azurée. Déjà la nuit avait me-

## CHANT SIXIÈME. 355

suré le quart de sa course; la garde fatiguée allait reposer à son tour, et, pour la seconde veille, appelait d'autres guerriers.

Encore accablés de sommeil [12], les yeux à peine ouverts, ils arrivaient d'un pas incertain, s'appuyant sur les bords élevés du navire. Vêtus à la hâte et mal abrités contre l'air aigu qui soufflait, ils étendaient, en frissonnant, leurs membres engourdis, et cherchaient à secouer les pavots dont Morphée chargeait leurs paupières.

« Amis, disait l'un des guerriers, c'est un dur
« métier que le nôtre. Allons, égayons nos tra-
« vaux; rappelons-nous, inventons quelque récit
« qui dissipe l'ennui du voyage. — Parlons d'a-
« mour, répond Léonard » (la dame de ses pensées l'occupait en ce moment [13]). « Est-il un moyen
« plus sûr et plus doux de charmer les heures
« et de triompher du sommeil?

« Parler d'amour au milieu de tant de peines!
« s'écrie Velloso; ses douceurs s'accordent mal
« avec les travaux de la mer. Parlons plutôt de
« guerres et de batailles. Nous avons encore des
« combats à soutenir, des fatigues à surmonter;
« et, si j'en crois mes pressentiments, nous ne
« sommes pas au bout de nos souffrances. »

Les guerriers applaudissent, et, d'une voix unanime, le prient de raconter une aventure à

son choix. « Écoutez une histoire véritable [14],
« une aventure portugaise. Que l'exemple de vos
« compatriotes vous excite et vous enflamme.
« Admirez avec moi les douze chevaliers dont
« l'Angleterre elle-même estima la valeur.

« Jean 1$^{er}$ n'avait plus d'ennemis à combattre.
« Les Castillans respectaient sa puissance, et le
« monde honorait ses vertus. Ses guerriers re-
« posaient sur des trophées, quand la nébuleuse
« Albion vit éclater une querelle qui devint pour
« la Lusitanie une nouvelle source de gloire.

« Un grand débat s'était élevé entre les jeunes
« seigneurs et les jeunes beautés de la cour d'An-
« gleterre. La discorde secoua sur eux son flam-
« beau; et les nobles chevaliers, avec cette ar-
« rogance si familière aux hommes de cour, exha-
« lèrent leur courroux en paroles outrageantes
« contre l'honneur des dames.

« Et si quelqu'un ose nous démentir, avaient-
« ils ajouté, qu'il paraisse : nous le combattrons
« en rase campagne, en champ clos, l'épée ou
« la lance à la main. A ce langage insultant, à
« ces menaces, que pouvait opposer un sexe
« faible et timide? Les dames n'avaient pour
« défense que leur douleur et leurs larmes.

« Leurs parents, leurs amis, n'osent entre-
« prendre de les venger, tant les offenseurs
« sont puissants dans le royaume! L'amour lui-

« même, l'amour méconnait la voix de l'hon-
« neur [15]. Au désespoir, elles courent implorer
« le duc de Lancastre [16]. Les pleurs dont leur
« visage est inondé semblaient devoir intéresser
« à leur cause et les mortels et les Dieux.

« Lancastre est né sur les marches du trône.
« Grand par sa naissance, plus grand par son
« courage, il avait naguères, avec le secours des
« Portugais, disputé le royaume de Castille au
« successeur de Transtamare. D'autres liens en-
« core l'attachaient aux guerriers du Tage [17] :
« leur belle souveraine, l'épouse du roi Jean,
« devait le jour à Lancastre.

« Il ne pouvait, sans provoquer une guerre
« intestine, s'armer lui-même en faveur des da-
« mes; mais il leur dit : quand j'osai prétendre
« à la couronne d'Ibérie, je vis, je connus les
« Portugais. Modèles de courage, adorateurs de
« la beauté, ils ne balanceront point à vous of-
« frir leurs épées et leurs bras.

« Belles offensées, dites un mot, et vous les
« verrez accourir. Que vos plaintives épîtres les
« instruisent de l'injure qui vous afflige. Qu'elles
« soient dictées par la réserve, mais que la grace
« y domine. Parlez à leur cœur, intéressez leur
« gloire, et comptez sur d'héroïques défen-
« seurs.

« Elles étaient douze. Un nombre égal de che-

« valiers leur est indiqué par le prince, et le sort
« assigne à chacune d'elles le guerrier qui doit
« la défendre [18]. Elles écrivent chacune à son
« héros, et toutes ensemble au roi Jean. Un mes-
« sage de Lancastre accompagne leurs messages.

« Ils sont partis; le zéphir les porte à Lis-
« bonne. Leur arrivée excite à la cour une agi-
« tation générale. Jean, l'invincible Jean, serait
« le premier à voler à la défense de la beauté;
« mais la majesté du trône enchaîne sa valeur.
« Chacun des courtisans brûle de s'associer à
« la noble aventure : cet honneur n'appartient
« qu'aux guerriers que Lancastre a choisis.

« Dans la cité fidèle où l'antique Lusitanie a
« pris le nom de Portugal [19], un léger navire at-
« tend les chevaliers. Ils disposent à l'envi les
« armes brillantes, les chevaux de bataille, l'ha-
« bit de guerre, les casques, les cimiers, les de-
« vises d'amour et les armoiries aux mille cou-
« leurs.

« Déjà le monarque a reçu leurs adieux. Déjà
« leur nef légère est prête à les porter aux bords
« de la Tamise. Tous sont égaux en adresse, en
« courage, tous sont animés d'une égale ardeur;
« mais l'un d'eux, l'intrépide Magrice, leur adresse
« ce discours :

« Le ciel comble mes vœux. J'étais las de ne
« voir d'autres flots que les flots du Tage et du

## CHANT SIXIÈME.

« Douro, d'autre terre que celle qui m'a vu
« naître. Je veux observer les nations, leurs cou-
« tumes et leurs lois. Partez donc, fendez les
« mers ; le monde et son tableau varié m'ap-
« pellent par une autre route.

« Si le maître de nos destinées dispose de la
« mienne avant le temps, vous saurez vaincre
« sans moi. Mais si mon cœur me dit vrai, les
« fleuves, les montagnes, les caprices de la for-
« tune ne m'opposeront que d'impuissantes bar-
« rières : je vous rejoindrai aux rivages d'Albion.

« Il dit, obtient l'aveu de ses amis, les em-
« brasse et s'éloigne. Il traverse les royaumes de
« Léon et de Castille, ancien théâtre de nos ex-
« ploits; il franchit la Navarre et les Pyrénées,
« admire la France et ses merveilles, et s'arrête
« quelque temps aux campagnes belgiques, dans
« cette ville célèbre où le commerce et l'in-
« dustrie versent à l'envi leurs trésors [20].

« Cependant ses compagnons d'armes sillon-
« naient les flots de l'océan du Nord. Bientôt ils
« foulent le rivage de l'Angleterre. Londres les
« reçoit dans ses murs; Lancastre les accueille
« avec magnificence, et la Beauté les encourage
« et les flatte.

« Le jour du combat est fixé. Le roi lui-même
« a tout disposé pour la sûreté du camp. Le
« casque en tête et couverts de leurs brillantes

« armures, les guerriers paraissent. A leur as-
« pect, les dames se promettent tout bas la vic-
« toire. Elles ont repris les robes de soie bro-
« dées d'or, les bijoux précieux, les joyaux étin-
« celants.

« Une seule a négligé sa parure. Sous un voile
« noir, elle cache sa tristesse. Celui que le sort
« lui donna pour défenseur, Magrice, n'a pas
« encore paru. Rassurez-vous, lui disaient les
« héros du Tage. Dût-il nous manquer deux et
« trois compagnons, la cause de l'honneur et de
« la beauté n'en serait pas moins victorieuse.

« Sur un pompeux amphithéâtre, s'étaient
« placés le monarque et sa cour. Distribués sur
« trois lignes égales, et rangés par le sort, les
« deux partis sont en présence. La fierté respire
« sur le front des combattants : jamais, du Tage
« à l'Oxus, l'astre du jour n'éclaira tant de cou-
« rage et d'intrépidité.

« Les coursiers impatients blanchissent d'é-
« cume leurs freins dorés. L'acier belliqueux étin-
« celle de mille feux, semblable au crystal, au
« diamant que frapperaient les rayons du soleil.
« Onze contre douze, les chevaliers allaient com-
« battre, lorsqu'un bruit confus s'élève parmi
« les spectateurs.

« Tous les regards se dirigent vers la barrière
« d'où partait le mouvement. Un cavalier se pré-

# CHANT SIXIÈME. 361

« sente; il est armé, prêt à combattre. C'est lui,
« c'est l'intrépide Magrice! D'un air fier et poli,
« il s'incline devant le monarque, salue les dames,
« et court, ami fidèle, se ranger parmi les Por-
« tugais.

« A l'arrivée du héros, la dame voilée a dis-
« paru. Elle revêt l'or et la pourpre, reparaît
« triomphante, et la foule enchantée applaudit
« à sa métamorphose. Le signal se donne. Au
« son de la trompette, les chevaliers piquent de
« l'éperon leurs coursiers bondissants, et, la
« lance en arrêt, les précipitent dans la car-
« rière. La terre tremble; le feu jaillit sur l'arène;
« tous les cœurs palpitent d'inquiétude et d'effroi.

« Les guerriers sont aux mains. L'un, du pre-
« mier choc, est lancé dans les airs; l'autre tombe
« et gémit sous le poids de son cheval abattu.
« Celui-ci, d'un ruisseau de pourpre, inonde sa
« blanche armure. Celui-là, le corps renversé,
« laisse échapper les rênes, et, de son panache
« flottant, bat la croupe de son coursier. Un
« autre a roulé sur le sable : le sommeil de la
« mort presse sa paupière.

« Les rangs se mêlent et se confondent. Che-
« vaux et cavaliers courent en désordre, séparés
« les uns des autres. Ces fiers Bretons ne se
« croient plus invincibles. Plusieurs d'entr'eux
« ont abandonné la lice. Les autres tirent l'épée;

« mais les Portugais ne se bornent point à leur
« opposer les brassards, les boucliers et les cottes
« de maille.

« Les épées se brisent sur les épées. Des coups
« terribles sont portés et rendus. Comment re-
« dire tant de prouesses? Comment retracer l'ar-
« deur des Lusitaniens, les vains efforts des An-
« glais? Un cri général d'admiration s'élève : la
« victoire est à nous, et la cause des dames est
« vengée.

« Les vainqueurs sont conduits en triomphe
« au palais de Lancastre. La Beauté reconnais-
« sante leur prodigue les palmes et les couronnes.
« Les favoris de Diane, les enfants de Comus,
« leur préparent de magnifiques banquets. Cha-
« que jour, jusqu'à leur départ, voit éclore pour
« eux une fête nouvelle.

« Toujours avide de gloire et d'aventures,
« Magrice voulut revoir la Flandre et sa florissante
« capitale. Il y fixa ses destins; mais il n'y per-
« dit point l'habitude de vaincre. Noble cham-
« pion d'Isabelle, il immola un Français dans un
« combat singulier[21]. Tel autrefois Torquatus fit
« tomber un Gaulois sous ses coups.

« Un des autres chevaliers, Alvaro-Vaz d'Alma-
« da[22], prit sa route par la Germanie, soutint
« un combat périlleux contre un guerrier dé-
« loyal, opposa le courage à la perfidie, et sortit

« vainqueur de la lutte. » Ainsi parlait Velloso;
et les Portugais, charmés de l'entendre, le pressaient de raconter le nouveau triomphe de Magrice, et le combat d'Almada contre le Germain[23].

Chacun d'eux prêtait une oreille attentive,
quand le nocher, qui observait les airs[24], donne
tout-à-coup le signal d'alarme, et réveille les
matelots sur l'un et l'autre bord. Les voiles qui
couronnent les mâts se replient. « Hâtez-vous,
« s'écrie le nocher, le vent s'élève; il sort de
« ce nuage ténébreux qui se balance sur nos
« têtes. »

La manœuvre est à peine achevée que l'orage
éclate avec fureur. « Abaissez la grande voile, re-
« prend, à grands cris, le chef des matelots. »
Mais les vents déchaînés n'attendent point que
la voile soit tombée. Elle est assaillie, mise en
pièces avec un bruit si terrible, que le monde
semblait se dissoudre.

Un cri d'effroi s'élève; le désordre se mêle à
l'épouvante. Le déchirement de la voile a porté
le vaisseau sur le flanc; les vagues s'y précipitent.
« Allégez le navire, jetez à la mer d'inutiles far-
« deaux. Nautonniers, à vos postes; et vous, sol-
« dats, à la pompe. L'onde ennemie nous envahit.
« A la pompe! à la pompe! »

Les guerriers obéissent; ils courent, mais le
roulis les renverse. Le gouvernail tourne et s'a-

gite au gré des vents ; trois robustes matelots ne peuvent le maîtriser. Par de forts liens, par des câbles énormes, ils essaient de le dompter. Les vents se rient de leurs efforts.

Avec moins de force et de courroux, les enfants d'Éole auraient ébranlé l'antique édifice de Babel. Enlevé comme une barque légère, le vaisseau de Gama reste quelque temps suspendu au sommet des vagues : le reste de la flotte le contemple avec effroi.

En proie comme Gama à la colère de Neptune, Paul et Coelho erraient sur la profonde mer, avec leurs mâts brisés et leurs voiles déchirées. En vain le sage Coelho, à l'approche de la tempête, avait fait replier toutes les voiles ; les trois navires flottaient à demi submergés ; les mêmes cris s'y faisaient entendre ; la même terreur y régnait.

L'onde en furie les soulève au-dessus des nuages, ou les ramène aux portes des enfers. Borée, Notus, Auster, Aquilon, semblaient avoir conspiré la ruine du monde. Cette nuit ténébreuse, effroyable, ne s'éclairait que des sillons de la foudre qui, par intervalles, embrasait la mer et les cieux.

Sur la cime des rochers, les Alcyons élevèrent leur chant plaintif[25]. Ils se rappelaient une antique infortune causée par la fureur des ondes.

## CHANT SIXIÈME.

Les Dauphins, amis de l'homme, se sont réfugiés dans les grottes profondes de l'Océan, où les poursuivent encore et les vents et les flots.

Lemnos, où Vulcain forgea la brillante armure du fils d'Anchise et de Vénus, Lemnos et ses noirs arsenaux fournirent contre les Titans des foudres moins terribles; le maître du tonnerre annonça par moins d'éclairs et de feux le déluge immense qui n'épargna que Deucalion et Pyrrha.

Que de rochers battus, entraînés par les vagues! Que d'arbres antiques arrachés par les vents! Les profondes racines s'étonnèrent de voir le jour; le sable bouillonnant s'étonna de monter en tourbillons jusqu'à la surface des eaux.

Gama périssait au moment de voir s'accomplir le plus cher, le plus ardent de ses vœux. Tour-à-tour précipité dans l'abîme ou reporté jusqu'aux cieux, glacé de terreur, sans espoir de secours, ne voyant autour de lui que des bras impuissants, il invoque le bras divin qui seul peut l'arracher au trépas.

« Céleste providence[26] qui gouvernes les cieux, « la terre et l'onde, ô toi qui sauvas jadis Israël « au sein du golfe Érythrée, et l'apôtre des na« tions au milieu des syrtes sablonneuses; toi « qui, dans le grand naufrage où périt une race « coupable, daignas épargner la famille de ce

« Juste qui devait être le second père des hu-
« mains :

« O mon Dieu! n'aurions-nous donc franchi
« tant d'écueils, que pour en trouver ici de plus
« terribles encore ? Ne nous aurais-tu délivrés de
« tant de périls que pour nous abandonner au
« terme de nos travaux? N'est-ce pas pour toi,
« pour ta gloire, que nous avons entrepris ce
« long et pénible voyage ?

« Ah! trop heureux nos frères [27] qui, dans les
« champs de la Mauritanie, sont tombés sous la
« lance africaine. Ils sont morts pour la défense
« de la foi. Leurs exploits ne resteront pas igno-
« rés. En perdant la vie, ils gagnaient une éter-
« nelle renommée : la mort dut leur paraître
« douce à ce prix. »

Ainsi parlait le héros; et les vents continuaient
de mugir; des sifflements aigus retentissaient
dans les cordages; de sinistres éclairs sillonnaient
les nues. On eût dit, au fracas de la foudre, que
les cieux tombaient de leur axe, et que les éléments en guerre ramenaient le chaos [28].

Mais l'étoile du matin commence à rayonner
à l'extrémité de l'horizon [29]. Brillante avant-cou-
rière du jour, elle chasse devant elle Orion et les
orages. La déesse qui la conduit dans les cieux,
Vénus voit les mers bouleversées et les Lusitaniens en péril. Elle frémit de crainte et de courroux.

« O Bacchus! ô Génie du mal! je reconnais là
« les complots et tes fureurs; mais la faible Vé-
« nus sera plus forte que toi. » Elle dit, et, d'un
vol rapide, descend vers la plaine azurée, appelle les nymphes ses compagnes, et leur ordonne de se couronner de guirlandes de roses.

Les nymphes obéissantes mêlent des fleurs à
leurs blondes chevelures. On dirait que la rose
vermeille vient de naître sur des réseaux d'or
qu'Amour a filés de sa main. Ainsi parées, elles
s'avancent, à la voix de Vénus, comme un essaim
d'étoiles radieuses.

La colère des enfants d'Éole expire en les
voyant. D'un œil surpris, ils contemplent ces
fronts rayonnants, ces blonds cheveux dont
l'éclat obscurcirait l'éclat du jour. Ils n'ont plus
la force de combattre : un charme subit les captive et les enchaîne.

Borée, l'impétueux Borée, ne voit plus, n'entend plus qu'Orithye. « Eh! comment veux-tu,
« lui disait-elle, que je me fie à tes discours?
« On est si doux quand on aime! Ah! mets un
« frein à la fureur qui t'égare, quitte cet air
« farouche, ou bientôt mon amour se change-
« rait en frayeur. »

Galatée disait à Notus : « Tyran des airs, cesse
« d'agiter les flots. Qu'il te suffise d'avoir troublé
« le cœur de Galatée. » Ces mots font tressaillir

Notus. Depuis long-temps, il aimait la tendre Néréide; mais il l'aimait sans espoir de retour. Étonné de son bonheur, il oublie et Neptune et les ordres d'Éole, et, fier d'obéir à la Beauté qu'il adore, il se calme soudain.

Comme Orithye, comme Galatée, les autres nymphes ont désarmé les fougueux Autans[30]. Tous viennent se livrer entre les mains de Cythérée. Un pacte heureux, garanti par un serment solennel, rétablit la paix entre eux et la déesse. Vénus protègera les amours des enfants d'Éole; et les enfants d'Éole respecteront les favoris de Vénus.

Déjà le soleil naissant éclairait les collines qui entendent murmurer à leur pied les eaux du Gange. Le calme régnait sur les flots, et la joie dans les cœurs, quand, de la cime du grand mât, les nochers aperçurent la terre qui s'élevait devant eux. « Amis, s'écrie le pilote de Mélinde, si
« j'en crois mes yeux, c'est la terre de Calicut. »

« Oui, c'est elle; et si l'Inde est le terme de
« vos travaux, réjouissez-vous, vos travaux sont
« finis. » A ces paroles du pilote, à l'aspect du rivage, Gama ne peut retenir ses transports. Attendri, hors de lui-même, il fléchit le genou, lève les mains vers le ciel, et lui rend graces de son bonheur.

Deux fois heureux, il apercevait enfin cette

## CHANT SIXIÈME. 369

terre si long-temps désirée, et venait d'échapper aux horreurs d'un naufrage qui semblait inévitable. Ce double bienfait le remplit de reconnaissance et d'amour. Tel un homme oppressé par un songe horrible, se réveille tout-à-coup, et bénit la lumière.

Amants de la Gloire [31], voilà les terribles épreuves qu'elle vous donne à subir. Ce n'est point sur des lits dorés, sous les molles toisons de la Moscovie [32]; ce n'est point à l'ombre des lauriers transmis par de nobles ancêtres, que vous obtiendrez ses immortelles faveurs.

Elle fuit loin des banquets de l'opulence, loin de ces frais bocages où s'égare la volupté, si fatale aux ames généreuses. Son regard tombe avec mépris sur les esclaves de la Fortune. Elle les appellerait en vain. Énervés par la mollesse, ils ne sauraient briser les liens de fleurs qui les captivent.

Vous êtes grands par vos aïeux; osez l'être aussi par vous-mêmes. Il faut, pour plaire à l'Immortelle, ceindre l'épée, supporter les veilles, braver les tempêtes, endurer, sans abri, les glaces du pôle et les feux de l'équateur, et vivre du pain grossier que la faim dévore et que la fatigue assaisonne.

Sachez, au milieu des combats, garder un front serein en face du plomb meurtrier qui vole en sifflant dans les airs, et vient frapper à vos côtés le compagnon de vos exploits. Que peuvent sur une ame ainsi préparée, les séductions de la richesse et de la grandeur? Grandeur, richesse! vous êtes les présents du hasard : mon héros ne doit rien qu'à la vertu[33].

C'est elle, c'est sa force divine qui l'élève au-dessus des vulgaires humains. Il voit d'un œil tranquille s'agiter à ses pieds l'inquiète ambition. Heureux et libre, il n'aspire point aux dignités; mais un prince ennemi des flatteurs, un gouvernement généreux saura bien l'arracher à son indépendance, et le porter aux honneurs qu'il ne demandait pas.

FIN DU CHANT SIXIÈME.

# NOTES
## DU CHANT SIXIÈME.

**1. Antoine fut moins fêté à la cour de Cléopâtre.**

Les festins de Cléopâtre, le luxe de sa cour, ont été célébrés par les historiens et par les poètes. Lucain décrit ainsi le repas qu'elle donna à César, après la bataille de Pharsale;

> Infudère epulas auro, quod terra, quod aer,
> Quod Pelagus, Nilusque dedit ; quod luxus inani
> Ambitione furens toto quæsivit in orbe,
> Non mandante fame, multas volucresque ferasque
> Ægypti posuère deos : manibusque ministrat
> Niliacas crystallus aquas, gemmæque capaces
> Excepère merum, sed non Mareotidos uvæ,
> Nobile sed paucis senium cui contulit annis
> Indomitum Meroe cogens spumare Falernum.
> Accipiunt sertas nardo florente coronas,
> Et nunquam fugiente rosa : multumque madenti
> Infudère comæ, quod nunquam evanuit aura,
> Cinnamon, externâ nec perdidit aera terrâ;
> Advectumque recens vicinæ messis amomum.
>
> (Pharsal. lib. X.)

« On servit dans des vases d'or tout ce que l'air, le Nil
« et la mer ont produit de plus exquis, tout ce que l'ambi-
« tion d'un luxe effréné a pu rechercher de plus rare. Ce
« n'est pas aux besoins de la nature, mais aux délices de la
« table qu'on immole dans ce festin une foule d'animaux,

« qui sont des dieux sur le Nil. Des urnes de cristal versent
« l'eau de ce fleuve, la plus flatteuse au goût qui soit dans
« l'univers. De profondes coupes de pierre précieuse reçoi-
« vent le jus précieux des vignes de Méroé, cette liqueur
« qu'un soleil ardent fait bouillonner, et à laquelle il donne
« en peu de temps la maturité d'une longue vieillesse. Le
« nard odoriférant et la rose qui ne cesse de fleurir dans ces
« climats, couronnent le front des convives; leurs cheveux
« distillent les parfums que ces bords même font éclore, et
« dont la subtile essence ne s'est point évaporée, comme
« quand ils passent sur des bords éloignés. »

(Trad. de MARMONTEL.)

2. **Mais leur éternel persécuteur, Bacchus, va tenter un dernier effort.**

Les enfants de Lusus ont repris la route de l'Orient; un pilote fidèle éclaire et dirige leur navigation, ils vont toucher enfin cette terre tant désirée; et dans le moment même où le lecteur partage leurs espérances et leur sécurité, le poète ramène sur la scène leur éternel persécuteur. Le ciel est pour Gama; Bacchus lui-même est contraint de fléchir sous l'irrévocable loi du Destin; mais sa fureur est toujours la même. S'il ne peut s'opposer au triomphe des Lusitaniens, il peut encore leur susciter d'horribles traverses. Ainsi, dans l'Odyssée, Neptune qui voit Ulysse échapper à la tempête, s'écrie: *Misérable jouet des vagues, gémis sous le poids de ma colère, jusqu'à ton arrivée chez les Phéaciens, race chérie de Jupiter.* ( Liv. 5 ). Ainsi, dans l'Énéide, Junon, forcée de céder à la fortune des Troyens, ne peut se résoudre à abandonner sa proie. Elle appelle l'enfer à son aide:

Flectere si nequeo superos, Acheronta movebo.
(Lib. VII.)

J'ai contre moi les cieux, j'armerai les enfers.
(DELILLE.)

Et elle ajoute :

Non dabitur regnis (esto) prohibere Latinis;
Atque immota manet fatis Lavinia conjux.
At trahere, atque moras tantis licet addere rebus, etc.

Je ne puis leur ravir le sceptre d'Ausonie;
Mais je puis arrêter l'hymen de Lavinie,
Mais je puis différer cette grande union, etc.

## 3. Dans les secrets abîmes où la nature a caché le berceau d'Amphitrite.

La description du palais de Neptune est tracée à la manière des anciens. Tout ce qui suit, l'assemblée des dieux marins, la harangue de Bacchus, la tempête apaisée par Vénus, et enfin l'épisode chevaleresque qui précède la tempête et interrompt pour un moment la peinture des grandes scènes de la mer, font du sixième chant un des plus beaux du poëme. On ne peut se lasser d'admirer les ressources du génie de Camoens et l'inépuisable richesse de son imagination.

## 4. Sous des couleurs confusément mêlées, se présente à ses yeux l'antique chaos. Il en voit sortir les quatre éléments, etc.

Cette peinture des éléments qui se séparent du chaos, est aussi juste que brillante. Elle rappelle ces beaux vers du poète Roy, auteur du ballet des Éléments :

Les temps sont arrivés. Cessez, triste chaos;
Paraissez, élémens; dieux, allez leur prescrire
Le mouvement et le repos :

> Tenez-les renfermés chacun dans son empire.
> Coulez, ondes, coulez; volez, rapides feux;
> Voile azuré des airs, embrasse la nature;
> Terre, enfante des fruits, couvre-toi de verdure:
> Naissez, mortels, pour obéir aux dieux.

## 5. Triton est le fils de Neptune et de la reine des ondes.

Voici le portrait qu'en fait Ovide, au 1ᵉʳ livre des Métamorphoses :

> Mulcet aquas rector pelagi; supraque profundum
> Exstantem, atque humeros innato murice tectum
> Cæruleum Tritona vocat; conchæque sonaci
> Inspirare jubet: fluctusque et flumina signo
> Dum revocare dato, cava buccina sumitur illi
> Tortilis, in latum quæ turbine crescit ab imo;
> Buccina, quæ medio concepit ut aera ponto,
> Littora voce replet, sub utroque jacentia Phœbo.

> La mer calme ses flots; l'humide souverain
> Du trident redoutable a désarmé sa main.
> Il appelle Triton au dos couvert d'écailles,
> Triton qui, sur les eaux où domine sa taille,
> Réflète au jour mouvant dans le cristal des airs
> Et l'azur de la nacre, et la pourpre des mers.
> Il paraît, et le dieu dont il est l'interprète
> Lui commande d'enfler sa bruyante trompette,
> Et de faire rentrer, des bords les plus lointains,
> Les fleuves dans leurs lits, les mers dans leurs bassins.
> (Saint-Ange)

Camoens a chargé le portrait de Triton de tous les ornements bizarres que les peintres lui donnent quelquefois. Il suspend à la ceinture de ce dieu marin une foule de petits crustacées dont il fait l'énumération suivante :

> Camaroës, e caugrejos, et outros mais
> Que recebem de Phebe crescimento;
> Ostras et breguigoës do musco sujos,
> As costas com a casca os caramujos.

Mot à mot : *Les chevrettes, les écrevisses et autres mollusques qui doivent leur croissance à Phébé, les huîtres, les oursins couverts d'une mousse fangeuse, et les limaçons de mer avec leur coquille sur le dos.*

M. de La Harpe a pensé que cette description de la ceinture de Triton devait être corrigée. Il traduit ainsi : *Sa ceinture est recouverte de cancres.* La correction n'est pas heureuse.

## 6. Également chéries du dieu des mers, elles se tiennent par la main et marchent d'un pas égal.

La plupart des mythologues confondent Téthys et Amphitrite. Selon quelques-uns, Téthys est fille de Célus et de Vesta; Amphitrite est fille de l'Océan et de Doris. La Néréide se refusa long-temps aux désirs du dieu des mers; elle fuyait; mais deux dauphins la poursuivirent et la ramenèrent à Neptune qui la donna pour compagne à Téthys. L'union la plus parfaite s'établit entre les deux épouses, et leur amitié ne s'est pas encore démentie. C'est le seul exemple de polygamie parmi les dieux.

## 7. Ino paraît avec son fils.

Ino était heureuse avec Athamas, roi de Thèbes. Deux fils, Léarque et Mélicerte, étaient les gages d'un amour qui semblait inaltérable, lorsqu'elle conçut une passion criminelle pour Phrixus, son beau-fils. Junon, pour l'en punir, voulut éclairer Athamas sur le crime de son épouse; mais elle l'éclaira du flambeau des furies. Athamas, dans son délire, arrache Léarque du sein d'Ino, et l'écrase sur la pierre. Ino, saisie d'épouvante, s'empare de Mélicerte, s'enfuit vers la mer, monte sur un rocher, et s'élance avec son fils dans les flots. Vénus pria Neptune de les recevoir au nombre des dieux marins.

> Annuit oranti Neptunus et abstulit illis
> Quod mortale fuit, majestatemque verendam
> Imposuit, nomenque simul faciemque novavit
> Leucothoeque deum cum matre Palæmona dixit.
> (Metamorph. lib. IV.)

> Le souverain des eaux, empressé de lui plaire,
> Met au rang de ses dieux, Mélicerte et sa mère;
> Ainsi que de nature, ils ont changé de nom,
> Elle est Leucothoé; son fils est Palémon.
> (SAINT-ANGE.)

## 8. Le jeune dieu court en avant sous les yeux de sa mère, etc.

Ce tableau charmant a été depuis imité (mais quelle imitation!) par le poète Saint-Amand, auteur du *Moïse sauvé*:

> Là, l'enfant éveillé courant sous la licence
> Que permet à son âge une libre innocence,
> Va, revient, tourne, saute; et par maint cri joyeux,
> Témoignant le plaisir que reçoivent ses yeux,
> D'un étrange caillou qu'à ses pieds il rencontre,
> Fait au premier venu la précieuse montre;
> Ramasse une coquille, et d'aise transporté,
> La présente à sa mère avec naïveté.

Le tableau de Mélicerte est plein de grace et de poésie; il est d'ailleurs très-court et n'est placé là que pour faire contraste avec celui qui va suivre. Les vers de Saint-Amand sont traînants et prosaïques, et plus que mauvais, car ils sont ridicules.

> N'imitez pas ce fou qui décrivant les mers,
> Peint le petit enfant qui *va, saute, revient,*
> *Et joyeux, à sa mère, offre un caillou qu'Il tient.*
> (Boileau, Art Poétique, chant III.)

## 9. Glaucus, de pêcheur devenu poisson, et de poisson, dieu marin.

Glaucus était un simple pêcheur. Ayant un jour remarqué que les poissons qu'il posait sur l'herbe reprenaient de la force et retournaient à la mer, il s'avisa de manger de cette herbe merveilleuse, et sauta dans les flots. Neptune le mit au nombre des divinités littorales.

## 10. Scylla qu'il préférait à Circé, etc.

Glaucus, devenu dieu, inspira de l'amour à Circé, l'enchanteresse; mais il lui préféra Scylla. Circé, pour se venger, empoisonna une fontaine où sa rivale avait coutume de se baigner, et Scylla devint un monstre. Effrayée d'ellemême, elle se jeta dans la mer, et les dieux en formèrent l'écueil redoutable qui s'élève vis-à-vis du gouffre de Carybde. Duperron de Castéra qui se donne beaucoup de peine pour expliquer les fables anciennes, dit, en parlant de cette métamorphose : « Il y a beaucoup d'apparence que Circé qui « connaissait les vertus des plantes, mit dans le bain de Scylla « quelque drogue qui lui gâta la peau. » Cette explication est digne du rondeau de Benserade :

> Pour sa rivale eut Circé mille soins,
> Fut au-devant de ses petits besoins,

Et n'affecta rien tant que d'être utile
A la trop belle et trop charmante Scylle
Qu'elle perdit à la fin néanmoins.

De son projet les enfers sont témoins.
Elle, en ayant fureté tous les coins,
Prépare un bain, cent herbes y distille
   Pour sa rivale.

A tout cela quelques mots furent joints ;
Le charme fut complet en tous ses points,
Et cette nymphe, adorable entre mille,
Devint l'horreur de toute la Sicile.
Quand on le peut, on n'en fait guères moins
   Pour sa rivale.

## 11. L'air est embaumé d'un précieux aromate.

L'ambre, substance odoriférante que l'on trouve sur les bords de la mer.

## 12. Encore accablés de sommeil, etc.

Quelle vérité dans ce tableau ! quel naturel ! Camoens est plein de ces peintures naïves qui donnent tant de charme aux ouvrages des anciens.

## 13. La dame de ses pensées l'occupait en ce moment.

Le guerrier Léonard qui, au milieu des fatigues et des travaux de la mer, rêve encore à ses amours, jouera au IX$^e$ chant un rôle romanesque. Son caractère est annoncé d'avance. *Parlons d'amour*, dit-il à ses compagnons, *est-il un moyen plus sûr et plus doux de charmer les heures*, etc. ? — *Parler d'amour au milieu de tant de peines !* s'écrie Velloso, déja connu par sa périlleuse aventure à la baie de Sainte-Hélène. *Parlons plutôt de guerres et de batailles.* Et ce dialogue vif et rapide amène naturellement le récit du triomphe remporté en Angleterre par *les douze chevaliers portugais.*

## 14. Écoutez une histoire véritable.

Les historiens nous ont conservé les noms des Portugais qui furent les champions des dames anglaises et qui sortirent vainqueurs de la lice :

Alvaro-vaz d'Almada, fils de Vasquès d'Almada qui commandait l'aile gauche de l'armée portugaise à la bataille d'Aljubarota.

Lopo Fernandès Pacheco.

João Fernandès Pacheco, frère du précédent.

Pedro Homem da Costa.

João Pereira, neveu du connétable Nuno-Alvarès Pereira.

Luiz Gonsalvès Malafaya.

Alvaro Mendès Cerveira.

Ruy Mendès Cerveira.

Ruy Gomès da Silva.

Soeiro da Costa, qui a donné son nom à un fleuve de l'Afrique.

Martin Lopès de Azevedo.

Alvaro Gonsalvès Coutinho, surnommé Magriço (de *Magro*, maigre) fils de Gonzalo vaz Coutinho, premier maréchal de Portugal et frère du premier comte de Marialva.

## 15. L'amour lui-même, l'amour méconnaît la voix de l'honneur.

La galanterie chevaleresque est née dans les pays méridionaux. Chez les peuples du Nord, où les habitudes sont généralement plus graves et les mœurs plus rudes, les femmes ont rarement excité le même enthousiasme. En Angleterre, au commencement du quinzième siècle, douze femmes d'un rang distingué sont publiquement offensées par des hommes de la cour; elles ne trouvent pas de vengeurs dans leur pays et sont forcées de recourir à une protection étrangère. L'espèce de culte rendu aux dames par les héros de la chevalerie, n'a brillé de tout son éclat que sous le beau ciel d'Espagne, de France et d'Italie.

## 16. Elles courent implorer le duc de Lancastre.

Voir sur ce prince la première note du IV<sup>e</sup> chant, pages 254 et 255.

## 17. D'autres liens l'attachaient encore aux guerriers du Tage.

Le duc de Lancastre, dans le temps qu'il disputait la couronne de Castille à dom Jean, successeur de Henri de Transtamare, avait donné une de ses filles en mariage à Jean I<sup>er</sup>, roi de Portugal.

## 18. Le sort assigne à chacune d'elles le guerrier qui doit la défendre.

C'est aussi par la voie du sort que sont nommés les dix chevaliers qui doivent accompagner Armide. Le Tasse a plus d'une fois imité Camoens. Il disait que l'auteur des *Lusiades* était, en Europe, le seul rival qu'il craignît. Un pareil témoignage honore également les deux poètes.

19. Dans la cité fidèle où l'antique Lusitanie a pris le nom de Portugal.

La ville du Porto. Lorsque le roi de Castille, Alphonse VI, donna au comte Henri de Bourgogne la province de Lusitanie, elle ne consistait guère que dans le Porto et ses dépendances, parmi lesquelles on comptait l'ancienne ville de *Cale*, située à l'autre rive du Douro. Il est vraisemblable que les états du comte Henri furent alors désignés par le nom de *Porto-Cale*; et qu'en s'agrandissant par la suite, ils gardèrent le même nom.

Selon quelques auteurs, le comte Henri, pour conserver la trace de son origine française, joignit au nom du *Porto* celui de *Gallo*. *Porto - Gallo*, *port - français*. En 1808, à l'époque de la première invasion du Portugal par les armées de Napoléon, on essaya de mettre en honneur cette étymologie; mais l'esprit national la repoussa constamment et s'en tint à la première, *Porto - Cale*, qui paraît, en effet, la plus probable.

20. Il s'arrête quelque temps aux campagnes belgiques, dans cette ville célèbre où le commerce et l'industrie versent à l'envi leurs trésors.

L'édition de M. de Souza porte : *No grande imperio de Frandes*. Celle de Thomas-Joseph de Aquino, dit *emporio* au lieu d'*imperio*; et c'est la leçon que nous avons suivie. La ville de Bruges qui se trouve parfaitement désignée par l'expression *grande emporio*, *grande place de commerce*, était devenue sous Philippe-le-Bon, duc de Bourgogne et comte de Flandres, une des villes les plus florissantes du

Nord. On conçoit que le spectacle de la cour de Philippe et de la prospérité des Pays-Bas ait apporté quelque retard au voyage de Magrice.

## 21. Noble champion d'Isabelle, il immola un Français dans un combat singulier.

Philippe de Bourgogne avait épousé, en 1429, Isabelle, infante de Portugal. Cette princesse qui réunissait à une grande beauté un esprit très-étendu, prit tant d'empire sur Philippe qu'il n'entreprit jamais rien, soit en paix, soit en guerre, sans la consulter. Si l'on en croit les chroniques espagnoles, des discussions de vassalité s'étant élevées entre ce prince et Charles VII, roi de France, Isabelle proposa de vider le différend par la voie des armes, selon les usages du temps. Sa proposition fut acceptée, et Magrice qu'elle avait choisi pour champion, vainquit le chevalier français qui combattait pour Charles VII.

## 22. Un des autres chevaliers, Alvaro-Vaz d'Almada, etc.

Alvaro traversait la Suisse, lorsqu'il reçut d'un Allemand un cartel portant pour condition du combat, qu'ils auraient l'un et l'autre le côté droit découvert. Le Portugais accepta le défi; mais il se trouva que l'Allemand était gaucher, et qu'en se mettant en garde, il présentait le côté gauche cuirassé au flanc droit désarmé de son antagoniste. Indigné de cette perfidie, Alvaro se jeta sur le guerrier déloyal et l'étouffa dans ses bras. C'est le combat d'Hercule avec Antée.

23. Ainsi parlait Velloso, et les Portugais, charmés de l'entendre, le pressaient de raconter le nouveau triomphe de Magrice et le combat d'Almada contre le Germain.

Velloso vient de raconter en détail l'aventure des douze chevaliers, leur départ pour l'Angleterre, leur séjour à Londres, leur combat et leur victoire. Maintenant il précipite l'histoire de leur retour. La mer se trouble, des nuages se forment, les vents arrivent de leurs prisons d'Éolie : on sent que le narrateur s'inquiète, et qu'il n'est plus à son récit.

24. Chacun d'eux prêtait une oreille attentive, quand le nocher qui observait les airs, etc.

Les vents sont arrivés; ils sont armés de toutes leurs rages, pour nous servir d'une expression créée par Boileau. Au paisible entretien des guerriers va succéder la plus violente tempête qui ait jamais agité l'Océan.

25. Sur la cime des rochers, les Alcyons élevèrent leur chant plaintif.

Cette circonstance des Alcyons dont la voix plaintive se fait entendre sur les rochers, est extrêmement touchante. Le déplorable époux d'Alcyone, Céyx, a péri autrefois dans un naufrage; les dieux ont changé les deux époux en Alcyons. A la vue de la tempête, *ils se rappellent une antique infortune causée par la fureur des ondes.* Ce souvenir mélancolique ajoute singulièrement à l'effet général du tableau.

## 26. Céleste Providence, etc.

Camoens, à l'exemple d'Homère et de Virgile, partage en deux la description de la tempête par le discours pathétique qu'il met dans la bouche de son héros ; Gama va périr au moment même où il touche au terme de ses travaux. Il a perdu tout espoir de salut, ou plutôt, il n'espère plus que dans celui qui jadis a ouvert la mer Rouge aux Hébreux, délivré des Syrtes l'apôtre Paul, sauvé du naufrage de l'univers la famille de ce Juste qui devait être le second père des humains : sa prière est sublime.

## 27. Ah! trop heureux nos frères, etc.

Dans l'Odyssée, Ulysse envie le bonheur des Grecs ensevelis aux plaines d'Ilion. Dans l'Énéide, Énée regrette le sort des Troyens qui ont succombé au pied de leurs murailles et sous les yeux de leurs parents, *ante ora patrum*. Gama dit aussi : *Ah! trop heureux nos frères qui, dans les champs de la Mauritanie, sont tombés sous la lance africaine!* Ce mouvement est si naturel et si vrai qu'il ne paraît pas plus une imitation de Virgile, que l'exclamation d'Énée ne paraît une imitation d'Homère.

## 28. On eût dit, au fracas de la foudre, que les cieux tombaient de leur axe, et que les éléments en guerre ramenaient le chaos.

La tempête est arrivée à son dernier degré de violence. Il était difficile d'amener par des gradations mieux ménagées ce désordre affreux de la nature. Qu'on relise cette tempête; qu'on la compare à celles que Virgile et Ovide ont si admirablement décrites, et l'on trouvera que, pour la vérité des images, la force de l'expression, et surtout pour le choix des objets qu'il avait à peindre, Camoens est souvent supérieur à Ovide et presque toujours égal à Virgile.

La description du naufrage de Céyx est trop longue pour être placée dans ces notes. Voici les vers de Virgile; ils sont dans la mémoire de tous les lecteurs, et l'on aimera pourtant à les retrouver encore ici :

Hæc ubi dicta, cavum conversâ cuspide montem
Impulit in latus: ac venti, velut agmine facto,
Quâ data porta, ruunt, et terras turbine perflant.
Incubuêre mari, totumque a sedibus imis
Unâ Eurusque Notusque ruunt, creberque procellis
Africus; et vastos volvunt ad littora fluctus.
Insequitur clamorque virûm, stridorque rudentûm :
Eripiunt subitò nubes cœlumque diemque
Teucrorum ex oculis: ponto nox incubat atra.
Intonnêre poli, et crebris micat ignibus æther;
Præsentemque viris intentant omnia mortem.

Extemplò Æneæ solvuntur frigore membra:
Ingemit, et, duplices tendens ad sidera palmas,
Talia voce refert: «O terque quaterque beati
«Queis ante ora patrum, Trojæ sub mœnibus altis,
«Contigit oppetere! ò Danaûm fortissime gentis
«Tydide, mene Iliacis occumbere campis
«Non potuisse, tuâque animam hanc effundere dextrâ;
«Sævus ubi Æacidæ telo jacet Hector, ubi ingens
«Sarpedon; ubi tot Simois correpta sub undis
«Scuta virûm, galeasque, et fortia corpora volvit!»

Talia jactanti stridens Aquilone procella
Velum adversa ferit, fluctusque ad sidera tollit.
Franguntur remi; tum prora avertit, et undis
Dat latus: insequitur cumulo præruptus aquæ mons.
Hi summo in fluctu pendent; his unda dehiscens

Terram inter fluctus aperit : furit æstus arenis.
Tres Notus abreptas in saxa latentia torquet :
Saxa vocant Itali mediis quæ in fluctibus Aras,
Dorsum immane mari summo. Tres Eurus ab alto
In brevia et Syrtes urget, mirabile visu,
Illiditque vadis, atque aggere cingit arenæ.

Unam, quæ Lycios fidumque vehebat Orontem,
Ipsius ante oculos ingens a vertice pontus
In puppim ferit : excutitur, pronusque magister
Volvitur in caput ; ast illam ter fluctus ibidem
Torquet agens circùm, et rapidus vorat æquore vortex.
Apparent rari nantes in gurgite vasto,
Arma virùm, tabulæque, et Troia gaza per undas.
Jam validam Ilionei navem, jam fortis Achatæ,
Et quâ vectus Abas, et quâ grandævus Alethes,
Vicit hiems : laxis laterum compagibus omnes
Accipiunt inimicum imbrem, rimisque fatiscunt.
(Æneid., lib. I, vs. 85 - 127.)

Il dit ; et du revers de son sceptre divin,
Du mont frappe les flancs : ils s'ouvrent, et soudain
En tourbillons bruyants l'essaim fougueux s'élance,
Trouble l'air, sur les eaux fond avec violence ;
L'Eurus, et le Notus, et les fiers Aquilons,
Et les vents de l'Afrique en naufrages féconds,
Tous bouleversent l'onde, et des mers turbulentes
Roulent les vastes flots sur leurs rives tremblantes.
On entend des nochers les tristes hurlements,
Et des câbles froissés les affreux sifflements :
Sur la face des eaux s'étend la nuit profonde :
Le jour fuit, l'éclair brille, et le tonnerre gronde ;
Et la terre et le ciel, et la foudre et les flots,
Tout présente la mort aux pâles matelots.

Énée, à cet aspect, frissonne d'épouvante.
Levant au ciel ses yeux et sa voix suppliante :

#### DU CHANT SIXIÈME.

« Heureux, trois fois heureux, ô vous qui, sous nos tours,
« Aux yeux de vos parents terminâtes vos jours !
« O des Grecs le plus brave et le plus formidable,
« Fils de Tydée, hélas ! sous ton bras redoutable,
« Dans les champs d'Ilion, les armes à la main,
« Que n'ai-je pu finir mon malheureux destin;
« Dans ces champs où d'Achille Hector devint la proie,
« Où le grand Sarpédon périt aux yeux de Troie,
« Où le Xanthe effrayé roule encor dans ses flots
« Les casques et les dards, et les corps des héros ! »

Il dit. L'orage affreux qu'anime encor Borée
Siffle, et frappe la voile à grand bruit déchirée;
Les rames en éclats échappent au rameur;
Le vaisseau tourne au gré des vagues en fureur,
Et présente le flanc au flot qui le tourmente.
Soudain, amoncelée en montagne écumante,
L'onde bondit : les uns sur la cime des flots
Demeurent suspendus; d'autres au fond des eaux
Roulent, épouvantés de découvrir la terre.
L'onde en grondant répond aux éclats du tonnerre,
Le fond des mers bouillonne, et les sables mouvants
Sont poussés par les flots et battus par les vents.
Contre ces grands écueils qui, cachés dans l'abîme,
Ne découvrent aux yeux que leur énorme cime,
Et sous le nom d'autels s'enfoncent dans les eaux,
Le rapide Notus a porté trois vaisseaux :
Trois autres, par l'Eurus, ô spectacle effroyable !
Sont jetés, entraînés, enchaînés dans le sable.
Oronte, sur le sien, tel qu'un mont escarpé,
Voit fondre un large flot : par sa chute frappé,
Le pilote tremblant et la tête baissée
Suit l'onde qui retombe; et la mer courroucée
Trois fois sur le vaisseau s'élance à gros bouillons,
L'enveloppe trois fois de ses noirs tourbillons;
Et, cédant tout-à-coup à la vague qui gronde,

> La nef tourne, s'abîme et disparaît sous l'onde :
> Alors de toutes parts, s'offre un confus amas
> D'armes et d'avirons, de voiles et de mâts,
> Les débris d'Ilion, son antique opulence,
> Et quelques malheureux sur un abîme immense.
> Déjà d'Ilionée et du vaillant Abas
> L'eau brise le tillac, le vent courbe les mâts;
> Déjà du vieil Aléthe, et du fidèle Achate
> Le vaisseau fatigué s'ouvre, se brise, éclate;
> Et la vague ennemie entre de tous côtés.
>
> (DELILLE.)

29. **Mais l'étoile du matin commence à rayonner à l'extrémité de l'horizon.**

Aucun poète n'a mieux entendu que Camoens l'art savant des oppositions et des contrastes. La violence de la tempête ne peut plus s'accroître. *On eût dit, au fracas de la foudre, que les cieux tombaient de leur axe, et que les éléments en guerre ramenaient le chaos.* Mais tout-à-coup l'horizon devient moins sombre; l'étoile du matin va bientôt éclairer les flots. Elle reparaît, et avec elle, la divinité protectrice des Lusitaniens. Nous allons voir Vénus et les Néréides s'avançant sur l'onde agitée *comme un essaim d'étoiles radieuses,* et n'employant, pour calmer les vents, que la puissance de la beauté.

30. **Comme Orithye, comme Galatée, les autres nymphes ont désarmé les fougueux Autans.**

Depuis la ceinture de Vénus, on n'avait rien imaginé de plus gracieux et de plus riant. Il nous semble que cette fiction qui, selon M. de La Harpe lui-même, est une de celles qui font le plus d'honneur au génie des modernes, aurait dû réconcilier les détracteurs de Camoens avec le genre de merveilleux qui règne dans les Lusiades; avec cette mythologie si féconde en tableaux où, pour nous servir des expressions de Jean-Baptiste Rousseau,

> Tout semble prendre un corps visible,
> Vivre, parler, et se mouvoir.

Mais laissons notre grand lyrique continuer l'apologie de ce langage enchanteur, si ingénieusement inventé par Homère.

> Oui, c'est toi, peintre inestimable,
> Trompette d'Achille et d'Hector,
> Par qui de l'heureux siècle d'or
> L'homme entend le langage aimable,
> Et voit dans la variété
> Des portraits menteurs de la fable
> Les rayons de la vérité.
>
> Il voit l'arbitre du tonnerre
> Réglant le sort par ses arrêts;
> Il voit sous les yeux de Cérès
> Croître les trésors de la terre;
> Il reconnaît le dieu des mers
> A ces sons qui calment la guerre
> Qu'Éole excitait dans les airs.
>
> Si dans un combat homicide
> Le devoir engage ses jours,
> Pallas, volant à son secours,
> Vient le couvrir de son égide;
> S'il se voue au maintien des lois,
> C'est Thémis qui lui sert de guide,
> Et qui l'assiste en ses emplois.

Plus heureux si son cœur n'aspire
Qu'aux douceurs de la liberté,
Astrée est la divinité
Qui lui fait chérir son empire :
S'il s'élève au sacré vallon,
Son enthousiasme est la lyre
Qu'il reçoit des mains d'Apollon.

Ainsi consacrant le système
De la sublime fiction,
Homère, nouvel Amphion,
Change par la vertu suprême
De ses accords doux et savants,
Nos destins, nos passions même,
En êtres réels et vivants.

Ce n'est plus l'homme qui, pour plaire,
Étale ses dons ingénus ;
Ce sont les Grâces, c'est Vénus,
Sa divinité tutélaire :
La sagesse qui brille en lui,
C'est Minerve dont l'œil l'éclaire,
Et dont le bras lui sert d'appui.

L'ardente et fougueuse Bellone
Arme son courage aveuglé :
Les frayeurs dont il est troublé
Sont le flambeau de Tisiphone ;
Sa colère est Mars en fureur ;
Et ses remords sont la Gorgone
Dont l'aspect le glace d'horreur.

Vous donc, réformateurs austères
De nos priviléges sacrés,
Et vous, non encore éclairés

Sur nos symboliques mystères,
Éloignez-vous, pâles censeurs,
De ces retraites solitaires
Qu'habitent les neuf doctes sœurs.

Ne venez point sur un rivage
Consacré par leur plus bel art
Porter un aveugle regard ;
Et loin d'elles le triste sage
Qui, voilé d'un sombre maintien,
Sans avoir appris leur langage,
Veut jouir de leur entretien !
(Liv. IV, Ode VI.)

## 31. Amants de la Gloire, etc.

La tempête a cessé ; le soleil s'est dégagé des nuages qui le couvraient ; la terre de l'Inde apparaît enfin aux regards des Portugais. Gama, hors de lui-même, ému tout à la fois de son bonheur présent, et du danger qu'il a couru, tombe à genoux et lève les mains vers le ciel. *Tel un homme oppressé par un songe horrible, se réveille tout-à-coup et bénit la lumière.* Et sur-le-champ, le poète, ému lui-même de la grandeur du péril qu'il vient de décrire, et du courage de ses héros, abandonne son sujet, et s'écrie avec enthousiasme ; *Amants de la gloire, voilà les terribles épreuves,* etc. Tout le reste de ce morceau est un chef-d'œuvre de raison, d'éloquence et de poésie.

## 32. Ce n'est point sur des lits dorés, sous les molles toisons de la Moscovie, etc.

On trouve dans la *Jérusalem délivrée*, une belle imitation

de ce passage. Le vieillard d'Ascalon dit à Renaud qui revient des îles Fortunées :

>Signor, non sotto l'ombra in piaggie molle,
>Tra fonti e fior, tra ninfe e tra sirene ;
>Ma in cima all' erto e faticoso colle
>Della virtù riposto è il nostro bene.
>Chi non gela, e non suda, e non s'estolle
>Dalle vie del piacer, là non perviene.
>Or vorrai tu lungi dall' alte cime
>Giacer, quasi tra valli augel sublime ?
>             (Canto 17, ott. 61.)

« Ce n'est point sous des ombrages frais, sur des rives
« fleuries, au milieu des voluptés, que tu trouveras le bon-
« heur; c'est au sommet d'une colline d'un âpre et difficile
« accès, qu'il repose au sein de la vertu : il faut, pour y par-
« venir, braver les glaces de l'hiver, les feux de l'été, et
« s'arracher aux plaisirs. Oiseau superbe, voudrais-tu, loin
« du ciel, ta patrie, ramper comme un insecte dans les val-
« lons ? »           (Traduction de LEBRUN.)

### 33. Mon héros ne doit rien qu'à la vertu.

>On ne m'éblouit point d'une apparence vaine :
>La vertu, d'un cœur noble est la marque certaine.
>Si vous êtes sorti de ces héros fameux,
>Montrez-nous cette ardeur qu'on vit briller en eux,
>Ce zèle pour l'honneur, cette horreur pour le vice.
>Respectez-vous les lois ? Fuyez-vous l'injustice ?
>Savez-vous pour la gloire oublier le repos,
>Et dormir en plein champ le harnais sur le dos ?
>Je vous connais pour noble à ces illustres marques.
>Alors soyez sorti des plus fameux monarques,
>Venez de mille aïeux ; et si ce n'est assez,

Feuilletez à loisir tous les siècles passés ;
Voyez de quel guerrier il vous plait de descendre ;
Choisissez de César, d'Achille ou d'Alexandre.
En vain un faux censeur voudrait vous démentir,
Et si vous n'en sortez, vous en devez sortir.
(Boileau.)

FIN DES NOTES DU CHANT SIXIÈME, ET DU TOME PREMIER.

# SOMMAIRES

DES CHANTS CONTENUS DANS LE TOME PREMIER.

CHANT I. La flotte portugaise, sous les ordres de Gama, a déja doublé le cap des Tempêtes. Les dieux tiennent conseil sur les destinées de l'Orient. Bacchus, l'ancien conquérant des Indes, veut en fermer l'accès aux enfants de Lusus. Vénus et Mars se déclarent pour eux. Tandis que les dieux délibèrent, les guerriers poursuivent paisiblement leur route. Ils découvrent Mozambique et sont visités par les Maures. Trahison suggérée par Bacchus; combat et victoire. Les Portugais reprennent le chemin de l'Orient; ils arrivent devant Monbâze.

CHANT II. Bacchus est dans la cité. Sous les vêtements d'un chrétien, il se joue de la crédulité de deux envoyés de Gama. Trompé par leur récit, Gama se dispose à entrer dans le port. Vénus et les nymphes de la mer, effrayées du danger où sa confiance le précipite, enveloppent la flotte et la détournent du rivage. La déesse remonte dans les cieux, et va implorer Jupiter en faveur des enfants de Lusus. Jupiter exauce sa prière. Apparition de Mercure à Gama. Guidée par le messager des dieux, la flotte aborde à Mélinde. Le roi, que la Renommée a pris soin d'instruire des grands actions des Portugais, veut connaître les événements qui ont préparé l'entreprise héroïque qu'ils exécutent en ce moment. Il demande à Gama l'histoire entière du Portugal.

CHANT III. COMMENCEMENT DU RÉCIT. Description de l'Europe. Tableau particulier de la péninsule du midi. Premiers temps de la Lusitanie. Le comte Henri. — Alphonse, son fils, lui succède. Bataille d'Ourique. Alphonse est proclamé roi par son armée. — Sanche I$^{er}$. — Alphonse II. — Sanche II, prince faible; il est détrôné. — Alphonse III. — Règne brillant de Denis. — Alphonse IV. Aventure d'Inès de Castro. — Dom Pèdre; il punit les meurtriers de son amante. — Dom Fernand. Ses fautes, ses revers.

CHANT IV. Règne de Jean I$^{er}$, fils naturel de dom Pèdre. Les Castillans lui déclarent la guerre. Bataille d'Aljubarota. Paix avec la Castille. Première expédition des Portugais en Afrique. Prise de Ceuta. Mort du roi Jean. — Règne d'Édouard. Deuxième expédition d'outre-mer : elle est malheureuse. Captivité du prince Ferdinand, frère d'Édouard. — Alphonse V. Succès en Afrique, revers en Castille. — Jean II. Il projette l'expédition d'Orient. — Emmanuel, son successeur, l'exécute. Départ de Gama.

CHANT V. Navigation de Gama. Il cotoye le rivage africain, et reconnaît les îles principales de la mer Atlantique. Passage de l'équateur. Phénomènes. Les Portugais prennent terre à la baie de Sainte-Hélène; aventure de Velloso. Ils se rembarquent, et se préparent à doubler la pointe méridionale de l'Afrique. Apparition du géant Adamastor. Gama franchit le promontoire, visite quelques peuplades voisines de la mer, et conduit enfin ses vaisseaux au port de Mélinde. FIN DU RÉCIT.

CHANT VI. Fêtes données aux Portugais par les Mélindiens. Gama remet à la voile, et se dirige vers l'Inde. Dernier effort de Bacchus pour faire échouer l'entreprise. Il descend au palais de Neptune. Assemblée des dieux marins. Heureuse navigation et sécurité des Portugais. Récit épisodique d'une aventure chevaleresque. Tempête. Elle est apaisée par Vénus. Arrivée de la flotte au Malabar.

FIN DES SOMMAIRES DU TOME PREMIER.

# ERRATA.

P. 33, l. 12, *au lieu de* au dessus, *lisez* au dessous.
P. 38, l. 25, — nouvelles, — nouvelles.
P. 70, l. 7, — onde, — urne.
P. 201, l. 8, — en, — eu.
P. 208, l. 6, — 1815, — 1185.
P. 212, l. 12, — tu, — te.
P. 253, l. 21, — de Regras, — d'Arégas.
P. 276, l. 11, — se medo, — de medo.
P. 278, l. 6, — tantos mais, — tantas mais.
P. 311, l. 24, — manx, — maux.
P. 332, l. 23, — Teneri, — Teucri.

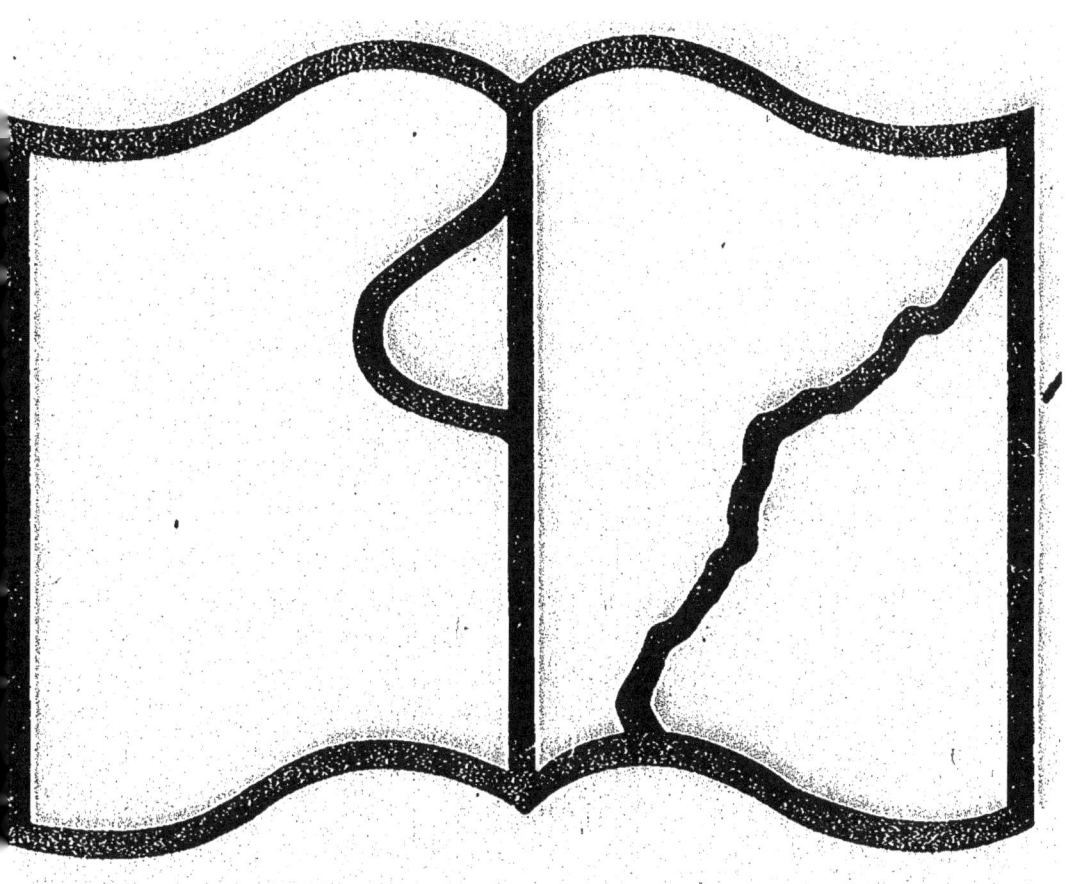

Texte détérioré — reliure défectueuse

**NF Z 43**-120-11

Contraste insuffisant

**NF Z 43**-120-14